JN058493

# よくわかる！新しい介護保険のしくみ

令和3年改正対応版

長谷憲明
Nagatani Yoshiharu

瀬谷出版

〈注〉

- 本書では特に断りのない場合、「市町村」とは「市町村および特別区」を指します。
- 同様に、「法○条」は「介護保険法○条」を意味します。
- 改正年次は、施行の年を表示しています。例えば26年６月に法改正の場合、26年改正ではなく、27年改正となります。

# はじめに

## ◆介護保険制度創設

2000年に介護保険制度が施行されてから今年で21年目になります。制度創設前の措置制度下での高齢者福祉に携わったものとして万感の思いが湧いてきます。措置制度下にあった介護保険施行前は、特別養護老人ホームは狭き門で入所が困難のため、やむなく社会的入院という老人病院への入院で対応せざるをえない状況がありました。ヘルパーさんの利用もサービス量が不足する中、事実上の所得制限等の制約があって家族介護に依存せざるを得ない状態が続き、介護地獄という言葉が飛び交っていました。

創設された介護保険は、利用者の選択に基づき、所得に関係なく必要なサービスを利用できるということで、それまでと比べると夢のような制度でした。ただ、サービス量が不足していたこともあり、サービスの拡大が課題でした。しかし、社会保険制度に転換したことで、税に加えて個人が拠出する保険料があり、当時の雰囲気としてはイケイケであったように思います。

また、新たに導入されたケアマネジメントの仕掛けも斬新で、当初は医師を含めた医療職も多くケアマネジャーの試験に挑戦していました。

## ◆制度の見直し

介護保険制度はほぼ3年ごとに法令や介護報酬等の見直しを行います。介護保険も2018年頃から見直し期に入ったようです。2017年に閣議決定された「経済財政運営と改革の基本方針2017」において、医療費・介護費の伸びを高齢化の伸びの範囲内にする方向性が示されました。以後、介護保険においても公的サービスの縮減、利用者負担の増加が図られてきました。

今回の改正では、「地域共生社会」の実現という「新しい地域社会」が示されました。住民同士が助け合い、高齢者も地域活動に参加して、生活上の小さな課題は住民同士で助け合う「自助」、「絆」社会の構築を目指しているようです。そのうえで、住民同士では対応困難な介護問題には公助としての介護保険で対応するという方向です。

「新しい地域社会」は実現できるのか、課題山積ですが制度は改正されました。今回は社会福祉法改正等関係資料も収録しました。少しでも皆様の参考になれば幸いです。

2021年2月24日

長谷　憲明

CONTENTS

# 目次

## 資料集 ………225

プロローグ

# 令和 3 年改正<br>介護保険制度のポイント

令和 3 年度の制度改正は、介護保険制度を含む社会保障制度の考え方に大きな変化の兆しが見えるものになりました。

それは、社会福祉法改正により、地域社会における住民の互助・助け合いを強く打ち出し、それを市町村が強い意志で実現・誘導するという方向性です。高齢者の積極的な社会参加、就労的活動(一種のボランティア活動)も推奨され、可能な限り地域課題を住民同士の互助により解決を図ろうという考え方です。

そのため市町村の機能強化の取り組みとして、重層的支援体制整備事業が社会福祉法に規定されました。

このような住民同士の支え合いの地域社会の実現を踏まえ、介護保険法改正が行われています。

特筆すべきは、介護保険事業者に生産性向上、業務改善、そのためのロボットや ICT の活用、そして事業所規模の拡大等の経営改善を第 8 期介護保険事業計画に入れるよう制度改正を行ったことです。固定費の圧縮、サービス原価の圧縮を目指しています。

今回の改正は、従前とは異質な改正と思われます。すぐには実現できないとしても2025年あるいは2040年の先を見据えた法律改正です。

# 1 令和３年度改正の概要

令和３年の法改正は、改正法の名称にあるように、「地域共生社会の実現」のための「社会福祉法」等の一部改正です。前回の改正法の名称は「地域包括ケアシステム」実現のための「介護保険法」等の一部改正でした。今回は社会福祉法改正で「新しい地域福祉」社会の実現をめざしたものと言え、その中に介護保険法改正も入っています。概要は以下のとおりです。

## 1 「社会福祉法等の一部を改正する法律」の概要

ここでは、介護保険法の改正と社会福祉法の改正（「地域共生社会の実現のための社会福祉法等の一部を改正する法律」令和２年法律第52号令和２年６月12日）について説明します。

今回の改正では、住民が積極的に地域課題を把握し、小さな生活課題は住民同士の助け合いで解決し、住民の支え合いでは対応困難な課題については、それぞれの分野の関係法、例えば介護保険法、障害者自立支援法等において対応する社会を目指しています。基本は、元気な高齢者も地域の支え合いに参加し、住民同士が支え合う地域社会の構築です。その際、誰がその音頭をとるのか。社会福祉法には、保険者である市町村と規定されています。市町村が優秀なリーダーシップを発揮し、言葉だけではなく実体化ができるか、市町村の

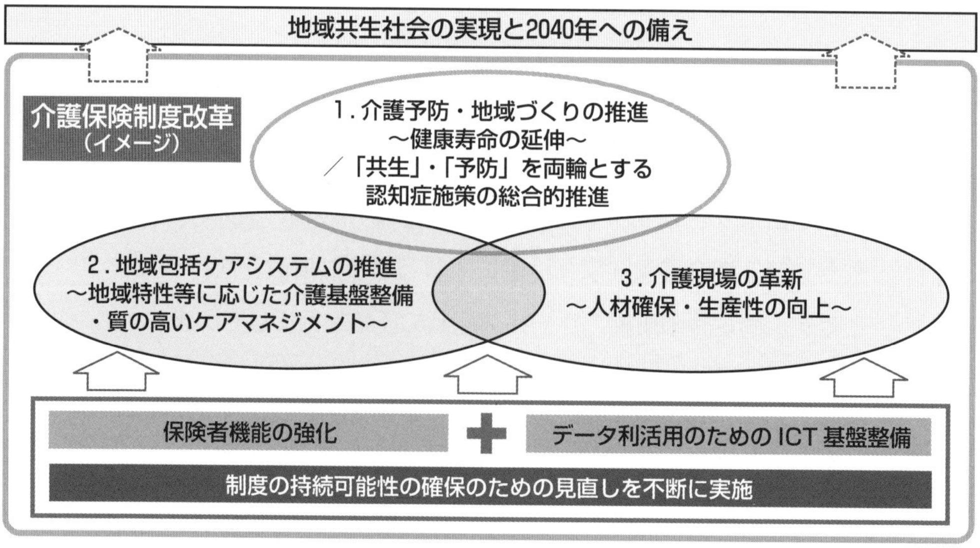


厚労省作成

力量が問われる法改正です。
なお、市町村の取組状況を知る１つの方法として、これら法改正の趣旨を踏まえて第８期介護保険事業計画にどのような事業が計画されているかを、市町村のホームページ等から見ると、参考になります。現場で必要なのは、言葉以上に実践、事業です。今後、市町村の役割の重要性が増し、地域づくりへ向けた意欲・姿勢が重要になります。
国から示されている改正法の概要は以下の通りです。

【改正の概要】
① 地域住民の複雑化・複合化した支援ニーズに対応する市町村の包括的な支援体制の構築の支援（社会福祉法、介護保険法）
② 地域の特性に応じた認知症施策や介護サービス提供体制の整備等の推進（介護保険法、老人福祉法）
③ 医療・介護のデータ基盤の整備の推進（介護保険法、地域における医療及び介護の総合的な確保に関する法律）
④ 介護人材確保と業務効率化の取組の強化（介護保険法、老人福祉法、社会福祉士及び介護福祉士法等の一部を改正する法律）
⑤ 社会福祉連携推進法人制度の創設（社会福祉法）

今回の改正の特徴は、高齢者だけではなく、児童や障害者、その他地域の中で様々なニーズを持つ人たちを、地域で住民同士が支え合う「共生社会」の構築を目指した法改正であることです。その理解のためには、関連法の理解も必要となります。介護保険法や社会福祉法が各々別々の対象を想定しているのではなく、それ以外の例えば障害福祉法等他の法令も関係し合い、共生社会を作ろうという仕掛けになっています。
介護保険制度では特に社会福祉法との関連あるいは連携を見る必要があります。介護保険法と社会福祉法改正のポイントは次の通りですが、関連し合っているということを念頭に具体的イメージを組み立てる必要があります。

### ① 介護保険法改正のポイント

介護保険制度の制度本体の改正としてはさほど大きなものはありません。サービスに関連する施策としては、認知症対応の充実が中心です。しかし、今回は今までにない改正の視点が入ってきました。前ページの図にもありますが、介護サービス事業者の業務の効率化、経営改善と事業規模拡大への誘導です。要するに、今後想定される、介護報酬を踏まえた「固定費の圧縮」です。そして、相談体制を含めた、市町村の機能強化があります。
地域共生社会の実現を図るため、地域住民の複雑化・複合化した支援ニーズに対応する包括的な福祉サービス提供体制を整備する観点から講ずる措置として、以下のような改正事項がありました。

① 国・地方公共団体の責務（第５条４項関係）

保険医療・福祉サービスに関する施策を包括的に推進するに当たっては、地域住民が相互に人格と個性を尊重し合いながら参加し、共生する地域社会の実現に資するよう努めなければならない。

② 認知症に関する施策の総合的な推進

1　国・地方公共団体は、研究機関、医療機関、介護事業者と連携して認知症予防の調査研究の推進、成果の普及、活用・発展に努め、認知症の本人、介護者への支援体制の整備その他の認知症施策を総合的に推進するよう努めなければならない（第５条の２、２項、３項関係）

2　国・地方公共団体は、認知症の人が地域社会で尊厳を保持しつつ他の人々と共生できるように努めなければならない（第５条の２、４項関係）

③ 市町村は、地域支援事業を行うに当たり、介護保険等関連情報その他必要な情報を活用し、適切・有効に実施するよう努める（第115条の45、５項関係）

④ 介護保険事業計画の見直し

1　市町村介護保険事業計画に定める事項（117条３項、４項）

介護サービス従事者の確保、資質の向上、業務の効率化と質の向上に資する都道府県と連携した取組に関する事項／認知症施策の総合的な推進に関する事項／有料老人ホームと高齢者の居住の安定確保に関する法律に規定する登録住宅の入居定員総数

→区域内の人口構造の変化の見通しを勘案して作成しなければならない。

2　都道府県介護保険事業計画に定める事項（118条３項）

介護サービス従事者の業務の効率化、質の向上に資する事項／有料老人ホームと登録住宅の入居定員総数

⑤ 介護保険事業計画のための調査・分析（118条の２）

厚生労働大臣は、利用者に提供される介護サービスの内容、地域支援事業の実施状況について調査・分析し、結果を公表するよう努め、事業者に対し、介護保険等関連情報を提供するよう求めることができる。

なお、介護保険法の条文には規定されていませんが、令和３年４月から、要介護認定を受ける前に地域支援事業の第１号事業を利用していた要介護者は、認定後も第１号事業の継続利用が可能になります。

## ② 社会福祉法改正のポイント

社会福祉法の改正のポイントは、以下の通りです。

今回の改正により、児童・障害・介護等の分野を超えて、地域で住民・事業者、そして市町村が支え合う「地域共生社会」の実現を図ろうとしています。これは新しい地域社会づくりともいえるものです。その新しい地域社会をベースとして、介護保険法のサービス

を展開するイメージです。したがって、基盤となる新しい社会づくり、すなわち地域共生社会と地域包括ケアシステムの構築が重要なカギとなります。そのための仕掛けとして重層的支援体制整備事業が創設されました。

社会福祉法の関連条文の抜粋は251ページを参照して下さい。

① 住民が地域住民として地域課題の把握・解決に向けて活動するよう法律に位置付けた。（社会福祉法４条関係）

② 市町村の住民支援の役割を明確にした。
→具体的には、市町村は住民の活動を支援し、活動しやすい環境を作ることとされました。（社会福祉法６条関係）

③ 上記の市町村の住民支援活動、地域社会づくりの活動を支援する仕組みとして、「重層的支援体制整備事業」が創設された。
→市町村はこの事業を活用して、住民支援、住民参加の地域づくりが行えるよう、法律に位置付けられました。（社会福祉法106条の４関係）

④ 社会福祉連携推進法人制度の創設（社会福祉法125条関係）
→社会福祉連携推進法人とは、地域共生社会の実現に向けた業務の実施に向け、種別を越え、社会福祉法人等が自主的な判断のもと、円滑に連携・共同しやすい環境整備を図る法人です。

## ③ 法律改正が目指すもの（新しい地域社会のイメージ）

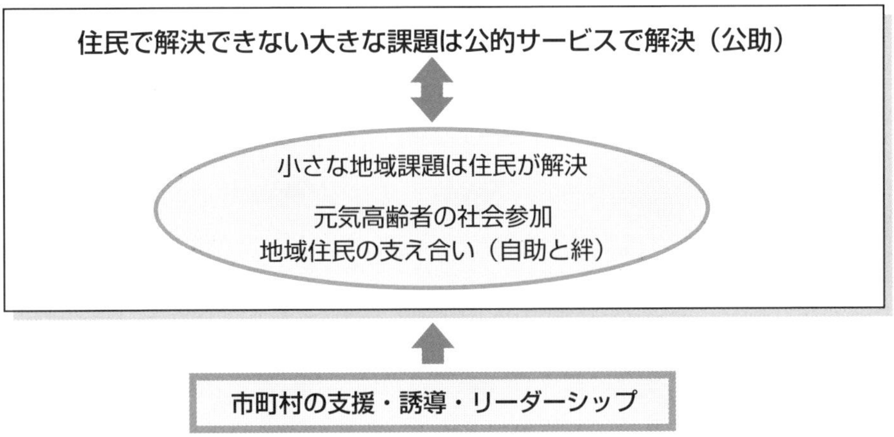


今回の法律改正は､上図のような新しい地域社会づくりを目指しているものと言えます。それは「住民同士が参加・支え合う新しい地域社会」、すなわち地域共生社会の実現で、具体的なイメージは次図のとおりです。児童・障害・高齢等の分野を超えて支え合う社会の実現、その上で住民の互助では困難な課題について、公助・法令で支援する社会のイメージです。団塊ジュニア世代が65歳以上となる2040年を見すえ、その方向に社会保障制度の舵を切りつつあると言えるでしょう。

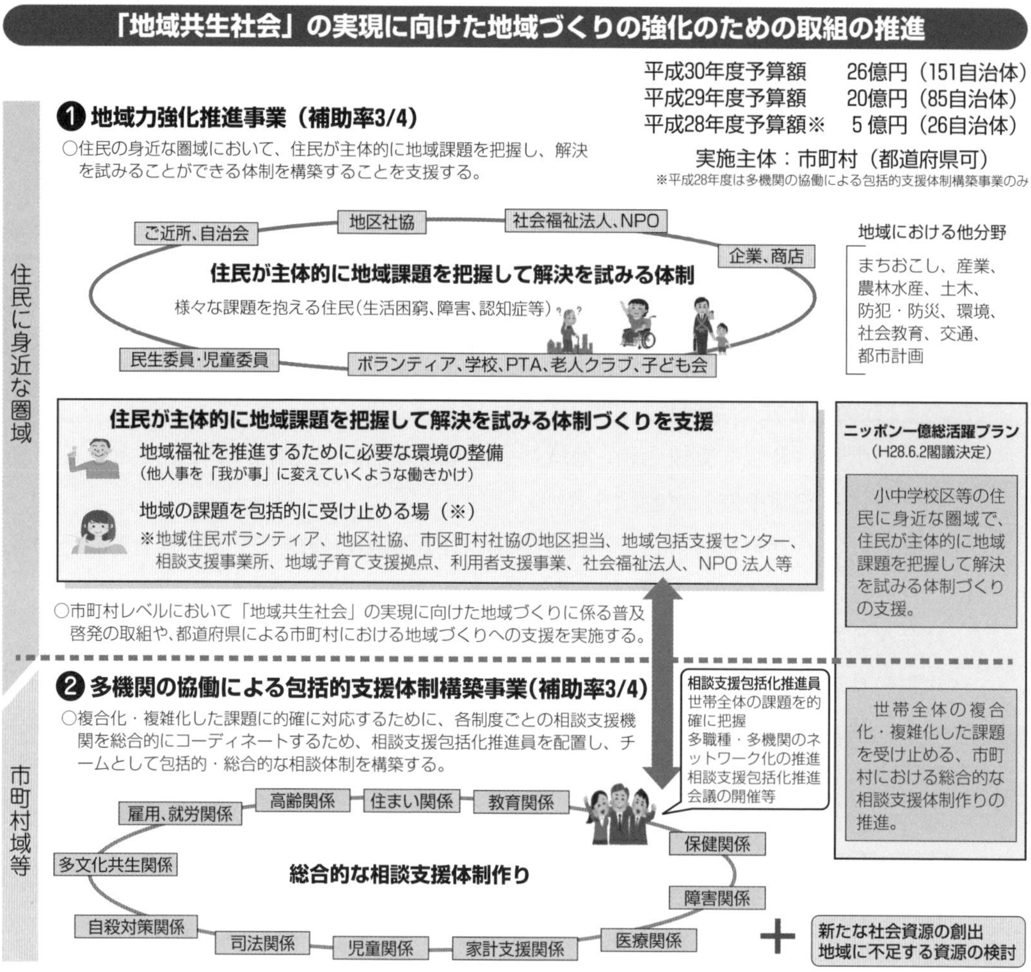
「地域共生社会」の実現に向けた地域づくりの強化のための取組の推進
平成30年度予算額　26億円（151自治体）
平成29年度予算額　20億円（85自治体）
平成28年度予算額※　5億円（26自治体）
実施主体：市町村（都道府県可）
※平成28年度は多機関の協働による包括的支援体制構築事業のみ
住民に身近な圏域
❶ 地域力強化推進事業（補助率3/4）
○住民の身近な圏域において、住民が主体的に地域課題を把握し、解決を試みることができる体制を構築することを支援する。
ご近所、自治会
地区社協
社会福祉法人、NPO
企業、商店
住民が主体的に地域課題を把握して解決を試みる体制
様々な課題を抱える住民（生活困窮、障害、認知症等）
民生委員・児童委員
ボランティア、学校、PTA、老人クラブ、子ども会
地域における他分野
まちおこし、産業、農林水産、土木、防犯・防災、環境、社会教育、交通、都市計画
住民が主体的に地域課題を把握して解決を試みる体制づくりを支援
地域福祉を推進するために必要な環境の整備
（他人事を「我が事」に変えていくような働きかけ）
地域の課題を包括的に受け止める場（※）
※地域住民ボランティア、地区社協、市区町村社協の地区担当、地域包括支援センター、相談支援事業所、地域子育て支援拠点、利用者支援事業、社会福祉法人、NPO法人等
ニッポン一億総活躍プラン
（H28.6.2閣議決定）
小中学校区等の住民に身近な圏域で、住民が主体的に地域課題を把握して解決を試みる体制づくりの支援。
○市町村レベルにおいて「地域共生社会」の実現に向けた地域づくりに係る普及啓発の取組や、都道府県による市町村における地域づくりへの支援を実施する。
市町村域等
❷ 多機関の協働による包括的支援体制構築事業（補助率3/4）
○複合化・複雑化した課題に的確に対応するために、各制度ごとの相談支援機関を総合的にコーディネートするため、相談支援包括化推進員を配置し、チームとして包括的・総合的な相談体制を構築する。
相談支援包括化推進員
世帯全体の課題を的確に把握
多職種・多機関のネットワーク化の推進
相談支援包括化推進会議の開催等
世帯全体の複合化・複雑化した課題を受け止める、市町村における総合的な相談支援体制作りの推進。
雇用、就労関係
高齢関係
住まい関係
教育関係
保健関係
多文化共生関係
総合的な相談支援体制作り
障害関係
自殺対策関係
司法関係
児童関係
家計支援関係
医療関係
新たな社会資源の創出
地域に不足する資源の検討

厚労省作成

# 2　今回の改正の背景と対処法

## ①　令和3年度改正の背景

今回の改正は、少子高齢化、様々なニーズの増加、財政難を背景に、とりわけ財政負担の軽減を図りつつ、社会生活上の課題に対応する仕組みとして、地域社会の構築が目指されたと思われます。

少子・高齢化、特に後期高齢者の増加が予測される中、日本の財政運営は厳しさを増しています。2020年度以降の新コロナ対策として様々な施策が税により実施されました。それは国の財政を圧迫し、当初想定以上の社会保障費の削減につながっています。社会保障費の削減の手法としての、①公的サービスの縮減、②利用者負担の増、③サービス不足を賄う手段としての地域の支え合い、これらを社会福祉法と介護保険法改正に盛り込んだのが今回の改正と言えます。

令和3年改正の背景

1　少子高齢化の進展

2　要介護者数の増加

3　国の財政負担の増加→軽減へ

⇩

対応

◆　財政負担軽減に向けた政府の意思決定を
　「経済財政運営と改革の基本方針」で示す。
　→公的費用抑制の方向性の閣議決定
　サービスを自費購入・地域の支え合いにシフト

⇩

☆公的サービスから、自助·互助、民間サービスへ
　（市町村を核とした、基盤整備・地域支援事業の拡充）

★新しい地域社会（地域包括ケアシステム、地域共生社会）の構築

★サービス事業者の経営の効率化・大規模化（21年度改正から）→固定費の圧縮

## ②　令和3年度改正への対応

今回の改正への対応としては、政策の是非は別途議論するとして、大きく2つあります。

1つめは、いかに新しい地域社会を実現するかということです。地域によって地域の絆の濃淡に大きな格差があります。地方は限界集落を言われ、都市部は自由とその代替としての無関心が言われてきました。生活課題への対応という現実的課題解決の手段として、どのように新しい地域社会を作り上げるかは困難な課題です。

2つめは、その実現に向け活動する人材・居場所の確保です。いわゆるコミュニティ・ソーシャル・ワークの実践になるかと思いますが、そのスキル・ノウハウをもった人材がどこにいるのか。スキル・ノウハウは全国一律ではないはずです。きわめて困難な課題です。

例えば、田舎と都市部では人間関係の親密度・濃淡は違うでしょう。大規模団地でも戸建て団地と、集合住宅の団地の違い、高齢化率の違い、さらには地域で実際に活動している人の有無等、条件は様々です。同じ市町村の中でもエリアによって、住んでいる人、環境は違います。それぞれの違いを踏まえ、何が必要か、どうすればいいのか考え、実践することが必要です。

そのとき、楽観的に言えば、新たな課題にチャレンジする人は必ず出ると思います。それも思いもかけない形で。そのようなチャレンジ精神が地域にはあることを期待します。

# 2 18年度改正から30年度改正へ

ここでは、今の制度の基礎になっている18年度改正がどのような視点と背景に基づいて行われたのかを再確認し、21年度改正、24年度改正のポイントを見た後、その後の改正について見ていきます。

## 1 18年度改正は「３つの視点」に基づいて行われた

平成12（2000）年４月、期待と不安の中で介護保険制度がスタートしました。平成17年６月、施行から５年を経て制度の見直しが行われ、介護保険法が改正されました。そして、平成18（2006）年４月から、改正介護保険法が実施されることになりました。

改正は、社会保障審議会等での審議を経て行われましたが、その際の改正を考える視点は、以下のようなものでした。

① 明るく活力ある超高齢社会の構築
② 制度の持続可能性
③ 社会保障の総合化

この３つの視点の背景には、日本の社会で少子高齢化が急速に進行していること、介護保険の給付費が急増していることなどがあります。

介護保険がスタートした平成12年と30年を比べてみると、保険料を払う「被保険者」が約1.6倍増なのに対し、給付を受ける「認定者」は約３倍に増えています。

**◆介護保険対象者の増加◆**

| 介護保険スタート！ | 平成12年 | 15年 | 20年 | 30年 |
|---|---|---|---|---|
| 高齢者数 | 2,165万人 | 2,398万人 | 2,786万人 | 3,508万人 |
| 伸び率 | | 110.8% | 116.2% | 162.0% |
| 認定者数 | 218万人 | 348万人 | 455万人 | 647万人 |
| 伸び率 | | 159.6% | 208.7% | 296.8% |
| 認定率 | 10.1% | 14.5% | 16.3% | 18.4% |

※高齢者数は、厳密には第１号被保険者数（65歳〜）。
　認定率＝認定者数÷第１号被保険者数×100
※伸び率は対12年比。各年４月末の数値。
※実際のサービス利用者は認定者の８割程度。

介護保険のサービス利用者が増えれば給付費がふくらみ、総事業費（介護保険事業の運営に必要な総費用）も増大します。

このままでは、保険料の大幅な上昇が見込まれ、「制度の持続可能性」が課題となっていました。そのため、18年改正にあたっては、総事業費を抑制すること、保険料の上昇と同時に低所得者にいっそう配慮することなども焦点となりました。

**◆総事業費と第１号被保険者の保険料（見込み）◆**

| | 第１期（平成12～14） | 第２期（15～17） | 第３期（18～20） | 第４期（21～23） | 第５期（24～26） | 第６期（27～29） | 第７期（30～令２） |
|---|---|---|---|---|---|---|---|
| 総事業費 | 4.0兆円 | 5.5兆円 | 6.9兆円 | 8.1兆円 | 9.4兆円 | 10.4兆円 | 11.1兆円 |
| 伸び率 | | 38% | 25% | 17% | 16% | 10.6% | 10.7% |
| 保険料 | 2,900円 | 3,300円 | 4,090円 | 4,160円 | 4,972円 | 5,514円 | 5,869円 |
| 伸び率 | | 13% | 23.9% | 1.7% | 19.5% | 10.9% | 6.4% |

※保険料は月額・全国平均。
※平成27年４月28日厚生労働省老健局介護保険計画課資料より。

このような背景のなかで、どのような社会をつくろうとするのか、また国民の安心の基盤である社会保障制度をどのように構築しようとしているのかが、現在の課題です。

それらを見据えて、①活力ある高齢社会をつくろう、②介護保険等の社会保障制度が持続できるようにしよう、③年金・医療・介護等が縦割りになっている現状を将来的には総合化（再構築）しよう、という視点から制度の検討が行われ、18年改正が行われました。

制度を変えるときの視点は、多角的にみることができます。たとえば、国民が安心して暮らせる制度にしよう、介護サービスの従事者が安心して働ける制度・報酬にしようといった視点からの制度の評価・改善案も可能です。そんなふうにみると、18年の制度改革は給付と負担、総事業費の抑制といった制度設計の視点が前に出ていたようにも思えます。

## 2 18年度改正のポイント

平成18年に行われた介護保険法改正のポイントは、大きく６つあります。それぞれ、どういった課題に基づいて、どのような改革がなされることになったのか、見ていきます。

### 18年改正のポイント❶ 予防重視型システムの確立へ

サービスが軽度者の状態の改善につながるよう、予防給付を創設。

同時に、「要支援・要介護になるおそれのある高齢者」の介護予防などのために、地域支援事業を創設。

そして、それらをマネジメントする機関として地域包括支援センターを創設。

### 18年改正のポイント❷ 施設給付の見直し

在宅で暮らしている高齢者などとのバランスに配慮して、介護保険３施設※の利用者から居住費・食費を、ショートステイの利用者から滞在費・食費を、デイサービス・デイケアの利用者から食費を新たに徴収。

ただし、低所得者には「負担限度額」を設定し、平均的な費用（「基準費用額」）から負担限度額を差し引いた分を介護保険から給付する（補足給付）。

※介護保険３施設……介護保険の施設サービスには３種類ある。①介護老人福祉施設（特別養護老人ホーム）、②介護老人保健施設、③介護療養型医療施設（→詳しくは55ページ）。30年度に③として介護医療院創設。

### 18年改正のポイント❸ 新たなサービス体系の確立

高齢者が身近な地域で安心して暮らし続けていけるように、「地域密着型サービス」を創設した。市町村が事業者の指定・監督を行うため、地域の実情に合った在宅サービスの充実が進み、施設入所の代替にもなると期待された。

地域密着型サービスには、夜間対応型訪問介護、認知症対応型通所介護、小規模多機能型居宅介護、認知症対応型共同生活介護、地域密着型特定施設入居者生活介護、地域密着型介護老人福祉施設生活介護、定期巡回・随時対応型訪問介護看護、看護小規模多機能型居宅介護、地域密着型通所介護がある。

また、地域の中核機関として地域包括支援センターを創設し、総合的な相談・支援や権利擁護（高齢者虐待への対応など）、総合的なサービスネットワークやケアマネジメント体制の構築などの機能を担う。

### 18年改正のポイント❹ サービスの質の確保・向上

介護サービス事業者に、事業内容の情報開示を義務づけ、利用者が選択する際に参考にできるようにした。また、事業者規制についても見直された。

### 18年改正のポイント❺ 負担のあり方・制度運営の見直し

第１号被保険者の保険料、要介護認定調査、ケアマネジメント体制の見直しなど。

### 18年改正のポイント❻ 介護サービス基盤整備のあり方の見直し

地域で暮らし続けるためのサービスとして「地域密着型サービス」が創設されたが、その基盤整備のための財源が、市町村の申請に基づき交付される地域介護・福祉空間整備交付金等として創設された。市町村は、介護保険事業計画の策定にあたってこれら交付金を見込んで、より主体的に施設整備等の基盤整備ができるようになった。

## 3 21年度改正のポイント

21年度法律改正は、18年度改正に比べ、小幅なものになりました。主な改正点は次の５

点です。

## 21年改正のポイント❶ 事業者の業務管理体制の整備

法令遵守等にかかわる義務の履行が確保されるよう、すべての事業所は業務管理体制を整備しなければならないこととされました。

【目的】

指定取消事案などの不正行為を未然に防止するとともに、利用者の保護と介護保険運営の適正化を図るため。

◆業務管理体制の整備～必要事項と届け出先～◆

| | | | |
|---|---|---|---|
| | | | **法令遵守に係る監査の実施**<br>○業務執行の状況の監査の方法の概要 |
| | | **法令遵守マニュアルの整備**<br>○業務が法令に適合することを確保するための規定の概要 | **法令遵守マニュアルの整備**<br>○業務が法令に適合することを確保するための規定の概要 |
| | **法令遵守担当者の選任**<br>○事業者の名称または氏名、主たる事務所の所在地と代表者の氏名・生年月日・住所・職名<br>○法令遵守責任者の氏名・生年月日 | **法令遵守担当者の選任**<br>○事業者の名称または氏名、主たる事務所の所在地と代表者の氏名・生年月日・住所・職名<br>○法令遵守責任者の氏名・生年月日 | **法令遵守担当者の選任**<br>○事業者の名称または氏名、主たる事務所の所在地と代表者の氏名・生年月日・住所・職名<br>○法令遵守責任者の氏名・生年月日 |
| | 小規模事業者 | 中規模事業者 | 大規模事業者 |
| 事業所施設数 | （1～19） | （20～99） | （100～） |

| 区　分 | 届出先 |
|---|---|
| ①指定事業所または施設を2つ以上の都道府県に所在する事業者 | 厚生労働大臣 |
| ②地域密着型サービス（予防を含む）のみを行う事業者で、指定事業所を同一市町村内に所在する事業者 | 市町村長 |
| ③　①・②以外の事業者 | 都道府県知事 |

## 21年改正のポイント❷ 介護サービス事業者の本部等への立入検査権の創設

サービス事業所に加えて、事務所その他事業等に関係ある場所にも立ち入りが可能となりました。

【具体的には】

業務管理体制の整備状況や、事業者の不正行為への組織的関与の有無等を確認するために、事業者に対する報告書徴収や、事業者の本社、事業所等に立入検査を行う。

### 21年改正のポイント③ 不正事業者による処分逃れ対策

事業者が事業を廃止しようとするときは、その廃止または休止の１カ月前までに都道府県知事等へ届け出ることが義務化されました。

### 21年改正のポイント④ 指定・更新の欠格事由の見直し

新たな欠格事由として、「申請者と密接な関係にある者が指定を取り消され、その取消の日から５年を経過していないとき」などが追加されました。

また、一方で、過去５年以内に指定等の取り消しを受けた事業者であっても、処分理由となった問題の防止のための業務管理体制の整備の取り組み状況等を考慮して、都道府県知事は指定を行うことができることとなりました。

### 21年改正のポイント⑤ 事業廃止事業者におけるサービスの確保

事業の廃止または休止の届け出をした事業者は、利用者が同様なサービスを受けられるよう、他の介護サービス事業者との連絡調整等を行わなければならないことになりました。

これらとは別に、介護報酬の３%引き上げと要介護認定の見直しが行われました。

## 4 24年度改正

24年度改正は、在宅で重度の高齢者や医療を必要とする高齢者を支えるしくみの構築を、これまでより明確に志向して行われました。社会保障・税の一体改革で示された入院・入所の抑制の方向性を踏まえた、在宅での暮らしの限界点を高めるための介護基盤の整備です。

社会保障制度の将来像として、「医療から介護へ」、「施設から在宅へ」の大きな流れがあります。その中で介護保険制度については、「ノーマライゼーション」と「ソーシャルインクルージョン（地域住民による支え合いシステム）」の実現に向けて、「地域包括ケアシステム」の構築が具体的な目標になりました。

## 5 27年度改正

27年度改正では、「地域包括ケアシステム」のしくみづくりを中心に、①要支援者向け介護予防訪問介護・通所介護を介護保険給付の対象外とする、②２割負担の導入など、新しい考え方を踏まえた改正が行われました。

また、改正法に地域包括ケアシステムの定義が次のように明記されました。

「地域包括ケアシステムとは、地域の実情に応じて、高齢者が、可能な限り、住み慣れた地域でその有する能力に応じ自立した日常生活を営むことができるよう、医療、介護、介護予防（要介護状態もしくは要支援状態となることの予防又は要介護状態もしくは要支援状態の軽減もしくは悪化の防止をいう。）、住まい及び自立した日常生活の支援が包括的に確保される体制をいう。」（地域における医療及び介護の総合的な確保の促進に関する法律第２条）

可能な限り在宅での生活を継続し、要介護・要支援状態の軽減のために、在宅医療介護の連携、リハビリの視点での重度化予防策や、地域住民の参画による要支援者に対するサービス提供等が下のイメージ図のように強く打ち出されました。

27年度の制度改正では、市町村が設置主体である地域包括支援センターの機能強化、要支援者に対する「訪問介護」と「通所介護」の市町村事業への転換等、市町村の責任・役割が大きくなっており、制度改正に合わせて係や課の新設や職員配置の充実を図った市町村がある反面、そうでない市町村もあり、自治体間格差という形で、今後の市町村介護保険行政に影を落とすことが危惧されました。

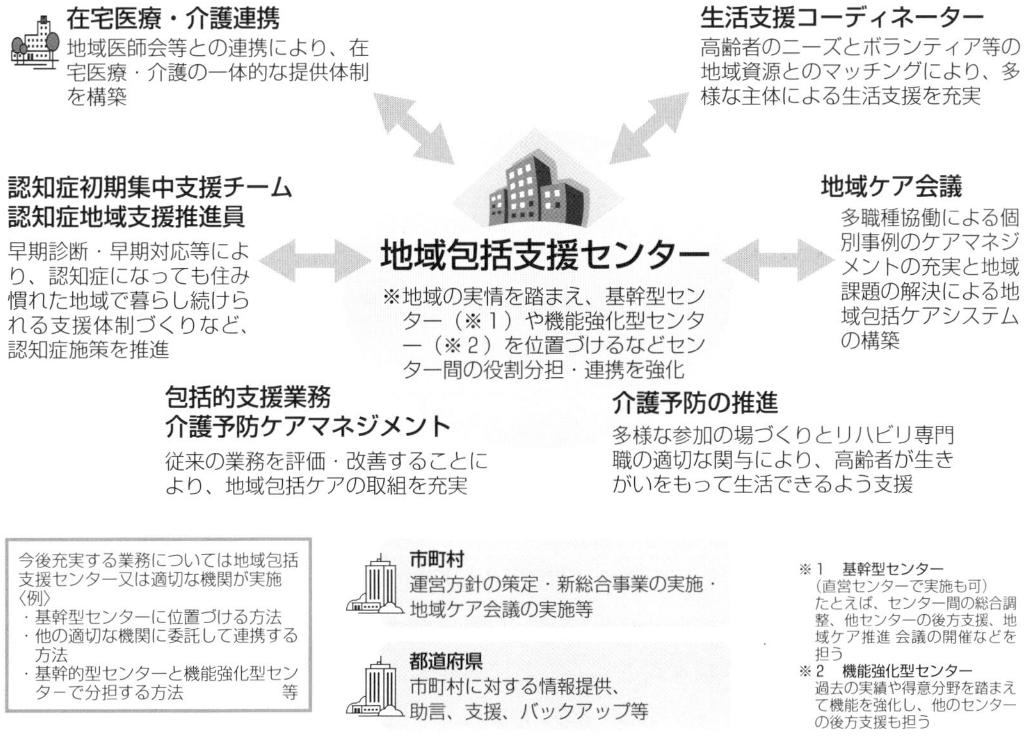

在宅医療・介護連携
地域医師会等との連携により、在宅医療・介護の一体的な提供体制を構築
生活支援コーディネーター
高齢者のニーズとボランティア等の地域資源とのマッチングにより、多様な主体による生活支援を充実
認知症初期集中支援チーム
認知症地域支援推進員
早期診断・早期対応等により、認知症になっても住み慣れた地域で暮らし続けられる支援体制づくりなど、認知症施策を推進
地域包括支援センター
※地域の実情を踏まえ、基幹型センター（※１）や機能強化型センター（※２）を位置づけるなどセンター間の役割分担・連携を強化
地域ケア会議
多職種協働による個別事例のケアマネジメントの充実と地域課題の解決による地域包括ケアシステムの構築
包括的支援業務
介護予防ケアマネジメント
従来の業務を評価・改善することにより、地域包括ケアの取組を充実
介護予防の推進
多様な参加の場づくりとリハビリ専門職の適切な関与により、高齢者が生きがいをもって生活できるよう支援
今後充実する業務については地域包括支援センター又は適切な機関が実施
〈例〉
・基幹型センターに位置づける方法
・他の適切な機関に委託して連携する方法
・基幹的型センターと機能強化型センターで分担する方法　等
市町村
運営方針の策定・新総合事業の実施・地域ケア会議の実施等
都道府県
市町村に対する情報提供、助言、支援、バックアップ等
※１　基幹型センター
（直営センターで実施も可）
たとえば、センター間の総合調整、他センターの後方支援、地域ケア推進 会議の開催などを担う
※２　機能強化型センター
過去の実績や得意分野を踏まえて機能を強化し、他のセンターの後方支援も担う

## ①「地域包括ケアシステム」の構成要素

① 地域包括支援センター機能の強化

地域包括支援センターは、それまでの、①介護予防ケアマネジメント業務、②総合相談支援業務、③権利擁護業務、④包括的・継続的ケアマネジメント支援業務の４つの主要事業に加えて、以下②〜⑦の新たなしくみのマネジメントをすることになりました。そうした機能強化のための新たな業務に対応するため、自治体の工夫が求められることになりました。

② 在宅医療・介護連携支援センター（相談室）の設置（在宅医療・介護連携のしくみ）

③ 生活支援コーディネーターの設置（社会資源の開発、マッチング等）

コーディネーターの仕事はコミュニティソーシャルワークと言える内容で、資格・要件は、次のようになっています。

「地域における助け合いや生活支援サービスの提供実績のある者、または中間支援を行う団体等であって、地域でコーディネート機能を適切に担うことができる者。特定の資格要件は定めないが、市民活動への理解があり、多様な理念をもつ地域のサービス提供主体と連絡調整できる立場の者であって、国や都道府県が実施する研修を修了した者が望ましい。」

**◆生活支援コーディネーターの業務◆**

| | | |
|---|---|---|
| **第一層** | 市町村単位で配置 | ・生活支援の担い手の養成、サービスの開発<br>・関係者のネットワーク化 |
| **第二層** | 中学校区単位で配置 | ・生活支援の担い手の養成、サービスの開発<br>・関係者のネットワーク化<br>・ニーズとサービスのマッチング |
| **第三層** | 個々の事業主体で行う | ・利用者と提供者をマッチング |

④ 認知症初期集中支援チームの設置と認知症地域支援推進員の配置

⑤ 地域リハビリテーション活動支援事業の創設

ＡＤＬ・ＩＡＤＬの維持向上に留まらず、意欲や社会参加等尊厳を保持するしくみ（リハビリテーションの考え方の徹底（246ページ参照））

⑥ 住民参加（主体）による生活支援サービス等供給のしくみ

⑦ 地域ケア会議の推進（努力義務化）

地域ケア会議の狙いは、具体的な事例の検討を通して、よりよいプランにすること、把握された地域の課題に取り組むこと、必要であれば市町村の施策（地域支援事業の充実、市民の支援等）に反映させることにあります。また、ケア会議に参加することで、参加者のスキルアップや顔と顔の関係づくりにつながります。

## ② 介護保険サービスの改正

27年度改正では、中重度者への支援に重点を置き、要支援者については一部介護給付の対象外とするとともに、軽度者（要介護１、２）への生活援助については、30年度改正に向けて見直しを実施することとされ、生活援助サービスへの対応が示されました。

サービスの改正内容は、以下のとおりです。

① 特別養護老人ホームの入所対象を、原則要介護３以上に重点化（例外→55ページ）
② 要支援者について、訪問介護と通所介護を予防給付の対象外に（新しい「介護予防・日常生活支援総合事業」へ移行）
③ 小規模型通所介護（定員18人以下）を地域密着型サービス（市町村管理）へ移行
④ 利用者負担について
ア 利用者の２割負担の導入（平成27年８月から）
イ 補足給付の見直し（新たに資産要件・世帯認定の見直しの導入）
ウ 低所得者の保険料の軽減等

### ③ 介護護支援専門員関係

① 居宅介護支援事業所の指定権限を市町村に
② 介護支援専門員研修受講試験受験資格の見直し（対象を国家資格保有者に）と研修カリキュラムの見直し

### ④ サービス付き高齢者向けに住宅入居者住所地特例を適用

サービス付き高齢者住宅は「住宅」なので、保険者はその住宅を管轄する市町村となるが、特例として、入居前の居住地の市町村とされた。

### ⑤ 予防給付の再編

予防給付が再編され、介護予防・日常生活総合支援事業（新しい総合事業）として大きく変わりました。その内容は次ページの図のとおりです。

予防給付のうち訪問介護・通所介護について、市町村が地域の実情に応じた取組ができる介護保険制度の地域支援事業へ移行しました。

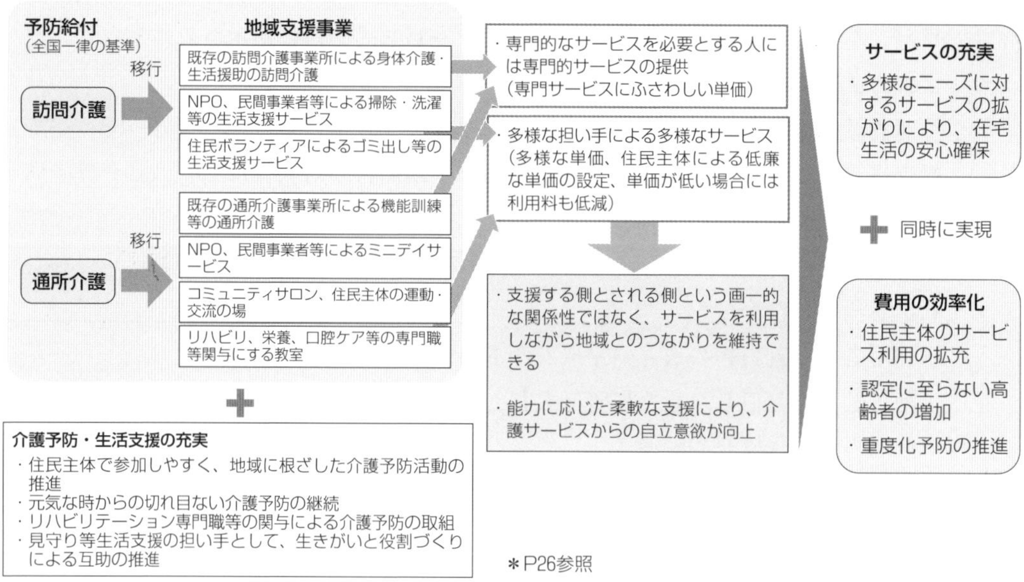
予防給付
（全国一律の基準）
移行
訪問介護
移行
通所介護
地域支援事業
既存の訪問介護事業所による身体介護・生活援助の訪問介護
NPO、民間事業者等による掃除・洗濯等の生活支援サービス
住民ボランティアによるゴミ出し等の生活支援サービス
既存の通所介護事業所による機能訓練等の通所介護
NPO、民間事業者等によるミニデイサービス
コミュニティサロン、住民主体の運動・交流の場
リハビリ、栄養、口腔ケア等の専門職等関与にする教室
・専門的なサービスを必要とする人には専門的サービスの提供
（専門サービスにふさわしい単価）
・多様な担い手による多様なサービス
（多様な単価、住民主体による低廉な単価の設定、単価が低い場合には利用料も低減）
・支援する側とされる側という画一的な関係性ではなく、サービスを利用しながら地域とのつながりを維持できる
・能力に応じた柔軟な支援により、介護サービスからの自立意欲が向上
サービスの充実
・多様なニーズに対するサービスの拡がりにより、在宅生活の安心確保
同時に実現
費用の効率化
・住民主体のサービス利用の拡充
・認定に至らない高齢者の増加
・重度化予防の推進
介護予防・生活支援の充実
・住民主体で参加しやすく、地域に根ざした介護予防活動の推進
・元気な時からの切れ目ない介護予防の継続
・リハビリテーション専門職等の関与による介護予防の取組
・見守り等生活支援の担い手として、生きがいと役割づくりによる互助の推進

＊P26参照

## 6　30年度改正

**【制度の改正】**

①　介護医療院の創設

②　共生型居宅サービス事業の創設

③　認知症に関する施策の総合的な推進等に関する事項

ア　認知症に関する知識の普及と啓発

イ　介護者の支援その他の認知症に関する施策を総合的に推進

④　利用者負担の見直しに関する事項

一定以上の所得のある第1号被保険者の負担を3割にする。

⑤　被用者保険等保険者の介護納付金を標準報酬総額に応じたものにする

⑥　地域包括支援センターの機能強化に関する事項

市町村等は、地域包括支援センターの事業について評価を行うとともに、必要な措置を講じなければならないものとする。

**【行政の役割等】**

⑦　国と地方公共団体の責務に関する事項

医療と居住に関する施策との有機的な連携を図りつつ包括的に推進するに当たっては、障害者その他の者の福祉に関する施策との有機的な連携を図るよう努めなければならないものとする。

⑧　被保険者の自立した日常生活の支援等の施策等に関する事項

被保険者の日常生活の支援、要介護状態等の予防または要介護状態等の軽減、もしくは悪化の防止等のための取り組むべき施策と目標を市町村介護保険事業計画の記載事項に追加する。

→　介護保険事業計画・地域福祉計画への反映が求められた。

⑨　居宅サービス等への市町村長の関与に関する事項

⑩　地域密着型通所介護に係る指定に関する事項

地域密着型通所介護等の量が、介護保険事業計画見込量に達している場合、指定をしないことができる。

⑪　有料老人ホームに係る指定の取消し等に関する事項

⑫　都道府県による市町村に対する支援等に関する事項

◇　介護療養型医療施設の介護保険法等の有効期限を6年延長すること。

# 3 地域支援事業

27年度の制度改正で最も大きな変更は、要支援者の訪問介護と通所介護が介護保険からはずれたことでした。ここでその詳細を見ていきます。

## 1 地域支援事業の全体像

それまで、要支援者に予防給付として提供されていた訪問介護と通所介護サービスが27年度法律改正により予防給付の対象外となり、地域支援事業において提供されることになりました。また、これまでの一次予防、二次予防の概念はなくなり、下記のような体系に再編成されました。

◆介護予防・生活支援総合事業◆

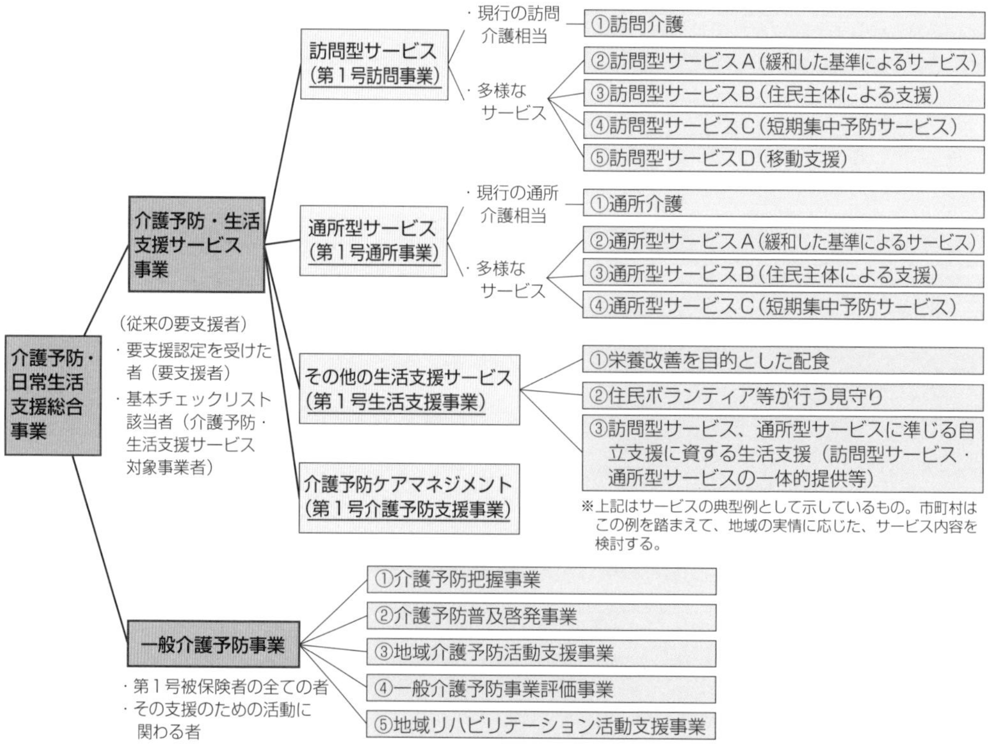


要支援者に対するサービスは、「介護予防・生活支援サービス事業（通称「サービス事業」）により提供されることとなりました。それ以外は「一般介護予防事業」で提供されます。その具体的内容は、次のとおりです。

### ◆介護予防・生活支援サービス事業（要支援者が対象）◆

| 事業 | 内容 |
|---|---|
| 訪問型サービス(第１号訪問事業)（法第115条の四五第１項第１号イ） | 要支援者等に対し、掃除、洗濯等の日常生活上の支援を提供 |
| 通所型サービス(第１号通所事業)（同号ロ） | 要支援者等に対し、機能訓練や集いの場など日常生活上の支援を提供 |
| その他の生活支援サービス（第１号生活支援事業）（同号ハ） | 要支援者等に対し、栄養改善を目的とした配食や一人暮らし高齢者等への見守りを提供 |
| 介護予防ケアマネジメント（第１号介護予防支援事業）（同号ニ） | 要支援者等に対し、総合事業によるサービス等が適切に提供できるようケアマネジメント |

＊１号事業の利用者が新たに要介護者となったときは、引き続き１号事業の利用が可能（令和３年４月～）

### ◆一般介護予防事業◆

| 事業 | 内容 |
|---|---|
| 介護予防把握事業 | 地域の実情に応じて収集した情報等の活用により、閉じこもり等の何らかの支援を要する者を把握し、介護予防活動へつなげる |
| 介護予防普及啓発事業 | 介護予防活動の普及・啓発を行う |
| 地域介護予防活動支援事業 | 地域における住民主体の介護予防活動の育成・支援を行う |
| 一般介護予防事業評価事業 | 介護保険事業計画に定める目標値の達成状況等の検証を行い、一般介護予防事業の事業評価を行う |
| 地域リハビリテーション活動支援事業 | 地域における介護予防の取り組みを機能強化するために、通所、訪問、住民運営の通いの場等へのリハビリテーション専門職等の助言を実施する |

## 2 予防給付から、介護予防・生活支援サービス事業へ

### ①　地域支援事業（介護予防・生活支援サービス事業）

従前、予防給付として提供されていた介護予防訪問介護は、訪問型サービス（第１号訪問事業）として実施されます。同様に介護予防通所介護事業は、通所型サービス（第１号通所事業）として実施されます。

利用者の立場から見ると、今まで使えた介護保険の指定事業所によるサービスの利用が制限され、ほぼ似たような事業から住民団体等が提供するサービスの利用まで、利用できるサービスが変わりました。事業者からみると、介護予防通所介護の報酬単価が20％以上減額されたうえに、それを上限とした単価でサービスを提供しなければならないことになり、経営という観点からは大きな打撃になり、撤退を余儀なくされる事業所も出ると思わ

れます。要支援者が全認定者の28%に達する中での制度改革ですから、多少の混乱は織り込み済みということなのでしょう。

その要支援者に対するサービスの提供は、市町村が直接実施するものを除くと、大きく3つの類型で提供されます。次ページの表の1の②、③、④です。③がほぼ従来と同等の体制で実施されるサービス、②は基準が緩和され、専門職ではない雇用者から提供されるサービス、そして④が自治会、住民団体、ボランティア等により提供されるサービスです。

また、表の2では、サービスを提供するに当たっての、設備、人員、運営に関する基準が示されています。右に行くに従って基準が緩和されています。③の通所型サービスBでは、介護予防手帳等の活用が想定されているとは思われますが、個別サービス計画の作成は特に位置づけられていません。

しかし、地域の中で、住民等が見守り、掃除等の生活支援サービスを分け隔てなく円滑に提供したら、通所介護に代わるサロン等を開いて運営することは、地域の人間関係を考えたとき、相当に難しいことと思われます。そこで、生活支援コーディネーターが地域のニーズに対応できる社会資源の開発を行うことが想定されるわけです。

### ② 介護予防・生活支援サービス事業（通称「サービス事業」）の具体例

ここから、より具体的に介護予防・生活支援サービス事業について見てみましょう。

#### ア 訪問型サービス

市町村は次ページの表の例を踏まえて、地域の実情に応じたサービス内容を検討します。訪問型サービスは、現行の訪問介護に相当するものと、それ以外の多様なサービスからなり、多様なサービスについては、雇用労働者が行う緩和した基準によるサービスと、住民主体による支援、保健・医療の専門職が短期集中で行うサービス、移動支援を想定しています。

#### イ 通所型サービス

通所型サービスは、30ページの表にあるように、現行の通所介護に相当するものと、それ以外のサービスからなり、多様なサービスについては、雇用労働者が行う緩和した基準によるサービスと、住民主体による支援、保健・医療の専門職により短期集中で行うサービスを想定しています。

表のように、これまでの訪問介護や通所介護相当サービスの利用には、要件等が示され、相当サービスを利用したとしても、なるべく多様なサービス（緩和されたサービスや住民主体のサービス）への移行が求められています。提供できる組織、単価、場所、円滑な運営等様々な課題を残したままの制度改正となりました。

## 訪問型サービス〈第１号訪問事業〉

| 基準 | 現行の訪問介護相当 | 多様なサービス | | | |
|---|---|---|---|---|---|
| サービス種別 | ①訪問介護 | ②訪問介護型サービスA（緩和した基準によるサービス） | ③訪問介護型サービスB（住民主体による支援） | ③訪問介護型サービスC（短期集中による予防サービス） | ④訪問介護型サービスD（移動支援） |
| サービス内容 | 訪問介護員による身体介助・生活援助 | 生活援助等 | 住民主体の自主活動として行う生活援助等 | 保健師等による居宅での相談指導等 | 移送前後の生活支援 |
| 対象者とサービス | ○すでにサービスを利用しているケースでサービスの利用の継続が必要なケース<br>○以下のような訪問介護員によるサービスが必要なケース<br>・認知状態の低下により日常生活に支障がある症状・行動を伴う者<br>・退院直後で状態が変化しやすく専門的サービスが特に必要な者<br>＊状態を踏まえながら多様なサービスの利用を促進していくことが重要 | ○状態等を踏まえながら、住民主体による支援等「多様なサービス」の利用を促進 | | ○体力の改善に向けた支援が必要なケース<br>○ADL、IADLの改善に向けた支援が必要なケース<br>＊３～６ヶ月の短期間で行う | 訪問型サービスBに準じる |
| 実施方法 | 事業者指定 | 事業者指定／委託 | 補助（助成） | 直接実施／委託 | |
| 基準 | 予防給付の基準を基本 | 人員等を緩和した基準 | 個人情報の保護等の最低限基準 | 内容に応じた独自の基準 | |
| サービス提供者等 | 訪問介護員<br>（訪問介護事業者） | 主に雇用労働者 | ボランティア主体 | 保健・医療の専門職（市町村） | |

＊現行の訪問介護相当に該当する基準は厚労省が示す

＊訪問介護と訪問介護型サービスＡまでは国保連の支払代行の対象

## ● 通所型サービス〈第１号通所事業〉 ●

| 基準 | 現行の通所介護相当 | 多様なサービス | | |
|---|---|---|---|---|
| サービス種類 | ①通所介護 | ②通所型サービスA（緩和した基準によるサービス） | ②通所型サービスB（住民主体による支援） | ③通所型サービスC（短期集中の予防サービス） |
| サービス内容 | 通所介護と同様のサービス／生活機能の向上のための機能訓練 | ミニデイサービス／運動・レクリエーション等 | 体操・運動等の活動など、自主的な通いの場 | 生活機能改善をするための運動器の機能向上や栄養改善等のプログラム |
| 対象者とサービス提供の考え方 | ○既にサービスを利用しており、サービスの利用の継続が必要なケース<br>○「多様なサービス」の利用が難しいケース<br>○集中的に生活機能の向上のトレーニングを行うことで改善・維持が見込まれるケース<br>＊状態を踏まえながら多様なサービスの利用を促進していくことが重要 | ○状態等を踏まえながら、住民主体による支援等「多様なサービス」の利用を促進 | | ○ADLやIADLの改善に向けた支援が必要なケース等<br><br>＊3～6ヶ月の短期間で実施 |
| 実施方法 | 事業者指定 | 事業者指定／委託 | 補助（助成） | 直接実施／委託 |
| 基準 | 予防給付の基準を基本 | 人員等を緩和した基準 | 個人情報の保護等の最低限の基準 | 内容に応じた独自の基準 |
| サービス提供者 | 通所介護事業者の従事者 | 主に雇用労働者＋ボランテイア | ボランティア主体 | 保健・医療の専門職（市町村） |

＊実施にあたっては保険者（市町村）が条例等でその内容を定める。

### ウ　その他の生活支援サービス（１号事業）

その他の生活支援サービスは、①栄養改善を目的とした配食や、②住民ボランティア等が行う見守り、③訪問型サービス、通所型サービスに準じる自立支援に資する生活支援（訪問型サービス・通所型サービスの一体的提供）です。

以上ア～ウの住民参加のサービス提供をどのように考えるべきかが問題となります。平成22年の厚生労働白書が言うように、これからの社会保障制度は、従前の消費型社会保障から、住民も生きがいを持って制度づくりに参加する「参加型社会保障制度」の構築が重要との認識からの制度設計にも思えます。

その是非はともかく、これは一種の住民主体の「まちづくり」ということもできます。行政の責任放棄・軽度者切り捨てと紙一重ですが、どちらに転ぶかは市町村の今後の対応にかかります。その観点から、住民参加のサービス支援について見てみましょう。

# 3 住民参加のまちづくり

27年改正の最大の課題の１つが、住民主体のサービスの創出でした。要支援認定を受けた者について、訪問介護と通所介護については予防給付の対象からはずされて、総合事業（介護予防・生活支援サービス事業）でのサービス利用に移行しました。その際、介護予防・日常生活総合支援事業の中で、家事支援や通所介護的なサービスを利用することになりますが、その受け皿づくりに、民間事業者やNPO等とともに住民がサービスの提供主体となることが下図にあるように期待されています。

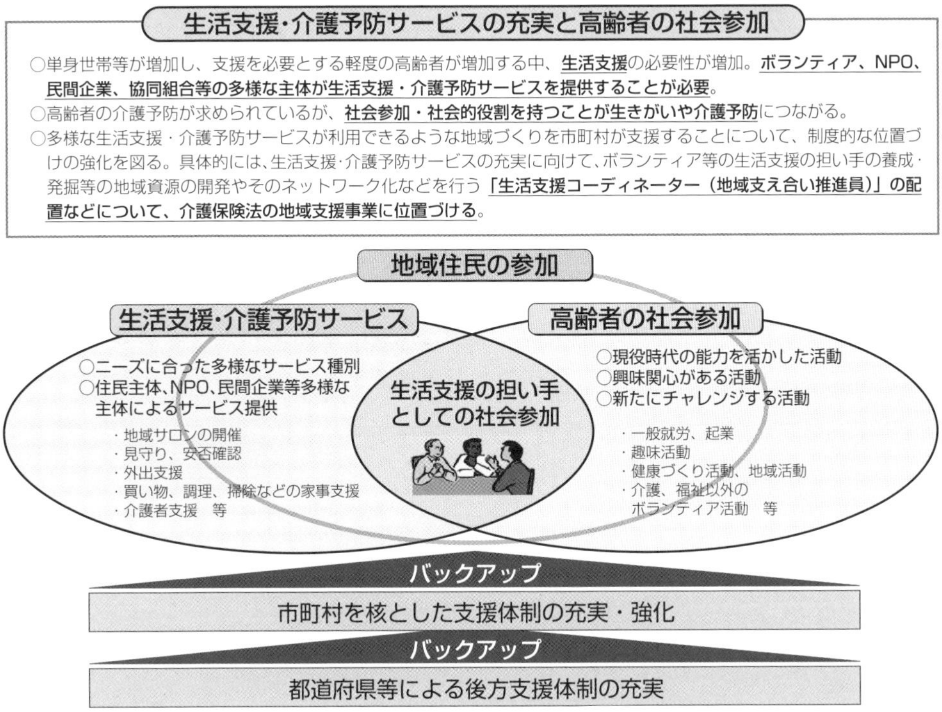

生活支援・介護予防サービスの充実と高齢者の社会参加
○単身世帯等が増加し、支援を必要とする軽度の高齢者が増加する中、生活支援の必要性が増加。ボランティア、NPO、民間企業、協同組合等の多様な主体が生活支援・介護予防サービスを提供することが必要。
○高齢者の介護予防が求められているが、社会参加・社会的役割を持つことが生きがいや介護予防につながる。
○多様な生活支援・介護予防サービスが利用できるような地域づくりを市町村が支援することについて、制度的な位置づけの強化を図る。具体的には、生活支援・介護予防サービスの充実に向けて、ボランティア等の生活支援の担い手の養成・発掘等の地域資源の開発やそのネットワーク化などを行う「生活支援コーディネーター（地域支え合い推進員）」の配置などについて、介護保険法の地域支援事業に位置づける。
地域住民の参加
生活支援・介護予防サービス
○ニーズに合った多様なサービス種別
○住民主体、NPO、民間企業等多様な主体によるサービス提供
・地域サロンの開催
・見守り、安否確認
・外出支援
・買い物、調理、掃除などの家事支援
・介護者支援　等
生活支援の担い手としての社会参加
高齢者の社会参加
○現役時代の能力を活かした活動
○興味関心がある活動
○新たにチャレンジする活動
・一般就労、起業
・趣味活動
・健康づくり活動、地域活動
・介護、福祉以外のボランティア活動　等
バックアップ
市町村を核とした支援体制の充実・強化
バックアップ
都道府県等による後方支援体制の充実


上図は、住民参加（主体）の生活支援サービスづくりのイメージですが、これは一種の住民参加の新しいまちづくりともよべるものです。同時に、図の右側にあるように、以下のような新しい人間関係・絆づくりが行われる可能性についても想定されます。

① 高齢者の社会参加の一環として行われることで、社会参加や役割意識を醸成し、高齢者の介護予防や生きがいづくりに寄与できる。
② 要支援者が一緒に活動することにより、「サービスを提供する者・受ける者」の垣根を取り払い、ともに行う地域活動として、まちづくりに参画する。

これらの体制をいかにつくり出せるかは、非常に重要なポイントになると思われます。

その業務の担い手としては、一種のコミュニティソーシャルワーカーともいえる「生活支援コーディネーター」に期待されています。具体的なサービスのイメージとしては、家事援助、交流サロン、コミュニティカフェ、配食・見守り等があります。ただこれはあくまでも例示であり、地域性に配慮し、必要なサービスの創出・開発等により、地域に受け皿となる社会資源の開発とともに、新しいまちづくりが期待されているといえます。

地域支援事業、介護予防・生活支援サービスは、以上のような危うさ、可能性等が混じり合った制度です。当然克服できる市町村もある一方で失敗する、あるいは何もできない、しない市町村も出てくると考えられます。

コラム

【ACP（Advance Care Planning/ アドバンス・ケア・プランニング）】

ACPとは、将来の変化に備え、将来の医療・ケアについて、患者を主体に、その家族や友人、医療・ケアチームが継続的話し合いを行い、患者の意思決定を支援するプロセスを言う。

サービス担当者会議との関係もあるが、虚弱・要支援となった段階で、ケアマネジャーなどが中心となり、暮らし・運動・栄養・保健医療関係の専門家が集まり、高齢者を主体にこれからについて話し合うこともできるように思う。

## 4 介護保険サービスと地域支援事業のサービスの利用方法

訪問介護と通所介護については、サービスが総合事業へ移り、介護保険サービスの利用方法は下図のようになりました。特に、訪問介護と通所介護にかかるサービスの利用に当たっては、要支援認定を受けなくてもチェックリストの判定により、要支援者と同等と認められれば、総合事業のサービスの利用ができるようになります。ただし、介護予防の訪問看護や、福祉用具等を利用するためには要支援認定が必要です。これにより要支援認定を受けない高齢者も出てくると思われます。それは要介護認定率の低下にもつながり、今後どのように運用されていくのか、関心があるところです。

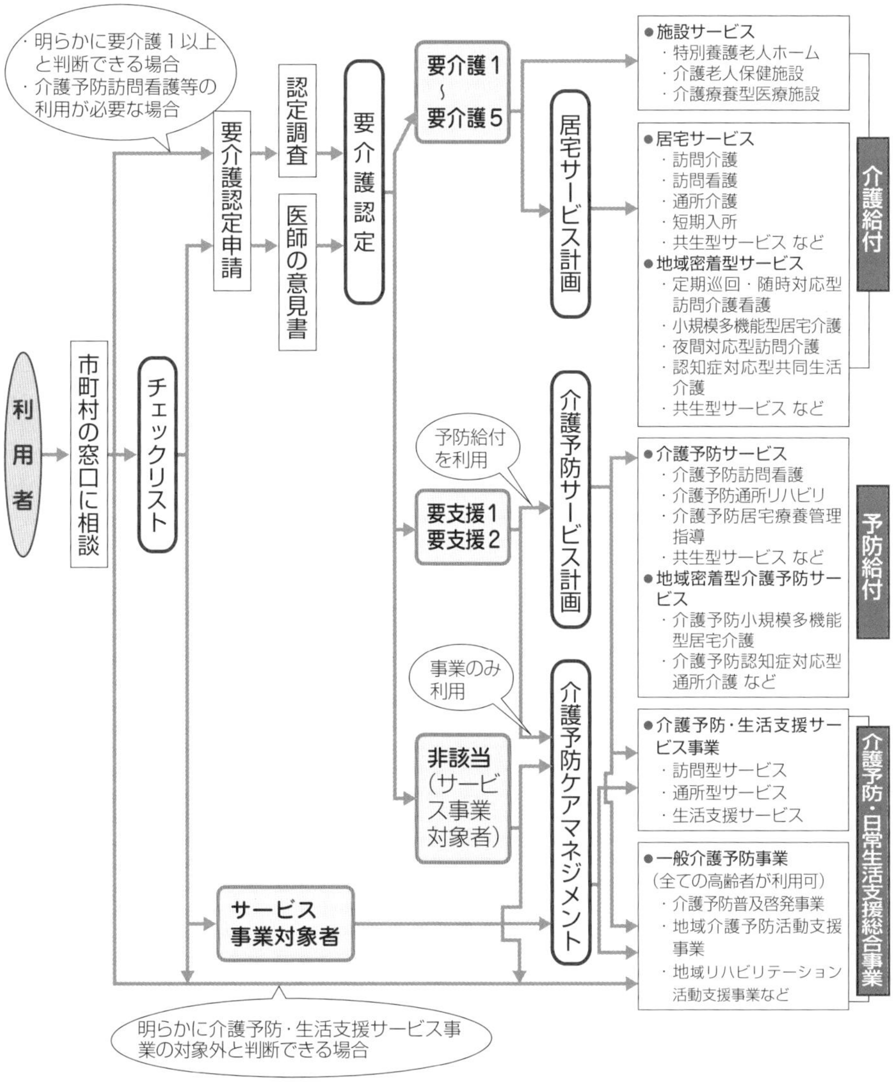


＊介護予防・生活支援サービスを利用していた者が要介護となった場合、令和３年４月から必要に応じて引き続き介護予防・生活支援サービスの利用が可能となる。

## ◆基本チェックリスト（厚生労働省作成）◆

| | No | 質問項目 | 回答 | | 得点 | |
|---|---|---|---|---|---|---|
| 暮らしぶりその1 | 1 | バスや電車で1人で外出していますか | 0.はい | 1.いいえ | | |
| | 2 | 日用品の買い物をしていますか | 0.はい | 1.いいえ | | |
| | 3 | 預貯金の出し入れをしていますか | 0.はい | 1.いいえ | | |
| | 4 | 友人の家を訪ねていますか | 0.はい | 1.いいえ | | |
| | 5 | 家族や友人の相談にのっていますか | 0.はい | 1.いいえ | | |
| | | | No.1～5の合計 | | | |
| 運動器関係 | 6 | 階段を手すりや壁をつたわらずに昇っていますか | 0.はい | 1.いいえ | | |
| | 7 | 椅子に座った状態から何もつかまらずに立ち上がってますか | 0.はい | 1.いいえ | | |
| | 8 | 15分間位続けて歩いていますか | 0.はい | 1.いいえ | | |
| | 9 | この1年間に転んだことがありますか | 1.はい | 0.いいえ | | |
| | 10 | 転倒に対する不安は大きいですか | 1.はい | 0.いいえ | | |
| | | | No.6～10の合計 | | | 3点以上 |
| 栄養・口腔機能等の関係 | 11 | 6ヶ月間で2～3kg以上の体重減少はありましたか | 1.はい | 0.いいえ | | |
| | 12 | 身長（　cm）体重（　kg）（＊BMI18.5未満なら該当）＊BMI（＝体重(kg)÷身長(m)÷身長(m)） | 1.はい | 0.いいえ | | |
| | | | No.11～12の合計 | | | 2点以上 |
| | 13 | 半年前に比べて堅いものが食べにくくなりましたか | 1.はい | 0.いいえ | | |
| | 14 | お茶や汁物等でむせることがありますか | 1.はい | 0.いいえ | | |
| | 15 | 口の渇きが気になりますか | 1.はい | 0.いいえ | | |
| | | | No.13～15の合計 | | | 2点以上 |
| 暮らしぶりその2 | 16 | 週に1回以上は外出していますか | 0.はい | 1.いいえ | | |
| | 17 | 昨年と比べて外出の回数が減っていますか | 1.はい | 0.いいえ | | |
| | 18 | 周りの人から「いつも同じ事を聞く」などの物忘れがあると言われますか | 1.はい | 0.いいえ | | |
| | 19 | 自分で電話番号を調べて、電話をかけることをしていますか | 0.はい | 1.いいえ | | |
| | 20 | 今日が何月何日かわからない時がありますか | 1.はい | 0.いいえ | | |
| | | | No.18～20の合計 | | | |
| | | | No.1～20までの合計 | | | 10点以上 |
| こころ | 21 | （ここ2週間）毎日の生活に充実感がない | 1.はい | 0.いいえ | | |
| | 22 | （ここ2週間）これまで楽しんでやれていたことが楽しめなくなった | 1.はい | 0.いいえ | | |
| | 23 | （ここ2週間）以前は楽にできていたことが今ではおっくうに感じられる | 1.はい | 0.いいえ | | |
| | 24 | （ここ2週間）自分が役に立つ人間だと思えない | 1.はい | 0.いいえ | | |
| | 25 | （ここ2週間）わけもなく疲れたような感じがする | 1.はい | 0.いいえ | | |
| | | | No.21～25の合計 | | | |

☆チェック方法
回答欄のはい、いいえの前にある数字（0または1）を得点欄に記入してください。
☆基本チェックリストの結果の見方
基本チェックリストの結果が、下記に該当する場合、市町村が提供する介護予防事業を利用できる可能性があります。お住まいの市町村や地域包括支援センターにご相談ください。
- ●項目6～10の合計が3点以上
- ●項目13～15の合計が2点以上
- ●項目11～12の合計が2点
- ●項目1～20の合計が10点以上

しくみ編

# 第1章
# 介護保険制度のしくみ

この章では、介護保険制度の概要について学びます。具体的には、次の６点について、その概要と全体像を理解することを狙いとしています。

①介護保険制度を利用するためのしくみ
②介護保険の財源と保険料のしくみ
③要支援・要介護区分とその内容
④介護保険で利用できるサービス
⑤利用者を支援するしくみ
⑥サービス事業者の指定・取消し、運営基準

# 1　介護保険制度の利用のしくみ

ここでは、１．介護保険制度を利用するときのしくみや流れ、２．サービスを利用するときのポイントの順で見ていきます。ここで介護保険制度の全体像を大まかにつかんだあと、細かい知識について見ていきましょう。

## 1　「保険者」「被保険者」とは

### ①「被保険者」とは

保険に加入し、給付を受ける資格を持つ人を被保険者（ひほけんしゃ）といいます。

介護保険法では、被保険者は２種類に分かれています。65歳以上の高齢者が対象となる第１号被保険者と、40～64歳の医療保険加入者が対象となる第２号被保険者です。

その大きな違いは、第１号被保険者は「要支援・要介護」の状態になった場合は、その理由を問わずにサービスを利用できますが、第２号被保険者は特定疾病（とくていしっぺい）が原因で「要支援・要介護」状態になった場合に限られるという点です。

特定疾病とは、加齢と関係がある疾病または要介護状態になる可能性が高い疾病をいいます（特定疾病の一覧　→129ページ）。

◆介護保険の被保険者は２種類◆

| | 第１号被保険者 | 第２号被保険者 |
|---|---|---|
| 対象者 | 65歳以上で住所がある者 | 40～64歳の医療保険加入者 |
| サービスを受けられる人 | 要支援・要介護状態になった者（原因は問わない） | 特定疾病が原因で、要支援・要介護状態になった者 |

また保険料についても、第１号被保険者と第２号被保険者では異なります。

第１号被保険者の保険料は、本人が住んでいる市町村（保険者（ほけんしゃ））の介護保険サービスの総事業費に比例するため、地域の状況に大きく影響されます。一方、第２号被保険者の保険料は国内全体で調整するので、地域のサービス整備状況の影響を直接は受けません。

### ②「保険者」とは

一般に保険制度の実施・運営主体のことを保険者といいます。介護保険制度の場合、保険者は、基本的に市（区）町村です（以下、「市町村」）。

ただし、規模が小さい市町村の場合は、社会保険の利点であるスケールメリットやリスクの分散などが生かしきれない場合もあるため、広域連合や一部事務組合などをつくり、他の市町村と共同で事業を行うことが認められています。

そうした共同事業には、49市（7.0%）、362町（18.5%）、124村（22.5%）の市町村が参加しています（平成16年厚生労働省資料）。（　）内のパーセンテージは、それぞれの母数に占める割合です。これを見ると、町や村の場合は、約2割が共同で介護保険事業の運営に当たっていることがわかります。

## 2 「申請」から「サービス利用」までの流れ

介護保険制度のサービスを利用するための手順や資格などについて、順を追って見ていきましょう。

### ① 介護保険サービスの利用を申請する

介護保険制度を利用するための要件（必要な条件）は、保険事故が発生し（介護等が必要となること）、その状態が6カ月以上継続しているか、継続する見込みがあることです（末期ガン患者の場合は、6カ月より短期間でも可）。

利用に際して、第1号被保険者と第2号被保険者では要件が異なることは、前のページで述べたとおりです。

介護保険のサービスを受けるためには、まず保険者（市町村）に対して要支援・要介護認定の申請を行う必要があります。介護保険制度では、「介護が必要」と判定されなければ、サービスを利用することができないのです（以下、「要支援・要介護認定」を「要介護認定」といいます）。

申請を行うことができるのは、本人または同居家族などの代理人です。地域包括支援センターが申請を代行することもできます。一方で、以前には代行申請が認められていた居宅介護支援事業者（ケアマネジャー）や施設は、一定の要件を満たすことが必要になりました。

介護保険制度のサービスを利用できるのは、厳密には保険者から要介護認定の決定通知を受けてからですが、すぐに介護が必要な場合には、決定前でもサービスを利用できます。ただし、要介護度により使えるサービスの量は決まっており、決定された利用上限額を超えてサービスを利用した場合には、超えた分については自己負担となります。

### ② 要介護認定（調査・判定）

要介護認定の申請があると、まず保険者が要介護度を調査し、最終的に介護認定審査会で要介護度を決定します。

詳しい流れは次のとおりです。

## ●保険者による訪問調査

要介護認定の申請があると、原則として市町村の職員または地域包括支援センターの職員が申請者を訪問して面接し、調査します。ただし、一定の要件を満たす場合は、介護保険施設や居宅介護支援事業者に調査を委託できます。

あわせて主治医（かかりつけの医師）、主治医がいない場合は、保険者が指定した医師の「意見書」を用意します。

## ●一次判定

訪問調査員は、調査票（マークシート方式）に調査結果を記録し、さらに調査票では書ききれない事項は「特記事項」として記録します。

保険者はこの調査票に基づき、国が開発したコンピュータソフトを用いて「要介護認定」を行います。この判定結果を一次判定といいます。

なお、平成21年度から一次判定で、要支援１～２、要介護１～５と非該当のすべての区分けが行われることになりました。

また、これまでは被保険者の状態像を基礎に「介護の手間」についてコンピュータで判定し要介護度を判定していましたが、21年度からは訪問調査員の調査項目に「介護の手間」が入ってきました。その結果、要介護度別の「状態像」は削除されました。

つまり、これまでは状態像と要介護度が一定リンクしていたのですが、21年度からは状態像と介護の手間のリンクがはずれたということです。要介護度の判定が調査員の調査による「介護の手間」に移行することで、結果として要介護度が軽くなるという現象が起きました。

利用者や関係者の批判が起こったため、厚労省は緊急措置として、要介護認定方法の変更についての検証が終わるまでの間、旧認定基準でのサービスの利用を容認する通知を出すことになりました。

### 調査項目

21年改正で82項目から72項目に変更（現在は74項目）、調査内容についても「介護の手間」を要しているかどうかの観点に変更。たとえば、歩行できない人でも「電動車いすを使用して移動できる」と、移動の手間について「介助が不要」となります。

## ●二次判定（介護認定審査会による審査・判定）

介護認定審査会で、①一次判定結果、②訪問調査員が記録した「特記事項」、③主治医による「意見書」に基づき、最終的な判定を行います。介護認定審査会は、保健・医療・福祉の学識経験者など、原則として５名以上で構成されています。

判定は、「非該当」「要支援（１・２）」「要介護（１～５）」で出されます。要介護度は１、２…の順で重くなり、５がもっとも介護が必要な状態です。

介護保険施設の廃止や施設整備の抑制などに加え、要介護認定方法の変更等が行われていますが、介護が必要になったら誰でもサービスが利用できるという介護保険制度の理念も、数次の制度改正を経て大きく変容しつつあるのではないでしょうか。日本の将来を考えるとき、危惧される点です。

### ③ 要介護認定の決定通知（申請後30日以内）

要介護認定の結果は、申請の日から30日以内に保険者から申請者に通知されます。

要介護認定の有効期間は原則6カ月以内ですが、保険者は利用者の状態により3カ月から36カ月の間で決定できます。

なお、要介護度区分の判定に納得できないときは、説明を求めたり、都道府県知事（介護保険審査会）に対して、処分の取消しを求めて不服審査の請求をすることもできます。

引き続きサービスを利用したいときは、有効期限の60日前から1カ月前までに更新申請を行います。地域包括支援センター、居宅介護支援事業者、介護保険施設による申請代行を利用することもできます。

### ④ 介護保険サービスの利用

18年度改正で、介護保険の給付は介護給付と予防給付の2つに分かれました。「介護給付」は、要介護1～5の認定者への給付、「予防給付」は要支援1・2の者を対象とした給付です。

27年改正で、要支援者の訪問介護と通所介護の利用に際しては、新たに地域支援事業である「介護予防・日常生活支援総合事業」での実施となり、予防給付の対象からはずれることになりました。

ケアマネジメントは、介護給付は、指定居宅介護支援事業所において、予防給付は、市町村（実際は、地域交流総合センターまたは委託を受けた事業者）が行います。

**◆要介護認定の流れと要介護区分◆**

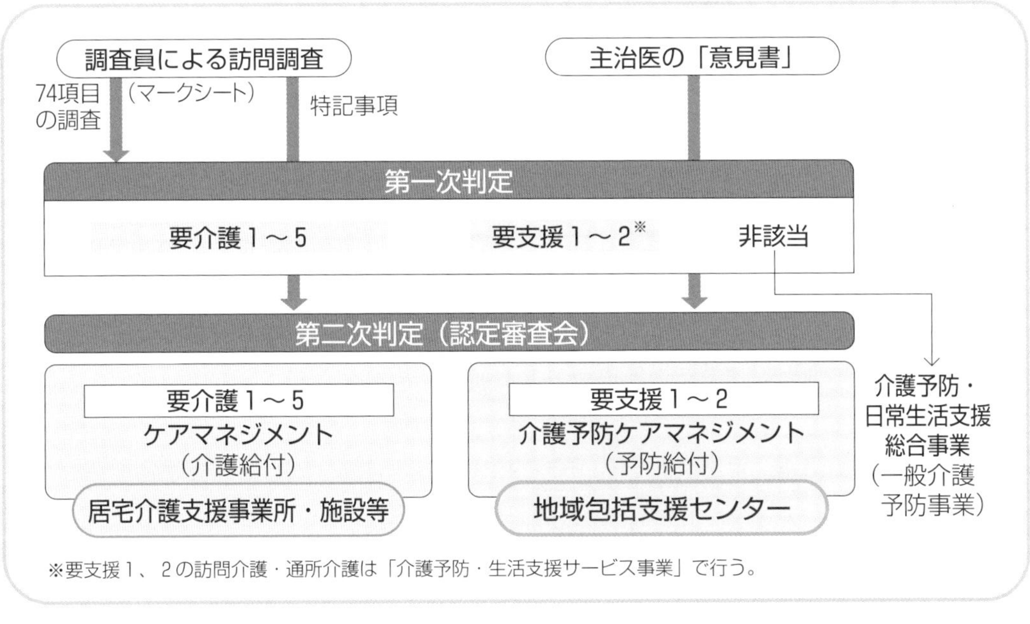

介護保険サービスを利用するときには、ケアプランの作成の有無がポイントになります。

ケアプランを作ると、サービスを現物給付（げんぶつきゅうふ）の形で利用できます。医療保険と同じように自己負担はありますが、サービスそのものを直接受け取ることができるのです。1割(～3割）分の自己負担と、施設に入所している場合は食費・居住費などが必要です。

ケアプランを作らないと、サービス利用時に利用者がいったん料金を全額支払い、後で保険者に9割分を請求して受け取る方式（償還払い（しょうかんばらい））になります。

なお、ケアプランは、ケアマネジャーに依頼せず、自分で作ることもできます（セルフケアプラン)。その場合は保険者（市町村）に相談し、助けを借りることができます。

ただし、総合事業のサービスについては、セルフプランによるサービス利用はできないしくみです。

### ●サービスを利用するときの流れ

27年改正で要支援者の訪問介護と通所介護が地域支援事業に移行したことに伴い、サービスの利用の仕方が一部変更となりました。要支援該当者が、訪問介護と通所介護のみを利用する場合は、要支援認定を受けなくても、チェックリストによる判定で該当と認定されれば、サービスを利用できるようになりました。

要介護認定を受けてサービスを利用するのか、チェックリストにより利用するのか、保険者によりその運用に差が出ています。全体として地域支援事業に移行したサービスの創出に苦慮しているようです。

#### 介護給付の場合（対象：要介護１～５）

「居宅介護支援事業者と利用者が契約を締結する → アセスメント → 居宅サービス計画（ケアプラン）原案を作成 → サービス担当者会議（ケアカンファレンス）を開催 → ケアプランの決定 → サービスを提供 → モニタリング」という流れで進みます。

利用者は、自分の意思で居宅介護支援事業者を選んで自由に契約を結び、ケアマネジャーにケアプランを依頼することができます。

#### 予防給付の場合（対象：要支援１・２）

予防給付の利用者は、居宅サービス利用者の半数以上を占めると思われますが、そのケアマネジメントの実施主体は保険者とされ、利用者が事業者と自由に契約を結び、ケアプランを依頼するということはできません。地域包括支援センターか、センターから委託を受けた介護予防支援事業者と契約し、ケアマネジメントを担当してもらうことになります。

予防給付の場合、アセスメント、サービス担当者会議、そして介護予防サービス計画（介護予防ケアプラン）の作成も「介護予防」の観点から行われます。サービス提供についても、改善目標をより明確に策定します。

**地域支援事業（対象：一般介護予防事業対象者）**

一般介護予防事業は、介護保険の要介護・要支援に該当しない者が対象になります。

**▶▶介護保険法115条の45　地域支援事業とは**

市町村は、被保険者の要介護状態等となることの予防又は要介護状態等の軽減若しくは悪化の防止及び地域における自立した日常生活の支援のための施策を総合的かつ一体的に行うため、厚生労働省令で定める基準に従って、地域支援事業として、次に掲げる事業（以下「介護予防・日常生活支援総合事業」という）を行うものとする。

**● サービスの提供**

要支援・要介護者へのサービス提供にあたっては、サービスの種類に応じた計画、たとえば「訪問介護計画」や「通所介護計画」を作成し、それに基づいて提供します。そこでは、ケアプランや予防ケアプランで示された目標などとの整合性が問われます。また、サービス提供計画の目標達成度などへの評価が今後必須となると思われます。

**● モニタリング**

モニタリングは、大きく分けて３種類あります。

①サービスの実施直後に行い、サービスの調整などを検討する

②最低１カ月に１回は訪問して、その状態を記録する（①と②の統合は可能）

③数カ月に１回、サービス提供の状態を評価する

予防給付の場合は、介護予防の目標達成度の評価を３カ月～６カ月ごとに行い、次の計画につなげていきます。

**コラム**

**【コロナ感染下のモニタリング】**

コロナ下で、利用者の状態把握が電話等での非訪問により行われるようになった。高齢者は心配かけないよう「何も問題ない、困っていない」等の返事をする場合がある。しかしそれは実態を反映していない。また、利用者が、マスクのため担当者を認識できずにコミュニケーションに支障が出ているとの声がある。また、担当者も、高齢者の表情が読み取れず困ることもあるという。

未知の疫病下のサービス提供について、現場で試行錯誤・模索が続けられている。困難な状況下にあるからこそ、高齢者の暮らしを支援する介護現場の力を発揮できる。介護現場の取り組み・挑戦に期待したい。

## ◆介護保険サービスを利用するときの流れ◆

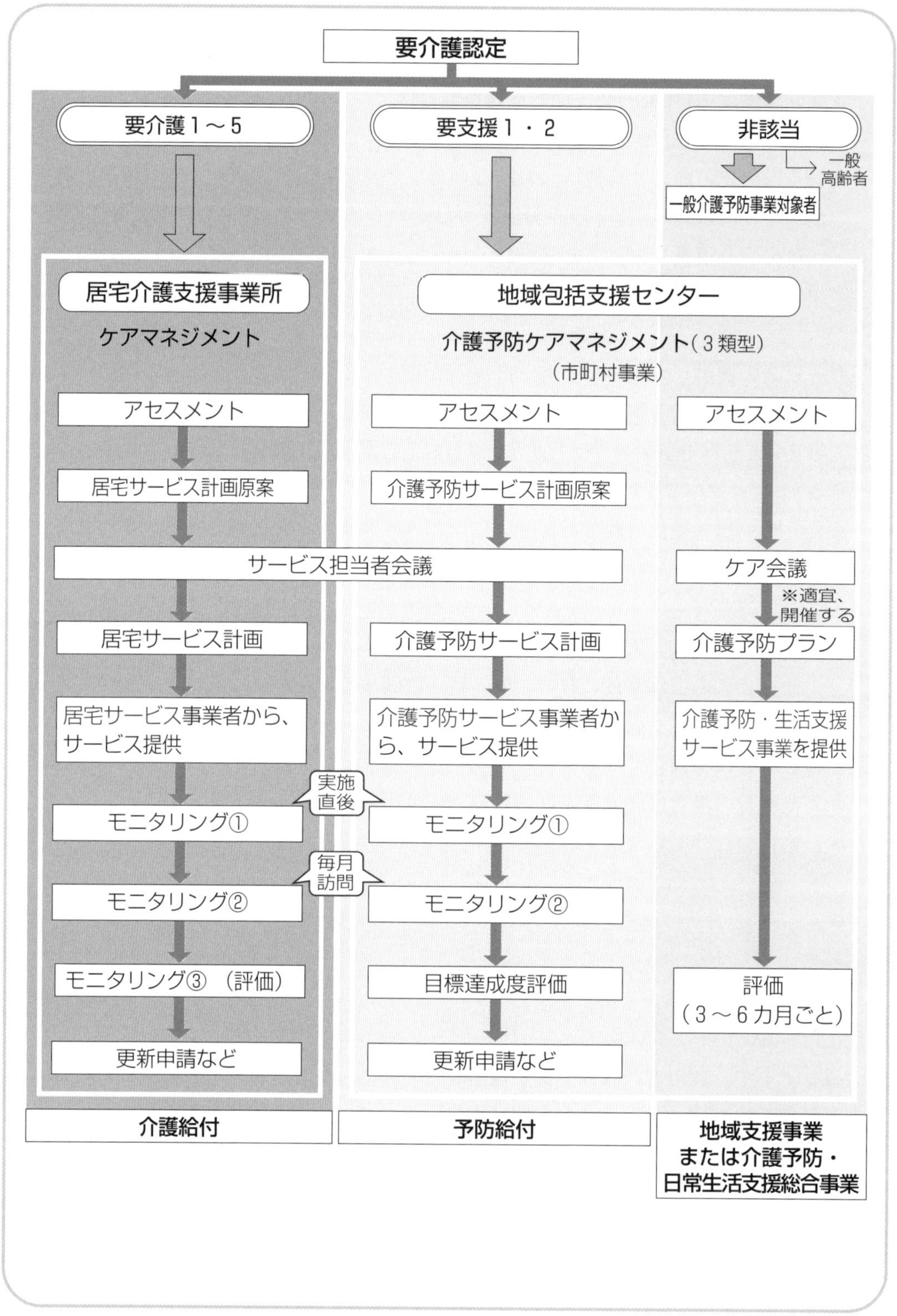


＊介護保険の介護給付及び予防給付を利用する場合の流れ図です。地域支援事業は、介護保険の給付ではないので、この図には入りません。

# 2 介護保険の財源と保険料のしくみ

## 1 介護保険の財源

### ① 介護保険の財源

介護保険の財源は、第１号・第２号被保険者の保険料、国・都道府県・市町村が負担する税と、介護保険サービス利用者の利用料から成り立っています。

負担割合は、介護報酬額の１割（一定所得者は２割～３割）相当を利用者、残りの９割（一定所得者は７割～８割）を保険料と税でその１／２ずつ負担します。

下図にあるように、保険料は、第１号と第２号被保険者で50％を負担しますが、その負担割合は、第１号と第２号の人口比で案分します。平成12年４月、第１期介護保険事業のときは、負担割合が17：33でしたが、高齢者の絶対数の増加に伴って変化し、平成30年度からは、23：27に変更されました。

なお、国の負担25％の内訳は、固定分20％と変動分の「調整交付金５％」です。調整交付金は、保険者（市町村）の人口に後期高齢者（75歳以上および85歳以上の高齢者）が占める比率や第１号被保険者の所得などにより変動します。後期高齢者の比率が高いために保険給付がかさむ場合や、低所得者が多く保険料収入が相対的に低い保険者（市町村）には５％よりも多く、逆の保険者には５％よりも少なく配分されます。その結果、25％の国庫負担は、実際は28％である場合や22％である場合も生じます。

◆介護保険の財源◆

| 保険料50% | | 税50% | | |
|---|---|---|---|---|
| 第1号被保険者（市町村の65歳以上） | 第2号被保険者（全国の40～60歳の医療保険加入者） | 国 | 都道府県 | 市町村 |
| 23% | 27% | 25% | 12.5% | 12.5% |

※自己負担分（利用料の１割）は除く。また、国負担25％のうち５％は、保険者の財政状況等により割合を変動させる調整交付金のため、保険者により異なる。

ただし、18年改正により、都道府県が指定することになった施設等の給付費については、国が15％、都道府県が17.5％を負担することになっています。

### ② 財政安定化基金

介護保険は、保険料と一般会計（税金）からの拠出金等による「特別会計」で運営されています。事業年度の予算を超えて給付が必要となったときには、財源を補塡する必要があります。その際、一般会計からの拠出によらずに財源を安定的に確保するしくみとして、財政安定化基金が都道府県単位で設けられています（→183ページ）。

## 2 保険料の額

第１号被保険者の保険料は、保険者である市町村の介護保険サービスの総事業費に連動して決められます。保険者は３年に１回、介護保険サービスの事業量などを推計した介護保険事業計画を作成します。そこで、総事業費が決定されます。総事業費の23％を第１号被保険者が負担します。したがって、総事業費が大きい市町村に住む被保険者の保険料は高くなります（→188ページ）。

総事業費が大きくなる要因としては、保険者の人口規模が小さい、重度の人が多い、介護保険サービスを利用する人の割合が高いなどが考えられますが、基本的には「居宅サービス」に比べて「施設入所サービス」の利用比率が高いことが主な要因となっています。

第１号保険料は、全国平均で約5,869円（平成30～令和２年度）ですが、介護保険料が毎期ごとに上昇する中で、第１号被保険者の負担額について保険者の工夫が行われるようになりました。

**◆介護保険料の所得段階（令和２年度）◆**

| 段階 | 対象者 | | 賦課率 |
|---|---|---|---|
| 第一段階 | 世帯全員非課税 | 生活保護受給者、老齢福祉年金受給者<br>本人年金収入等80万円以下 | 基準額×0.30 |
| 第二段階 | | 本人年金収入等80超120万以下 | 基準額×0.50 |
| 第三段階 | | 本人年金収入等120万超 | 基準額×0.70 |
| 第四段階 | 本人非課税 | 本人年金収入等80万円以下 | 基準額×0.85 |
| 第五段階 | 世帯課税 | 本人年金収入等80万円超 | 基準額×1.00 |
| 第六段階 | 本人課税 | 所得金額120万円未満 | 基準額×1.20 |
| 第七段階 | | 所得金額120万円以上200万円未満 | 基準額×1.30 |
| 第八段階 | | 所得金額200万円以上300万円未満 | 基準額×1.50 |
| 第九段階 | | 所得金額300万円超 | 基準額×1.70 |

＊実際はこれを参考に各保険者が条例で定める。保険者により大きく異なる場合もある。

## 3 保険料の徴収と軽減措置

### ① 第１号被保険者の保険料

第１号被保険者の徴収方法には、「普通徴収」と「特別徴収」の２種類があります。

まず、老齢年金、障害年金、遺族年金を月額１万5,000円以上受給している者については、年金から天引きします。これを特別徴収といいます。

特別徴収により徴収できない高齢者、たとえば無年金者、月額１万5,000円未満の年金受給者などについては、保険者が保険料を直接徴収します。これを普通徴収といいます（平成20年度に介護保険料・国保料・後期高齢者医療保険料の特別徴収開始）。

なお、第１号被保険者には、配偶者間で連帯して保険料を支払う義務が課せられています。そのため、夫婦のどちらかが保険料を滞納している場合は、その配偶者には滞納している保険料を支払う義務が生じます（法132条）。また、先ほども述べたように、第１号被保険者の保険料は、保険者により異なります。

### ② 第２号被保険者の保険料

第２号被保険者の資格要件は、医療保険加入者ですが、医療保険料とあわせて介護保険料を徴収します。保険料は全国で調整するので、地域差は生じません。

### ③ 介護保険と低所得者などへの軽減措置

介護保険は、保険料を払っている被保険者であれば、保険事故発生時（介護が必要となること）には、１割の利用料を自己負担することによりサービスを利用できるしくみです（施設入所の場合は、そのほかに居住費、食費、日常生活費などが必要）。

しかし、47ページの図表に見るように、ひとくちに高齢者といっても、その所得は多様です。保険料や利用者負担の支払いに困らない高齢者がいる反面、収入が乏しいために支払いに困る高齢者もいます（なお、平成27年の内閣府の調べによれば、高齢者の所得に占める公的年金、恩給の割合が80%以上の世帯は68%となっています）。

介護保険制度は、社会保険制度として、国民の介護への不安に対応する役割も持つべきものです。所得などの理由により介護保険制度を思うように利用できないとすれば、それは本末転倒になりかねません。そこで、介護保険制度本体のなかに、低所得者への対応がしくみとして位置づけられています。

#### ①　特定入所者介護サービス費（補足給付）（法51条の３）

18年改正により、食費・滞在費・居住費が利用者負担になりました。入所している施設の食費・居住費、ショートステイの滞在費・食費、デイサービスやデイケアの食費までが、自己負担になったのです。これに伴い、低所得のため負担が困難な利用者には「負担限度額」を設定し、それを超えた分は、「特定入所者介護サービス費」として、介護保険から給付されることになりました。

対象となるのは、利用者負担段階が１～３段階の人で、食費等の支払いが困難な人（特定入所者）です。「施設の平均的な費用（基準費用額）」から「負担限度額」を差し引いた分が補足給付として、介護保険から施設に支払われるしくみです。

② 高額介護サービス費の見直し（法51条、61条）

介護保険は利用者が１割を負担することになっていますが、その合計額が一定額を超えたときは、申請すると、超えた分が戻ってきます（高額介護サービス費の支給）。

現役並み相当の所得がある場合に加え、29年８月より一般も上限額を44,400円とすることになりました。

◆高齢者介護サービス費の上限額(令和３年度～)◆

| 収入要件 | 世帯の上限額 |
|---|---|
| 年収約1,160万円以上 | 140,100円 |
| 年収約770～約1,160万円 | 93,000円 |
| 年収約383～約770万円 | 44,400円 |
| 一般 | 44,000円 |
| 市町村婚税非課税世帯 | 24,600円 |
| 同上（年金80万円以下） | 15,000円 |

③ 社会福祉法人による利用者負担軽減制度の運用改善

社会福祉法人が運営主体となっている特別養護老人ホーム、訪問介護、通所介護、短期入所生活介護のサービスについて、法人が利用者負担を軽減した場合、国や地方自治体が補助する制度があります。実際の実施は、各社会福祉法人の判断によります。

利用料の減額割合は１/４（利用者負担第１段階の人は１/２）が原則です。

④ 旧措置入所者に対する負担軽減（法51条の３、61条の３）

介護保険制度が施行された平成12年４月１日以前から継続して特別養護老人ホームに入所している人に対しては、経過措置により負担軽減が図られています（介護保険施行前より負担が重くならないようにするため）。

⑤ 利用料を支払うと生活保護の対象となる者への軽減措置

介護保険の利用者負担分を支払うと生活保護の基準を下回る者については、負担が軽減されます。

⑥ 保険料の減免等（法142条）

災害で被害を受けた場合などは、保険料の減免措置を受けることができます。

⑦ 利用料の減免等（法50条）

災害などの事情で、利用料を負担することが困難な場合、利用料の減免措置を受けることができます。

## ◆高齢者世帯の所得状況◆

### ①所得分布

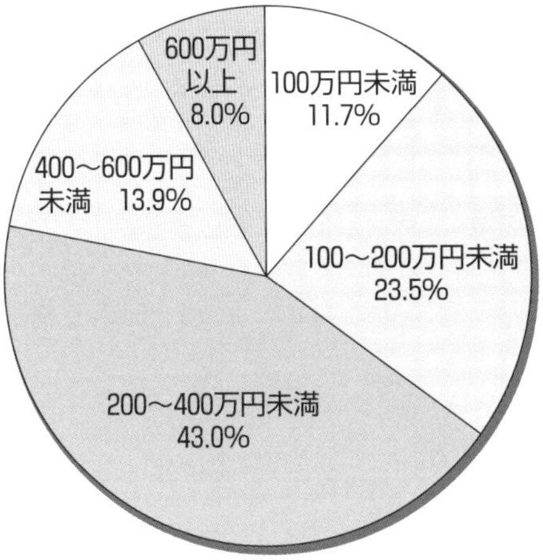


※『平成29年国民生活基礎調査』

### ②年金平均受給額比較／月額

| | | 平成23年度 | 平成30年度 |
|---|---|---|---|
| 老齢基礎年金 | 男 | 5.7万円 | 5.9万円 |
| | 女 | 5.0万円 | 5.3万円 |
| 老齢厚生年金 | 男 | 17.0万円 | 16.4万円 |
| | 女 | 10.4万円 | 10.3万円 |

※『厚生年金保険・国民年金事業年報』（厚労省）

# 3 要支援・要介護区分とその内容

介護保険サービスを利用するための要件、要介護度別の給付限度額、平成21年の要介護認定の見直しを見ていきます。

## 1 介護保険サービスが給付される要件

介護保険サービスは、次の状態になったときに利用することができます。

**① 要介護状態（法７条１項）**

身体上または精神上の障害があるために、一定期間(６カ月)にわたり、継続して入浴、排せつ、食事等の日常生活における全部または一部について、常時介護が必要と認められる場合。

**② 要支援状態（法７条２項）**

身体上または精神上の障害があるために、一定期間（６カ月）にわたり継続して、次の①または②が認められる状態。

①入浴・排せつ・食事等の日常生活における全部または一部について、常時介護が必要な状態の軽減・悪化の防止に資する支援が必要。

②日常生活を営むのに支障がある。

ただし、がん末期の場合は、６カ月に満たなくても認定の対象となります(211ページ)。

以下、要介護認定・要支援認定をあわせて「要介護認定」と呼びます。

## 2 要支援・要介護の区分と給付限度額

**◆支給限度単位◆**

| | |
|---|---|
| 要支援１ | 5,032 |
| 要支援２ | 10,531 |
| 要介護１ | 16,765 |
| 要介護２ | 19,705 |
| 要介護３ | 27,048 |
| 要介護４ | 30,938 |
| 要介護５ | 36,217 |

※居宅サービスの場合。

要介護認定には、「要支援１・２」から「要介護５」まであります。本人（または代理人）の申請に基づき、介護保険審査会の審議を経て、最終的には保険者が要介護度を決定します。

１カ月の給付限度額（＝介護報酬額）は、基本的には支給限度単位に10を乗じたものです。たとえば、要支援１の支給限度単位は5,032ですから、給付限度額は基本的には50,320円です。ただし、地域やサービスの種類により、乗じる数値は異なります。

## 3 21年度の要介護認定見直しと27年度からのチェックリスト導入

要介護認定に関しては、21年度に①②、27年に③の見直しがありました。

① **一次判定で振り分ける**

認定審査会による要介護１から要介護１と要支援２への振り分けを廃止し、一次判定で振り分ける方式に転換しました（39ページ図参照）。

② **「状態像」から「介護の手間」へ**

申請者の状態像に着目した認定から、介護の手間による認定への変更です。

以前は申請者の状態像に着目した要介護度区分としてきましたが、21年度からは「状態像」ではなく、その人に要する「介護の手間」に着目した認定となりました。

極端に言えば、それまでは状態像が重いために、重度に認定されていた人も、介護の手間がかかっていなければ軽く認定されることになります。

その結果、主たる介護者などの日常的な手間について認定調査の時に、これまで以上の綿密な調査が必要になりました。

③ **要支援該当者のチェックリストによる訪問介護と通所介護サービスの利用**

介護予防給付のうち、訪問介護と通所介護が新しい地域支援事業に移行しました。地域支援事業では、訪問介護と通所介護だけを利用する場合は、要支援認定を受けずに、チェックリストによる判定でサービスが利用できるしくみが27年度につくられました。

**◆要介護認定の流れ◆**

**①申　請** ＜ 市町村の介護保険担当窓口へ

↓

**②心身の状態を調査**

○認定調査 ＜ 本人の心身の状態を調べるため、認定調査員が訪問

○主治医意見書 ＜ 主治医が意見書を作成

↓

**③どのくらいの介護の労力が必要か審査し、認定**

↓

○一次判定 ＜ 認定調査の結果をコンピュータで分析<br>要支援２または要介護１への振り分けも一次判定で行う

↓

○二次判定 ＜ 専門家からなる審査会で①一次判定の結果②認定調査の特記事項③主治医意見書を用いた審査

↓

○認定 ＜ 審査会の判定をもとに市町村が要介護度を認定する

↓

**④認定結果通知**

## ◆（参考）：旧要介護度別の高齢者の状態像◆（平成21年３月廃止）

| | 区　分 | 状　態　像 |
|---|---|---|
| 予防給付 | **要支援１**<br>（社会的支援を要する状態） | **○日常生活の能力は基本的にはあるが、入浴・買物等で一部介助が必要**<br>たとえば、「歩行」「両足・片足での立位保持」「立ち上がり」などに不安定さが見られ、「つめ切り」に一部介助が必要な場合が出てくる場合、「浴槽の出入り」「洗身」などに一部介助が必要な場合、「薬の内服」「金銭の管理」などの日常生活上で一部介助が必要な場合等が想定される。 |
| | **要支援２**<br>（社会的支援を要する状態） | **○要介護１の状態像にある者、ただし下記の状態にある者を除く**<br>①疾病や外傷等により、心身の状態が安定していない状態<br>②認知機能や嗜好・感情等の障害により、十分な説明を行ってもなお、新予防給付の利用に係る適切な理解が困難状態にある者等 |
| 介護給付 | **要介護１**<br>（部分的な介護を要する状態） | **○立ち上がりや歩行が不安定で、排せつや入浴等で一部介助が必要**<br>「立ち上がり」「両足・片足での立位保持」「歩行」「座位保持」など全般にわたり不安定さが見られることが多く、「排尿後の後始末」「排便後の後始末」に間接的介助を必要とする場合や、「浴槽の出入り」「洗身」などの「入浴」に関連する一部介助または全介助が必要な場合が想定される状態にある者で、要支援２に該当する者を除く。 |
| | **要介護２**<br>（軽度の介護を要する状態） | **○立ち上がりや歩行などが自力では困難。排せつ、入浴、衣類の着脱などで介助が必要**<br>たとえば、「立ち上がり」「両足・片足での立位保持」「歩行」「座位保持」などが自力でできない場合が多く、「排尿後の後始末」「排便後の後始末」の間接・直接的介助を必要とする場合が増加し、「浴槽の出入り」「洗身」などの「入浴」に関連する一部介助または全介助が必要な場合が多い。<br>また、「清潔・整容」全般に一部介助が必要な場合が多く、「衣服着脱」に関し、見守りなどが必要な場合等が想定される。 |
| | **要介護３**<br>（中等度の介護を要する状態） | **○立ち上がりや歩行などが自分ではできない。排せつ、入浴、衣類の着脱などで全体の介助が必要**<br>たとえば、「立ち上がり」「両足・片足での立位保持」「歩行」「座位保持」などが自力ではできず、「排尿後の後始末」「排便後の後始末」の全面的な介助を必要とする場合が増加し、「浴槽の出入り」「洗身」に全介助が必要な場合が多い。<br>また、「清潔・整容」全般に一部介助が必要な場合が多く、「衣服着脱」に関し全介助が必要な場合等が想定される。 |
| | **要介護４**<br>（重度の介護を要する状態） | **○排せつ、入浴、衣類の着脱などの日常生活に全面的に介助が必要**<br>たとえば、能力がかなり低下しており、「入浴」「排せつ」「衣服着脱」「清潔・整容」の全般にわたって全面的な介護が必要な場合が多い。その他、「食事摂取」の見守りや部分的な介助が必要で、「尿意」「便意」が見られなくなる場合等が想定される。 |
| | **要介護５**<br>（最重度の介護を要する状態） | **○日常生活全般について全面的な介助が必要で、かつ意思の伝達が困難**<br>たとえば、生活全般にわたって全面的な介護が必要である。特に「嚥下（えんげ）」に障害がある場合は自力での食事の摂取が困難なため、必要な介護度が増加する傾向が見られ、「意思の伝達」がほとんど、または全くできない場合等が想定される。 |

※「状態像」に認知症症状は含めていない。認知症の状態にある場合は、その症状も斟酌（しんしゃく）して要介護認定を行う。

※21年度改正後は「認知症高齢者日常生活自立度」と「障害高齢者日常生活自立度」区分表が利用者の状態理解の参考となる。

# 4 介護保険で利用できるサービス

ここでは、介護保険制度で指定されているサービスの種類と内容を見ていきましょう。まず全体像を確認し、それから細かく見ていきます。

## 1 介護保険サービスの種類

18年改正により、介護保険のサービス体系は、次ページの図のように変わりました。ピンク色の部分が、18年改正で創設されたサービスです。

図を見るとわかるように、大きく「介護給付」によるサービスと「予防給付」によるサービスとに分かれています。要介護認定で「要介護1～5」と認定された人は「介護給付」によるサービス、「要支援1・2」と認定された人は「予防給付」によるサービスを受けることになります。ただし、27年改正で訪問介護と通所介護は地域支援事業からの給付になりました。

そして、サービスを効果的かつスムーズに利用できるように、要介護者は「居宅介護支援」、要支援者は「介護予防支援」を受けることができます。介護支援専門員（ケアマネジャー）の支援を受けて「居宅サービス計画（ケアプラン）」、地域包括支援センターの支援を受けて「介護予防サービス計画（介護予防ケアプラン）」を作成し、それに基づいてサービスを利用できるのです。この支援に関しては、自己負担はありません。

| 対　象 | 給　付 | サ　ー　ビ　ス | | |
|---|---|---|---|---|
| 要支援 ➡ | 予防給付 ➡ | 介護予防サービス | 地域密着型介護予防サービス | 介護予防支援 |
| 要介護 ➡ | 介護給付 ➡ | 居宅･施設サービス | 地域密着型サービス | 居宅介護支援 |

以下は、次ページの図を理解するための基礎的な知識です。

図の右側の縦列のほうをみてください。居宅サービスも介護予防サービスも、大きく「訪問系サービス」「通所系サービス」「短期入所サービス」、その他に分かれています。

**訪問系サービス**……自宅で介護サービスを利用する
**通所系サービス**……サービスを提供する事業所などに通って、サービスを利用する
**短期入所サービス**……介護保険施設などに一時的に入り、介護サービスを受ける

### ● 地域密着型サービス

在宅での生活が困難になったときに、住み慣れた地域を離れずに暮らしていけるよ

## ◆令和３年度介護保険サービス鳥瞰図◆

### 介護給付サービス（対象者　要介護1～5）

#### 地域密着型サービス

①定期巡回・随時対応型訪問介護看護
②夜間対応型訪問介護
③地域密着型通所介護
④認知症対応型通所介護
⑤小規模多機能型居宅介護
⑥認知症対応型共同生活介護
⑦地域密着型特定施設入居者生活介護
⑧地域密着型介護老人福祉施設入所者生活介護
⑨看護小規模多機能型居宅介護
⑩共生型地域密着型通所介護

#### 介護給付

**◎居宅サービス**

【訪問サービス】
①訪問介護
②訪問入浴介護
③訪問看護
④訪問リハビリテーション
⑤居宅療養管理指導

【通所サービス】
⑥通所介護
⑦通所リハビリテーション

【短期入所サービス】
⑧短期入所生活介護
⑨短期入所療養介護

⑩特定施設入居者生活介護
⑪福祉用具貸与・特定福祉用具販売
＊住宅改修費
⑫共生型訪問介護
⑬共生型通所介護
⑭共生型短期入所生活介護

**◎施設サービス**

①介護老人福祉施設(要介護３以上)
②介護老人保健施設
③介護医療院

**◎居宅介護支援**

### 予防給付サービス（対象者　要支援1・2）

**◎地域密着型介護予防サービス**

①介護予防認知症対応型通所介護
②介護予防小規模多機能型居宅介護
③介護予防認知症対応型共同生活介護（グループホーム）

**◎介護予防サービス**

【訪問サービス】
①介護予防訪問入浴介護
②介護予防訪問看護
③介護予防訪問リハ
④介護予防居宅療養管理指導

【通所サービス】
⑤介護予防通所リハビリテーション

【短期入所サービス】
⑥介護予防短期入所生活介護
⑦介護予防短期入所療養介護

⑧介護予防特定施設入居者生活介護
⑨介護予防福祉用具貸与・特定介護予防福祉用具販売
＊介護予防住宅改修費
⑩共生型介護予防短期入所生活介護

**◎介護予防居宅支援**

### 市町村事業

**【基準該当サービス／市町村が条例により実施】＋ 市町村特別給付**

| 介護予防・日常生活支援総合事業 | |
|---|---|
| | 1 訪問型サービス　①相当サービス　②訪問型A　③訪問型B　④訪問型C　⑤訪問型D |
| | 2 通所型サービス　①相当サービス　②通所型A　③通所型B　④通所型C |
| | 3 その他のサービス　例　栄養改善のための配食、住民による見守り支援　介護予防居宅介護支援（訪問型A・B・C） |
| | ＊2021年度から要介護者も総合事業の利用可能 |

＊上記総合事業の対象は要支援者
＊共生型サービスは、障害者総合支援法指定事業所（障害者等）との相互乗り入れ
＊施設サービスで廃止予定の**介護療養型医療施設**は、令和６年まで有効期限延長

うにするため創設されたサービス群です。市町村がサービス事業者を指定・監督する権限を持ち、地域の特性を生かし、サービスの整備を計画的に行うことになります。なお、27年改正で、介護予防の通所介護と訪問介護が、総合事業に移行しています。また、小規模な通所介護（定員18人以下）が平成28年４月から地域密着型サービスに移行しました。

地域密着型サービスの施設は、グループホームもそうですが、地域密着型特定施設や地域密着型介護老人福祉施設なども、小規模なのが特長です。これまで大規模介護施設は町中から離れた場所に建てられ、住み慣れた地域の知人や家族とも交流が減りがちでしたが、小規模であれば地域につくり、そこで暮らすことが可能になります。

●介護予防サービス、地域密着型介護予防サービス

「要支援１・２」の方が対象となるサービスです。

たとえば、「訪問介護」のサービスを受けたいと思った場合、要支援と認定された人は、従来は「訪問介護」サービスを受けていましたが、18年改正後は「介護予防訪問介護」というサービスを受けることになりました。

同じ訪問介護サービスではあるのですが、介護予防、つまり「要介護状態になることを防ぐサービス」として提供するのです。利用者自身ができることを増やし、日常生活の自立を支援する視点でサービスを提供します。たとえば、「利用者の安全を確認しつつ、手助けしながら調理をする」「洗濯物を一緒にたたんだりすることで自立支援をうながす」というようにです。

## 2 介護給付サービス（対象：要介護１～５）

前ページの図の灰色の部分です。在宅で介護サービスを受ける「居宅サービス」と、施設に入所する「施設サービス」があります。

介護保険で利用できる施設は55ページのとおりです。「要介護１～５」の人は、居宅サービス・施設サービス（ただし、介護老人福祉施設〔特養〕は要介護３以上）とも利用できますが、「要支援１・２」の人は、入所施設の利用はできません。

◆居宅サービス◆

| サービスの種類 | サービスの内容 | 備　考 |
| --- | --- | --- |
| **訪問介護**<br>（ホームヘルプサービス） | 介護福祉士などのホームヘルパー（訪問介護員）が利用者の自宅を訪問し、介護や家事などの援助を行う | 法８条２項 |
| **共生型訪問介護** | ホームヘルパーが高齢者、障害者（児）などの自宅を訪問し介護や家事などの援助を行う | 法72条の２ |
| **訪問入浴介護** | 浴槽を積んだ巡回入浴車などで訪問し、入浴介護を行う | 法８条３項 |

| | | |
|---|---|---|
| **訪問看護** | 看護師や保健師などが利用者宅を訪問し、看護等を行う | 法８条４項 |
| **訪問リハビリテーション** | 理学療法士や作業療法士が利用者宅を訪問し、心身の機能の維持回復を図り、日常生活の自立を助けるためのリハビリテーションを行う | 法８条５項 |
| **居宅療養管理指導** | 医師、歯科医師などが利用者宅を訪問し、療養上の管理・指導を行う | 法８条６項 |
| **通所介護**<br>（デイサービス） | デイサービスセンターなどへ通い、趣味・生きがい活動を行ったり入浴・食事などの介護、機能訓練を受ける | 法８条７項 |
| **共生型通所介護** | 高齢者、障害者（児）がデイサービスセンターなどへ通い、入浴、排せつ、食事等の介護、機能訓練を受ける | 法72条の２ |
| **通所リハビリテーション**<br>（デイケア） | 医療機関や介護老人保健施設などへ日中通い、心身の機能の維持回復を図り、日常生活の自立を助けるためのリハビリテーションを行う | 法８条８項 |
| **短期入所生活介護**<br>（ショートステイ） | 特別養護老人ホームなどに短期間入所し、日常生活上の世話と機能訓練を受ける | 法８条９項 |
| **ユニット型短期入所生活介護** | 利用者一人ひとりの意思・人格を尊重し、利用前の自宅での生活と利用中の生活が連続したものになるよう配慮しながら、各ユニットで入居者が相互に社会的関係を築き、自律的な日常生活を営むことを支援する | |
| **共生型短期入所生活介護** | 高齢者や障害者・児に対して、短期入所施設に短期間入所させ、入浴、排せつ、食事等の介護、その他の日常生活上の世話、機能訓練を行う | 法72条の２ |
| **短期入所療養介護**<br>（医療系ショートステイ） | 介護老人保健施設、介護療養型医療施設などに短期間入所し、看護・医学的管理下の介護や機能訓練、医療、日常生活上の世話を受ける | 法８条10項 |
| **ユニット型短期入所療養介護** | 利用者一人ひとりの意思・人格を尊重し、利用前の自宅での生活と入所中の生活が連続したものになるよう配慮しながら、各ユニットで入居者が社会的関係を築き、自律的な日常生活を営むことを支援する | |
| **特定施設入居者生活介護**<br>（有料老人ホームなど） | 有料老人ホーム等に入居し、介護・日常生活上の世話・機能訓練・療養上の世話を受ける | 法８条11項<br>**外部ケアの利用可** |
| **福祉用具貸与** | 日常生活の自立を援助する福祉用具を貸与する<br>〈対象用具〉車いす、車いす付属品、特殊寝台、特殊寝台付属品、じょく創予防器具、体位変換器、手すり、スロープ、歩行器、歩行補助つえ、認知症高齢者徘徊感知器、移動用リフト | 法８条12項<br>**ケアプランに、貸与が必要な理由を記載すること** |
| **特定福祉用具販売** | 福祉用具のうち、貸与になじまない用具の購入費の支給<br>〈対象用具〉腰掛便座、特殊尿器、入浴補助用具、簡 | 法８条13項<br>**償還払い**<br>**指定事業者から購入** |

| | | |
|---|---|---|
| | 易浴槽、移動用リフトの吊り具部分 | すること |
| **居宅介護住宅改修費** | 手すりの取り付け、段差の解消など小規模な住宅改修の費用の支給<br>〈給付対象〉段差解消のためのスロープの設置、トイレ・廊下・浴室等への手すりの設置、引き戸への改修、廊下の滑り止め、洋式便座などへの取替え等 | 法45条<br>償還払い |
| **居宅介護支援** | 介護サービスの情報提供、ケアプランの作成等、要介護者の暮らしを支援するケアマネジメントを行う | 法８条23項<br>自己負担なし |

※居宅サービスを利用する場合、介護報酬額の１～３割が利用者負担となる。ただし、居宅介護支援は利用者負担はなし。

ユニット型の施設では、施設の利用者をユニット（10人程度の小グループ）に分け、ユニットごとに介護職などと一緒に生活し、できるだけ家庭生活に近い暮らしを目指します。

特定施設入居者生活介護は、「特定施設」に入居している人へのサービスですが、この「特定施設」は①ケアハウス（軽費老人ホーム）、②有料老人ホーム、③養護老人ホーム、④一定の要件を満たす「サービス付き高齢者向け住宅」（平成23年に「高齢者専用賃貸住宅」は廃止）です。以下、他のサービス群にも「特定施設」が出てきますが、すべて同様です。なお、以下の施設（介護保険施設）では、「施設サービス計画」に基づいて、サービスが提供されます。

### ◆施設サービス◆

| サービスの種類 | サービスの内容 | 備　考 |
|---|---|---|
| **介護老人福祉施設**<br>（特別養護老人ホーム） | 常に介護が必要で、自宅での生活が困難な場合に入所し、入浴・排せつ・食事などの介護、日常生活上の世話、機能訓練などを行う<br>※原則として、要介護３以上が入居対象 | 法８条27項 |
| **介護老人保健施設**<br>（老人保健施設） | 病状が安定し、リハビリを中心とする医療ケアと介護を必要とする場合に入所する（在宅への復帰を目指す） | 法８条28項 |
| **介護医療院** | 長期療養が必要な要介護者に対し、介護、機能訓練その他医療と日常生活上の世話（介護）を行う | 法８条29項 |
| **介護療養型医療施設**<br>（療養型病床群） | 比較的長期にわたって療養を必要とする場合に入院し、医療ケアや介護などを受ける | |

※サービスの価格は、地域によって調整指数が入り、若干高くなるものもある。
※施設サービスを利用できるのは、「要介護１～５」と認定された者（特養は３以上）のみである。
※介護医療院には医師の配置が厚いⅠ型と薄いⅡ型がある。
※平成24年改正で介護療養型医療施設は法律本文から削除されたが、存続させる経過措置を令和６年度まで、３年間延長する。

#### ●特別養護老人ホームへの特例入所の対象者について

特別養護老人ホームへの入所は原則として要介護３以上となりましたが、やむを得ない事由がある場合には要介護１、２であっても特例的に施設入所ができます。

その際には以下の事情を考慮することという指針が出ています。
①認知症で、日常生活に支障をきたす症状・行動や意思疎通の困難さが、頻繁に見られること。②知的障害・精神障害等を伴い、日常生活に支障をきたす症状・行動や意思疎通の困難さが頻繁に見られること。③家族等による深刻な虐待が疑われるなどで、心身の安全・安心の確保が困難であること。④単身世帯または同居家族が高齢・病弱である等により、家族による支援が期待できず、かつ地域での介護サービスや生活支援の供給が不十分であること。

**◆地域密着型サービス◆**

| サービスの種類 | サービスの内容 | 備考 |
|---|---|---|
| **定期巡回・随時対応型訪問介護看護** | 重度者を始めとした要介護高齢者の在宅生活を支えるため、日中・夜間を通じて、訪問介護と訪問看護が密接に連携しながら、短時間の定期巡回型訪問と随時の対応を行う | 法8条15項 |
| **夜間対応型訪問介護** | 夜間に、定期的な巡回訪問や緊急通報により、ホームヘルパーが訪問し、入浴・排せつ・食事などの介護、その他の日常生活上の世話を行う | 法8条16項<br>緊急時の対応その他、夜間に安心して自宅で生活できるようにするための援助 |
| **地域密着型通所介護** | 定員18人以下の通所介護事業所 | 法8条14項 |
| **療養通所介護** | 難病等の重度要介護者またはがん末期で常時看護師による観察が必要な者に入浴、排せつ、食事などの介護、その他の日常生活上の世話と機能訓練を行う | |
| **認知症対応型通所介護** | 認知症の利用者をデイサービスセンターなどへ通わせ、入浴・排せつ・食事などの介護、その他の日常生活上の世話、機能訓練を行う | 法8条17項<br>認知症となっても、可能な限り自宅で、有する能力に応じ自立した日常生活ができるよう援助し、利用者の社会的孤立感の解消・心身機能の維持、家族の身体的・精神的負担の軽減を図る |
| **小規模多機能型居宅介護** | 利用者の心身の状況・環境などに合わせて、居宅において、またはサービスの拠点に通わせ、もしくは短期間宿泊させて、家庭的な環境と地域住民との交流のもとで、入浴・排せつ・食事などの介護、その他の日常生活上の世話、機能訓練を行う | 法8条18項<br>中重度となっても住み慣れた地域で在宅生活の継続を支える観点から「通い（デイケア）」を中心として、随時「訪問（ホームヘルプサービス）」や「泊まり（ショートステイ）」を組み合わせて提供するサービス<br>※介護報酬は要介護度別定 |

| | | |
|---|---|---|
| | | 額 |
| **認知症対応型共同生活介護**（グループホーム） | 認知症の要介護者に対し、共同生活住居の家庭的な環境と地域住民との交流のもとで、入浴・排せつ・食事などの介護、その他日常生活上の世話、機能訓練を行う | 法８条19項<br>ケアの質と地域に開かれた事業運営の確保、火災時等における通報・地域連携体制の整備を行う |
| **地域密着型特定施設入居者生活介護** | 定員29人以下の小規模な要介護高齢者専用の有料老人ホームなどで、入居者に対し、「地域密着型特定施設サービス計画」に基づき、入浴・排せつ・食事などの介護、その他日常生活上の世話、機能訓練、療養上の世話を行う | 法８条20項<br>特定施設→55ページ参照 |
| **地域密着型介護老人福祉施設入所者生活介護** | 定員29人以下の小規模な特別養護老人ホームの入居者に対し、「地域密着型施設サービス計画」に基づき、入浴・排せつ・食事などの介護、その他日常生活上の世話、機能訓練、療養上の世話を行う | 法８条21項<br>在宅への復帰を念頭において、左記のほか、相談、援助、社会生活上の便宜の供与を行う |
| **ユニット型地域密着型介護老人福祉施設** | 入居者一人ひとりの意思・人格を尊重し、「地域密着型施設サービス計画」に基づき、在宅生活への復帰を念頭において、入居前の在宅生活と入居後の生活が連続したものになるよう配慮しながら、各ユニットで入居者が相互に関係を築き、自律的な日常生活を営むことを支援する | 地域や家庭との結び付きを重視した運用を行い、市町村、居宅介護支援事業者、居宅サービス事業者、地域密着型サービス事業者、介護保健施設などと密接な連携に努めなければならない |
| **看護小規模多機能型居宅介護** | 基本は小規模多機能型居宅介護であるが、その通い・泊まり・訪問の機能に訪問看護を加えることで、医療が必要な者や重度者への対応も一体的に提供する | 法８条22項 |
| **共生型地域密着型通所介護** | 高齢者や障害者（児）が施設を利用し、食事、入浴、その他の必要な日常生活上の支援や生活機能訓練などを日帰りで提供し、利用者の心身機能の維持向上と、利用者の家族負担の軽減を図る | 法78条の２の２ |

## ３ 予防給付サービス（対象：要支援 1・2）

これは「介護予防サービス」と「地域密着型介護予防サービス」があります。対象は「要支援１・２」と認定された人です。地域包括支援センターの管理下で、保険者が「介護予防ケアマネジメント」にもとづいて、利用者の状態の維持・改善に向けて実施します。

基本的には、それぞれの介護給付サービス（53ページ～）と同類の定義ですが、どのサービスでも「介護予防を目的として」「一定期間にわたり（＝期間限定）」「支援を行う」といった言葉が共通して使われている点が大きく違います。

### ◆介護予防サービス◆

| サービスの種類 | サービスの内容 | 備　考 |
|---|---|---|
| **介護予防<br>訪問入浴介護** | 介護予防を目的として、浴槽を積んだ巡回入浴車などで訪問し、入浴介護を行う | 法８条の２、２項 |
| **介護予防<br>訪問看護** | 介護予防を目的として、看護師や保健師などが利用者宅を訪問し、一定期間にわたり、看護などを行う | 法８条の２、３項 |
| **介護予防<br>訪問リハビリテーション** | 介護予防を目的として、理学療法士や作業療法士が利用者宅を訪問し、一定期間にわたり、リハビリテーションを行う | 法８条の２、４項 |
| **介護予防<br>居宅療養管理指導** | 介護予防を目的として、医師や歯科医師などが利用者宅を訪問し、一定期間にわたり、療養上の管理・指導を行う | 法８条の２、５項 |
| **介護予防<br>通所リハビリテーション** | 介護予防を目的として、老人保健施設や介護療養型医療施設などに通い、一定期間にわたり、リハビリテーションを行う | 法８条の２、６項 |
| **介護予防<br>短期入所生活介護** | 介護予防を目的として、特別養護老人ホームなどに短期間入所し、入浴・排せつ・食事などの介護、その他の日常生活上の支援、機能訓練を受ける | 法８条の２、７項<br>※介護予防を目的とするユニット型もあり。内容は54ページ参照 |
| **共生型介護予防短期入所生活介護** | 介護予防を目的として、短期入所施設に入所し、高齢者、障害者（児）などの入浴・排せつ・食事などの介護、その他日常生活上の支援、機能訓練などを行う | 法72条の２ |
| **介護予防<br>短期入所療養介護** | 介護予防を目的として、老人保健施設や介護療養型医療施設などに短期間入所し、看護・医学的管理下の介護や機能訓練、必要な医療、日常生活上の支援などを行う | 法８条の２、８項<br>※介護予防を目的とするユニット型もある。内容は54ページ参照 |
| **介護予防<br>特定施設入居者生活介護** | 介護予防を目的として、有料老人ホームなどの特定施設の入居者に対し、「特定施設サービス計画」に基づき、入浴・排せつ・食事などの介護、その他日常生活上の支援、機能訓練、療養上の世話を行う | 法８条の２、９項<br>特定施設→55ページ参照<br>外部ケアの利用もできる |
| **介護予防<br>福祉用具貸与** | 介護予防に役立つ福祉用具を貸与する<br>※要支援１・２は車いす、車いす付属品、床ずれ防止用具、体位変換器、認知症徘徊感知機器、移動用リフトは、原則として算定できない。 | 法８条の２、10項 |

| | | |
|---|---|---|
| | ※「介護予防サービス計画」に貸与が位置づけられる場合は、必要な理由を記載する。6カ月に1回以上、介護支援専門員が必要性を検討し、必要な場合は理由を再度「介護予防サービス計画」に記載する。 | |
| **特定介護予防福祉用具販売** | 介護予防に役立つ福祉用具のうち、貸与になじまない用具（入浴や排せつの用具など）の購入費の支給 | 法8条の2、11項<br>**償還払い** |
| **介護予防住宅改修費** | 介護予防に役立つ小規模な住宅改修の費用の支給（手すりの取り付け、段差の解消など） | 法57条<br>**償還払い** |
| **介護予防支援** | 介護予防サービスを適切に利用できるように、心身の状況、環境、本人・家族の希望などに応じて、介護予防サービス計画（介護予防ケアプラン）を作成するなど、要支援者の暮らしを支援する介護予防ケアマネジメントを行う | 法8条の2、16項<br>**自己負担なし** |

つぎに、地域密着型サービスについて見ていきましょう。介護予防の場合は、つぎの3種類のサービスがあります。

### ◆地域密着型介護予防サービス◆

| サービスの種類 | サービスの内容 | 備　考 |
|---|---|---|
| **介護予防認知症対応型通所介護** | 介護予防を目的として、認知症の利用者をデイサービスセンターに通わせ、入浴・排せつ・食事などの介護、その他の日常生活上の世話、機能訓練を行う | 法8条の2、13項<br>認知症となっても、可能な限り自宅で、有する能力に応じ自立した日常生活ができるよう援助し、利用者の社会的孤立感の解消・心身機能の維持、家族の身体的・精神的負担の軽減を図る |
| **介護予防小規模多機能型居宅介護** | 利用者の心身の状況・環境などに合わせて、居宅において、またはサービスの拠点に通わせ、もしくは短期間宿泊させて、家庭的な環境と地域住民との交流のもとで、入浴・排せつ・食事などの介護、その他の日常生活上の世話、機能訓練を行う | 法8条の2、14項<br>住み慣れた地域で在宅生活の継続を支える観点から「通い（デイケア）」を中心に、随時「訪問（ホームヘルプサービス）」や「泊まり（ショートステイ）」を組み合わせて提供する |
| **介護予防認知症対応型共同生活介護** | 介護予防を目的として、認知症の利用者が共同生活を営む住居で、入浴・排せつ・食事などの介護、その他の日常生活上の世話、機能訓練を行う | 法8条の2、15項 |

## 4 その他のサービス

そのほか、介護保険によるサービスとしては、市町村特別給付（法62条）や保健福祉事業（法115条の49）があります。市町村特別給付は、要支援・要介護認定を受けた人を対象とし、サービス内容としては、「横出しサービス」と呼ばれるものなどがあります。横出しサービスというのは、指定居宅サービス以外のサービスを提供することです（たとえば医療機関への移送や配食サービスなど）。保健福祉事業には、介護を行っている家族等に対する介護研修や立替資金の貸し付けなどがあります。今後、地域のボランティアや有償サービスなども積極的に活用を検討することが必要です。

介護サービスを利用する人は、毎年増加しています。そして、次の表のように、居宅サービスと施設サービスの利用者数を比較してみると、居宅サービスの増加が目立ちます。その大きな原因の１つは、施設サービスの受入人数に限界があることで、施設サービスの待機者の急増が課題となっています。

**◆介護サービス利用者数の推移◆**

（１カ月あたり、単位＝千人）

| | 2000年度 | 2003年度 | 2009年度 | 2013年度 | 2019年度 |
|---|---|---|---|---|---|
| 居宅サービス | 1,236 | 2,925 | 2,774 | 3,458 | 4,014 |
| 地域密着型サービス | | | 323 | 469 | 1,182 |
| 施設サービス | 604 | 991 | 1,093 | 1,191 | 1,285 |
| 老人福祉施設 | 285 | 417 | 526 | 603 | 691 |
| 老人保健施設 | 219 | 415 | 473 | 529 | 566 |
| 介護医療院 | | | | | 12 |
| 介護療養型医療施設 | 100 | 219 | 146 | 112 | 73 |

※介護保険事業状況報告より、2019年度分は2020年３月

在宅で介護を受ける高齢者は、このように増えていますが、その暮らしをみると、公的サービスの活用のみでは成り立っていません。要介護度が増すほど、公的サービス以外の支援も必要です。たとえば、ウィークリープランで「誰が介護しているか」を見てみると、次ページの表のようになります。

これは１つの典型的な例だと言えます。色がついた欄が介護保険サービス、それ以外は家族や近隣の助けを借りる、私的にサービスを購入するなどしないと、在宅での暮らしは継続できません。実際は家族介護者の役割が大変大きくなると思われます。

介護保険サービスは、基本的にピンポイントのサービスです。利用者のケースによって異なりますが、介護保険サービスだけで、重度の要介護者の暮らしをすべてカバーすることは事実上困難です。この意味で、家族介護者を支援する視点は極めて重要となります。

### ◆誰が介護をしているか◆

| | 日 | 月 | 火 | 水 | 木 | 金 | 土 |
|---|---|---|---|---|---|---|---|
| 午前 | 家族 | 訪問介護<br>家族 | 家族<br>通所介護 | 訪問介護<br>家族 | 家族<br>通所介護 | 家族<br>通所介護 | 家族 |
| 昼 | 家族 | 家族 | 通所介護 | 家族 | 通所介護 | 通所介護 | 家族 |
| 午後 | 家族 | 訪問介護<br>家族 | 通所介護<br>家族 | 訪問介護<br>家族 | 通所介護<br>家族 | 通所介護<br>家族 | 家族 |
| 夜 | 家族 | 夜間対応<br>家族 | 夜間対応<br>家族 | 夜間対応<br>家族 | 夜間対応<br>家族 | 夜間対応<br>家族 | 夜間対応<br>家族 |

＊介護保険のサービスを利用しても家族の負担は大きい。負担軽減のために、通所介護、短期入所、夜間対応訪問介護等の介護保険サービスや介護保険以外の配食サービスやボランティアなどをうまく使う必要がある

＊家族には、別居の親族も含む

次ページの図は、高齢者を取り巻いているサービスの全体像です。介護保険によるサービスがあり、税を財源とした国や市町村の事業などがあり、その周辺に私的サービス市場があり、ボランティアや近隣・知人そして家族などによる支えがあるというのが、「高齢者介護」の全体構成ということになります。

なお、18年改正で下記のように有料老人ホームの人数要件が撤廃され、１人からでも食事等を提供していれば対象になりました。

### ◆有料老人ホーム対象（定義）の拡大◆

**従来**

○**人数要件**
10人以上の高齢者を入居させていること

○**サービス要件**
食事の提供をしていること

**平成18年度改正後**

○**人数要件**
なし（１人からでも対象となる）

○**サービス要件（次のいずれかを行っていること）**
①食事の提供　②介護の提供
③洗濯、掃除等の家事　④健康管理
※これらのサービスを委託で実施する場合や将来提供することを約束する場合も含む

老人福祉法の改正により、平成24年４月１日から、①権利金等の受領禁止、②短期間での契約解除の場合の返還ルールが適用されます。

②では、入居日から90日までの間に、契約の解除や死亡により契約が終了した場合は、前払金の額から厚生労働省令で定める額を控除した額を返還する旨の契約を締結しなければならなくなりました。

（平成24年2月厚労省全国介護保険担当主幹課長会議資料より）

## ◆高齢者を取り巻く介護関連サービスの全体像◆

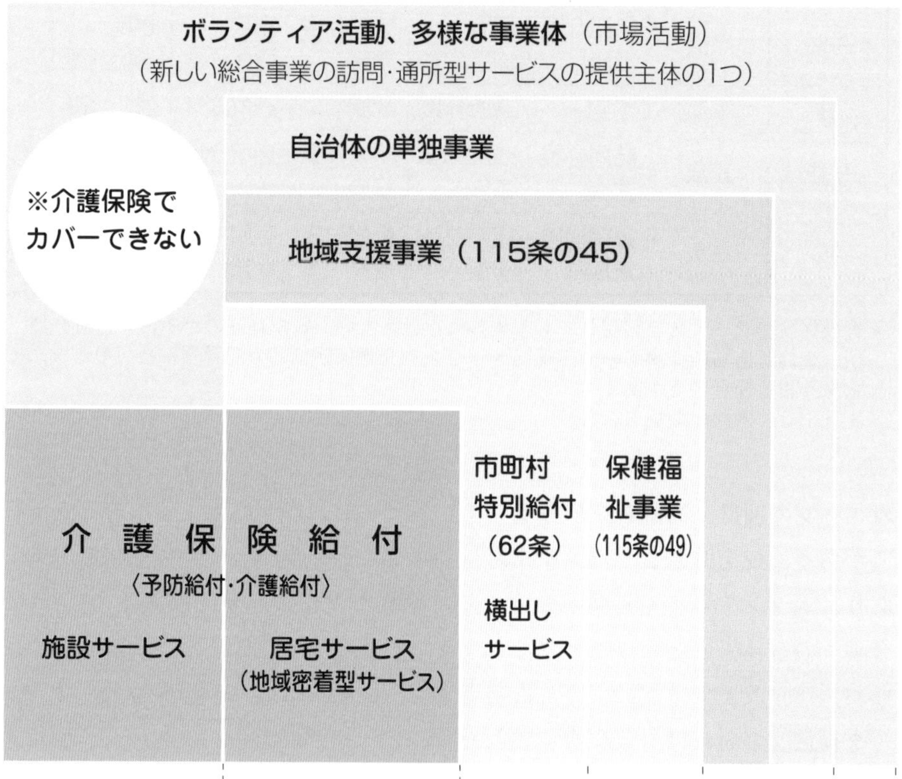


| | | | | | | |
|---|---|---|---|---|---|---|
| **事業者** | 自治体、<br>社会福祉法人・<br>医療法人等 | 自治体、社会福祉法人・医療法人、営利企業、ＮＰＯ法人等<br>➡多様な事業主体 | 保険者 | | 自治体 | 各主体 |
| **財源** | 税：国 25(20＋5)%／都道府県 12.5%／市町村 12.5%<br>保険料：第１号 23%／第２号 27%<br>※介護保険施設は、国15%、都道府県17.5%、市町村12.5%、調整交付金５%。 | | 第１号保険料 | 保険料＋税 | 税 | 実費 |
| **サービス利用** | ●要支援・要介護認定者<br>●事業者と利用者の自由意思による契約（要支援者については、地域包括支援センターの制約※注）） | | 申請＋市町村の決定 | | | 各主体 |

※財源については43ページ参照。

※注）要支援者の場合、介護予防ケアマネジメントは地域包括支援センターが行うことに決まっているため、支援センター、または支援センターから委託を受けた介護予防支援事業者と契約するという制約がある。

# 5 利用者を支援するしくみ

介護保険制度では、利用者が主体的にサービスを選択し利用できるようにするために、さまざまなしくみが用意されています。ここではそうしたしくみについて学びます。また、認知症などのために判断能力が十分でなく、選択・決断することが難しい高齢者を守るためのしくみ（「成年後見制度（せいねんこうけん）」など）についても学んでいきましょう。

## 1 利用者を保護する各種のしくみ

介護保険制度は、利用者が自己責任原則に基づき、要介護認定結果に基づいて自由にサービスの利用と支払いに関する契約をサービス事業者と結び、利用するしくみです。

しかし、情報弱者であり、要介護などの状態にある高齢者が、「自己責任」に基づいて事業者やサービスを選択・利用するためには、いくつもの障壁があります。まず、どのようにサービスを利用してよいのか、どこにどのようなサービス事業者がいるのか、認知症などにより判断能力が不十分になっている場合はどうするのか、サービスを利用していて損害を受けたり不服があったりした場合には、苦情などはどこへどう訴えればいいのか。

このような問題に対応するために、介護保険法に規定するとともに、介護保険サービス事業の運営基準（「指定居宅サービス等の事業の人員、設備及び運営に関する基準」など）で苦情対応窓口の設置や、サービスの質の自己評価、情報の提供などを定めています。

同時に、後に詳しく見るように、サービス利用者は「消費者」であることから消費者契約法による保護を

◆利用者を支援するしくみ◆

| | 対応する機関・事業 |
|---|---|
| サービスの利用方法に関する相談 | ●地域包括支援センター（在宅介護支援センター）<br>●居宅介護支援事業所<br>●行政 |
| 事業所情報の収集 | ●居宅介護支援事業所<br>●各事業所の掲示<br>●ワムネット<br>●行政等の情報提供システム |
| サービスの質の確保 | ●厚労省の定める運営基準<br>●行政による監査<br>●地域包括支援センター<br>●第三者サービス評価 |
| サービスの苦情先 | ●事業者の窓口<br>●地域包括支援センター<br>●国民健康保険団体連合会<br>●行政<br>●福祉サービス利用援助事業<br>●消費者センター |
| 契　約 | ●利用契約書・重要事項説明書<br>●成年後見制度<br>●福祉サービス利用援助事業<br>●消費者契約法 |

受けることができ、苦情などについては各事業所に受付の窓口を設置する他、都道府県国民健康保険団体連合会、市町村や地域包括支援センター、居宅介護支援事業者、国民生活センターをはじめとする消費者センターで相談などによる対応が図られています。

　また、判断能力が不十分な成年者が法律行為である「契約」などを行う場合に支援する成年後見制度が平成12年の介護保険法の施行にあわせて整備され、任意後見制度が創設されました。任意後見制度は、成年後見制度の1つで、あらかじめ本人が法定後見人などを選んでおくものです（74ページ）。

　平成18年の改正で、地域包括支援センターに、成年後見制度の窓口を置くことになりました。高齢者やその家族が来訪すれば、制度について説明してくれたり、手続きの相談にのってくれたりします。

　また、成年後見制度の補完的役割を果たすものとして、福祉サービス利用援助事業があります（社会福祉法）。

　下の図で全体的なイメージをつかんだあと、詳しく見ていきましょう。

### ◆対等な契約と利用を支援するしくみ◆

- 消費者契約法
- 成年後見制度・福祉サービス利用援助事業などによる契約の支援

**指定事業者** ←→ **利用者**

契約の締結

**指定を受ける条件**
厚生労働大臣の定める指定基準を満たすこと

- 法人格の確保　　● 建物・設備の基準を満たす
- 職員の資格・配置基準を満たす
- **自己情報を開示する**
  （例／運営方針の掲示、契約時に重要事項説明書を交付）
- **サービス提供記録の整備と開示**
- 苦情対応窓口の設置
- サービスの自己評価の実施と質の改善
- **第三者機関によるサービス評価の実施と結果の公表**

**利用者を支援するしくみ**

- 行政や介護支援専門員などによる情報提供
- 介護支援専門員によるサービス利用の支援
- 地域包括支援センターによる支援、総合相談
- 要介護認定などの行政処分に対する不服申し立て制度

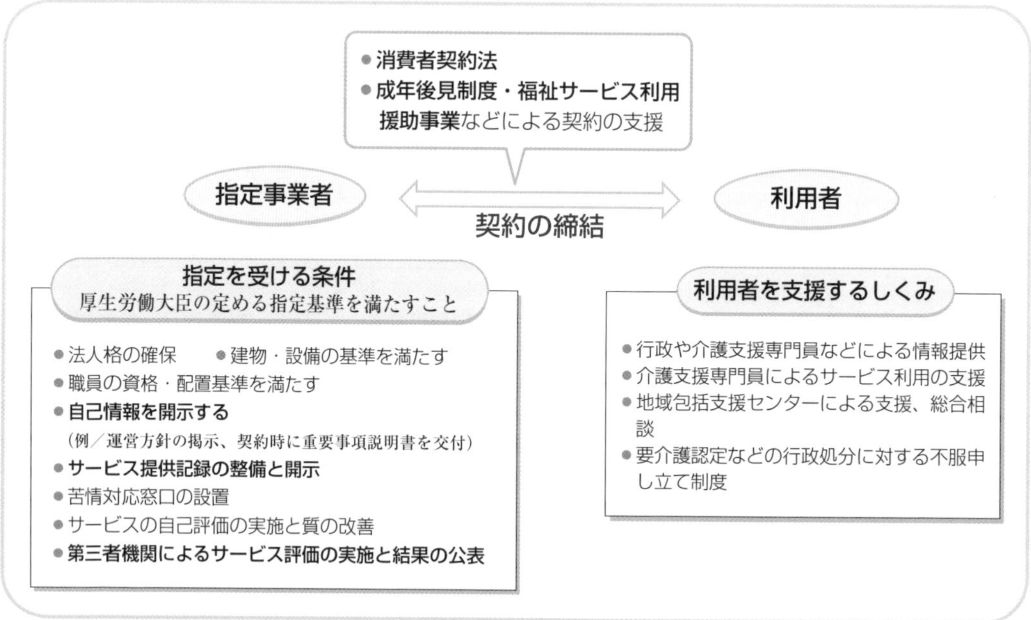

　また、介護者などによる高齢者への虐待が増加するなか、「高齢者虐待防止法」が成立し、平成18年4月から施行されました（78ページ）。

## ② 利用者への情報提供

### ① 事業者全体に関する情報

　事業者全体に関する情報源としては、独立行政法人福祉医療機構が運営するホームペー

ジ「ワムネット（WAM　NET）」が便利です（http://www.wam.go.jp/）。

また、各都道府県や市町村単位でも、事業者に関する情報提供が行われています。情報のレベルや内容は、情報提供主体により異なりますが、たとえば東京都では、入所施設の指導検査結果の公表も行っています。公益財団法人東京都福祉保健財団では、総合情報ネットワークを構築しつつあり、介護保険指定事業者情報や第三者サービス評価結果の情報なども公開しています。

### ② 個別事業者に関する情報

介護保険の運営基準により、事業者は事業所の見やすい場所に、基本的なサービス提供の内容や運営方針を掲示することになっています。また、サービスの利用に際しては、重要事項を記した文書を交付し、説明することも義務づけられています。

さらに、18年の改正により、介護サービス情報の報告・公表が義務づけられました（→166ページ）。

また近年、事業者自身もホームページを作成して、サービス内容などを公開・広報しているところも増えています。今後インターネットの普及とともに、情報公開が一層進むと思われます。

そのほか、地域包括支援センターや在宅介護支援センター、実際のサービスの利用に際しては居宅介護支援事業所から、情報提供が受けられます。居宅介護支援事業所は、他の法人のサービス情報も利用者に提供することとされています。また、実際に利用している利用者からの口コミ情報なども有力な情報源です。

サービスを利用するにあたってどのような苦情が発生しているかについては、各都道府県にある国民健康保険団体連合会がまとめ、インターネットや冊子などで公表しています。具体的な事業者名はありませんが、サービスごとの苦情の量や傾向の判断材料としては利用できます。

## 3 利用者からの苦情への対応

利用者が事業者と対等な関係で契約を結び、サービスを利用する、その際の救済手段として「苦情対応」は重要です。

そのため、介護保険法では、その運営基準（「指定居宅サービス等の事業の人員、設備及び運営に関する基準」等）などで、各サービス事業者に苦情受付の窓口を設置することを義務づけています。また、介護保険法176条でも、都道府県国民健康保険団体連合会（国保連（こくほれん））の役割として、介護保険サービスに関する苦情解決を図ることが挙げられています。

また、社会福祉法でも、社会福祉事業に関わる苦情を都道府県社会福祉協議会に設置した運営適正化委員会で受付・対応することとなっています。しかし、介護保険制度の苦情解決のしくみと必ずしも整合性が取れておらず、縦割り行政の弊害もうかがえます。

このほか、苦情は、地域包括支援センター、居宅介護支援事業者、市町村、市町村および都道府県の消費者センター、国民生活センターなどでも受付・対応しています。

場合によっては、各都道府県知事がサービス事業者や居宅介護支援事業者の指定を取り消す場合もあります（→81ページ）。

◆利用者からの苦情に対応するしくみ（イメージ）◆

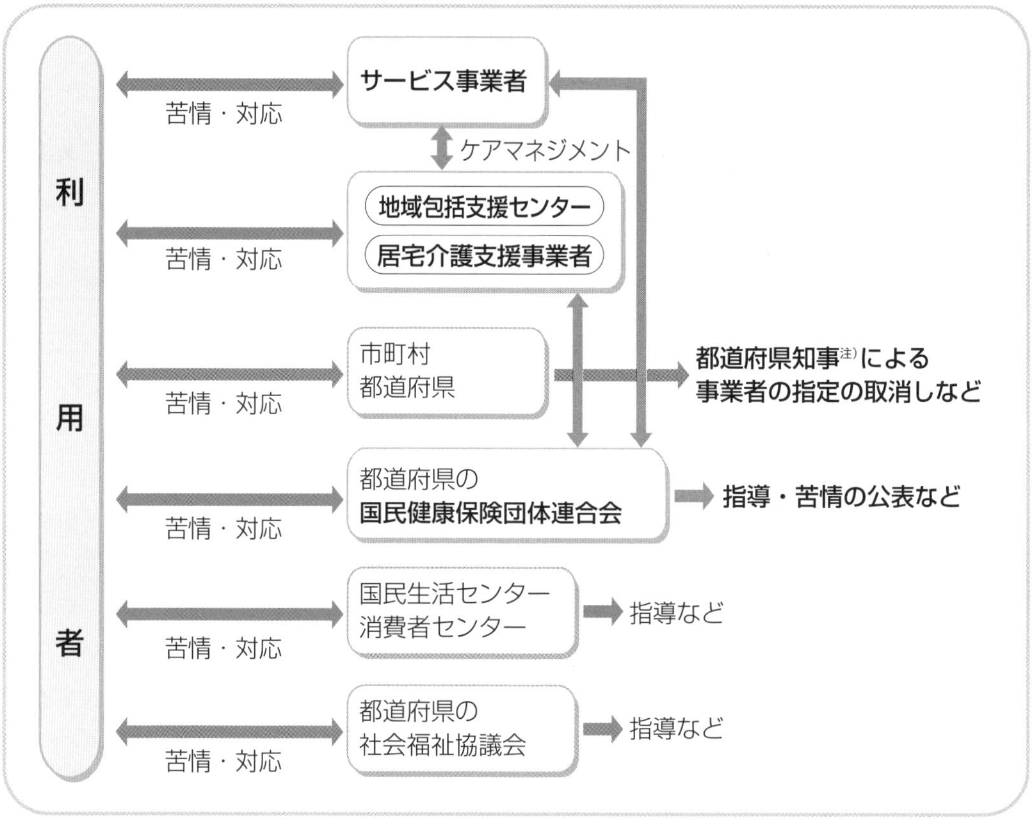


※注）地域密着型の場合は、市町村長による取消し。
※苦情は原則として当該サービス事業者に伝えるが、利用者が言いにくい場合などは、居宅介護支援事業者や国保連、市町村など、話しやすいところでよい。逆に事業者は、どれだけ利用者にとって話しやすい体制をつくり、サービスの改善に結びつけられるかが問われる。

## 4 サービスの質の確保と第三者評価

### ① サービスの質の確保とサービス提供までの流れ

介護保険制度は、利用者からの保険料を主な財源として運営している制度です。そのサービスの質の向上・確保は重要な課題で、制度の設計者（市町村）の力量が問われるところです。サービスの質の確保は、おおむね以下のような形で行われています。

まず、質を確保するための基本的な枠組みを厚生労働省が定めます。それに基づいて、事業者が指定され、その事業者がサービスを提供します。

介護保険サービスの特徴は、対人サービスで、人と人との関係を中心に展開されることですから、質の確保にあたっても、そうした点に留意した対策が取られています。

**◆サービス提供までの流れ◆**

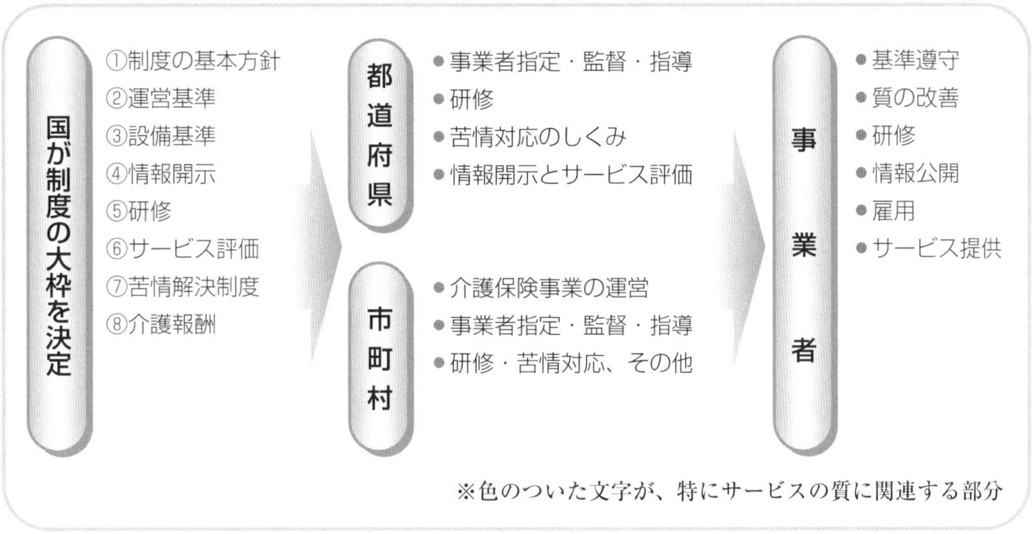


## ② 質の確保のための具体的な方策

サービスの質の改善には、ハード面、ソフト面、新たなサービス開発などが関係します。中でも、特に重要なこととして次の５点が考えられます。

### ①人材の養成・確保

何よりも大切なのは「人材」です。「人」はいるけれど「人材」がいないとは、あらゆる職場でいわれることです。どうすれば「優秀な人材」が確保できるのでしょうか。

**●養成のための各種機会の付与（研修、自主勉強会、見学・交流）**

質の確保のために、さまざまな研修が用意されています。主な研修だけ、それもケアマネジャーに関係するものだけを見ても、28年からは介護支援専門員実務研修（87時間）、専門研修課程Ⅰ（56時間）、専門研修課程Ⅱ（32時間）、主任介護支援専門員研修課程（70時間）と時間数が大幅に増えました。また、21年改正により、ケアマネジャーは更新制となり、５年ごとに定められた研修を受けることが義務づけられました。

後でもふれますが、他にも、多すぎるほどの研修が用意されています。

**●モチベーションを支える仕事の意義・報酬など**

楽しい職場、未来を語れる職場であることが重要です。その目安としては、離職率などが参考になると思われます。

### ②サービス事業者の情報の公開

**●介護サービス情報の公開**

18年改正により、事業者の介護サービス情報の公開が義務づけられました。これは、利用者などの「市場の目」を入れることで、サービスの質の維持・向上を目指すものです。各都道府県に「公表センター」を設置し、事実関係の「基本情報」と「運営情報（旧調査情報）」が公表されます。

なお、24年改正で都道府県が項目を定める「任意報告情報（介護サービスの質や従事者の情報等）」が設けられました（→166ページ）。事業者によってはホームページ等でサービス内容等の公表を行っています。

また、「地域包括ケアシステム」の構築や「総合事業」により、住民主体のサービス情報が重要になったこともあり、平成27年度以降、総合事業で活用が期待される住民主体のサービスの情報公表の工夫も重要になっています。

**◆介護サービス情報公表制度見直しの全体像◆**

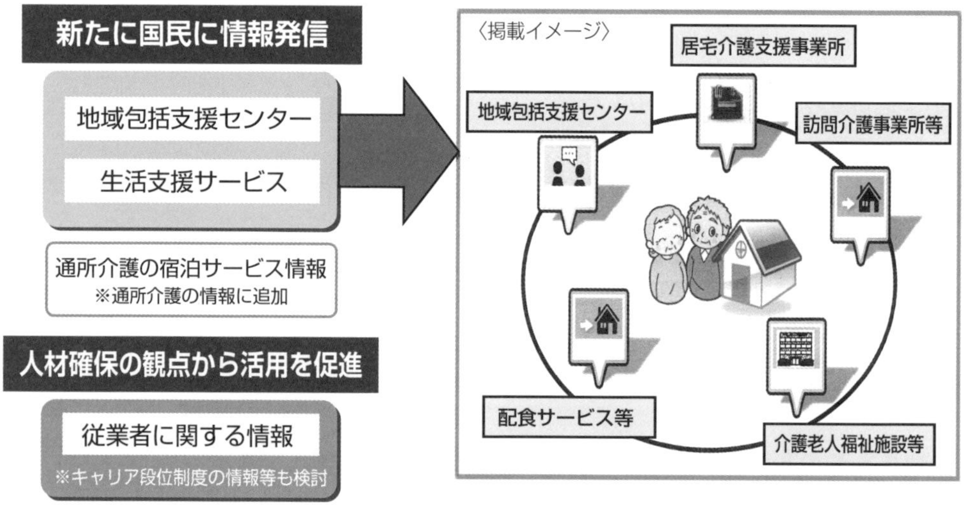


※厚労省作成
※30年改正で、地域の社会資源情報の発信は、市町村も積極的に行うこととされた。

参考　福祉ナビゲーション：（公財）東京都福祉保健財団 http://www.fukunavi.or.jp

**●第三者サービス評価情報の公開**

介護保険では第三者サービス評価の実施について、認知症対応型共同生活介護と小規模多機能型生活介護の２つのサービスについて公表することとされています。

### ③苦情に対応するしくみ

サービスに対する苦情は、事業者自身による対応や、地域包括支援センター、居宅介護支援事業者、市町村などによる対応が義務づけられています。そこで解決できない場合は、各都道府県の所管課、国民健康保険団体連合会、社会福祉協議会などが最終的に苦情相談や解決のための対応を行うこととされています。

平成18年の介護保険法の改正により、地域包括支援センターでも苦情相談を受け付け、解決を図ることとされました。多様な場面に対応するため、関連団体との連携が不可欠となります。

**④事業者による自己点検とサービスの質の改善に向けた取り組み**

サービス事業者は、提供するサービスについて自己点検・評価を行い、研修などを実施し、サービスの質の改善に取り組むこととされています。

**⑤新たな利用者本位のサービスの開発**

在宅重視、施設の個室化、１人ひとりの個性に着目したケアマネジメントとサービスの提供などは重要です。また、入院施設では多床室から個室への転換も図られています。

これらを通した質の改善への取り組みがなされることとなっています。

## ③ 質の確保が抱える課題

質の確保を現実のものにする上で、避けては通れない課題があります。

**①労働条件**

質の確保のためには、優秀な人材の確保が重要です。介護保険サービスのキーマンともいえるケアマネジャーの収入を考えてみると、どの程度の年収なのでしょうか。介護支援専門員の場合、収入見込みは、１人の職員の総売上が月額50万円、年額で600万円前後ではないでしょうか。ここから法人の光熱水費、電話代、税金、事務職員経費などを除くと、法人によって違いますが人件費が総収入の６～７割として、年収360～420万円程度です。

これが介護保険の要（かなめ）を担う人たちの給与水準とすれば、他は推して知るべしです。

ホームヘルパーの場合はパートや登録型が中心ですが、週40時間働いたとして税込月収20万円強、年収にして240万円程度。実働１日５時間では、週７日働いても４万5000円、月額で税込18万円程度です。いくら本人にやる気と志があっても、展望のある暮らしは難しいでしょう。介護職の人手不足、離職等が課題になっていますが、国民を守る責任がある国において、待遇を含めて働きやすい環境、安心して働ける環境を整えることが急務と思われます。

**②　研修**

研修の充実も重要です。新型コロナ下で人々の行動や働き方に変化が見られ、高齢者の巣ごもりやサービスの利用抑制も話題になっています。現場では、その対応を巡りさまざまな試行が行われていますが、それらを整理して現場に伝えるのも制度設計に当たっている国などの責任でしょう。速やかに研修等に還元することが求められます。現状を見据えた不断の職場内・外研修の質の向上が必須です。

### ③　新たな状況下でのサービスの理念の実現

新型コロナ下で暮らしが変わる中、法の目的・理念をいかに実現していくかが問われます。尊厳のある自立した生活を実現できるよう支援するにはどうしたらよいのか、環境・社会が変化している中、現場の実践が期待されています。

## 5　消費者被害の防止と消費者契約法

消費者契約法は、消費者が事業者と契約を結ぶ際の民事ルールとなる法律です。平成12年５月12日に公布され、平成13年４月１日に施行されました。

介護保険サービスも、利用者が事業者と契約を結びサービスを利用するものですから、消費者契約法の対象となります。

ここで消費者契約法と、高齢者の被害などについて説明しましょう。なお、消費者契約法以外に、民法および商法も適用されます。

### ①　消費者契約法と消費者安全法

消費者契約法（平成12年法律第61号）の目的と主な構成は、次のとおりです。

**第一章　総則**

**第１条　目的**

この法律は、消費者と事業者との間の情報の質及び量並びに交渉力の格差にかんがみ、事業者の一定の行為により消費者が誤認し、又は困惑した場合について契約の申込み又はその承諾の意思表示を取り消すことができることとするとともに、事業者の損害賠償の責任を免除する条項その他の消費者の利益を不当に害することとなる条項の全部又は一部を無効とするほか、消費者の被害の発生又は拡大を防止するため適格消費者団体が事業者等に対し差止請求をすることができることとすることにより、消費者の利益の擁護を図り、もって国民生活の安定向上と国民経済の健全な発展に寄与することを目的とする。

**第３条　事業者及び消費者の努力**

事業者は、次に掲げる措置を講ずるよう努めなければならない。

一　消費者契約の条項を定めるに当たっては、消費者の権利義務その他の消費者契約の内容が、その解釈について疑義が生じない明確なもので、かつ、消費者にとって平易なものになるよう配慮すること。

二　消費者契約の締結について勧誘をするに際しては、消費者の理解を深めるために、物品、権利、役務その他の消費者契約の目的となるものの性質に応じ、個々の消費者の知識及び経験を考慮した上で、消費者の権利義務その他の消費者契約の内容についての必要な情報を提供すること。

**第二章　消費者契約**

**第4条　消費者契約の申込み又はその承諾の意思表示の取消し**

消費者は、事業者が消費者契約の締結について勧誘をするに際し、当該消費者に対して次の各号に掲げる行為をしたことにより当該各号に定める誤認をし、それによって当該消費者契約の申込み又はその承諾の意思表示をしたときは、これを取り消すことができる。

一　重要事項について事実と異なることを告げること。当該告げられた内容が事実であるとの誤認

**第三章　消費者契約の条項の無効**

**第9条　消費者が支払う損害賠償の額を予定する条項等の無効**

次の各号に掲げる消費者契約の条項は、無効とする。(以下略)

➡事業者が消費者の権利を不当に侵害する場合、たとえば事業者の損害賠償をすべて免除する規定、利用者の違約金が年利14.6%を超える契約などは無効になります。

また、平成21年に消費者安全法（法律第50号）が作られました。その目的は以下のとおりです。

**第一章　総則**

**(目的)**

**第一条**　この法律は、消費者の消費生活における被害を防止し、その安全を確保するため、内閣総理大臣による基本方針の策定について定めるとともに、都道府県及び市町村による消費生活相談等の事務の実施及び消費生活センターの設置、消費者事故等に関する情報の集約等、消費者安全調査委員会による消費者事故等の調査等の実施、消費者被害の発生又は拡大の防止のための措置その他の措置を講ずることにより、関係法律による措置と相まって、消費者が安心して安全で豊かな消費生活を営むことができる社会の実現に寄与することを目的とする。

## ② 高齢者の消費者被害の増加

国民生活センターなどの調べによると、高齢者を対象とした消費者被害が拡大しています。特に訪問販売が目立ち、被害者はひとり暮らしの高齢者や高齢者だけの世帯に多く、「被害にあったとの認識もない」場合もあり、被害を発見するのは「訪ねてきた家族やホームヘルパー及びケアマネジャーであることも多い」と報告されています。対策としては、

被害を発見したら、本人に説明するとともに家族などへ連絡を取り、同時に国民生活センターや消費者センターに相談することだと訴えています。

## ◆高齢者などの消費者被害の特徴◆

高齢者は「お金」「健康」「孤独」の3つの大きな不安を持っているといわれています。悪質業者は言葉巧みにこれらの不安をあおり、親切にして信用させ、年金や貯蓄などの大切な財産を狙っています。高齢者は自宅にいることが多いため、電話勧誘販売や家庭訪販による被害にあいやすいのも特徴です。

1　電話勧誘販売

販売業者が消費者宅や職場に電話し、商品やサービスを販売する方法。消費者が要請していないにもかかわらず、販売業者が電話により消費者を勧誘するケースがほとんどです。強引な勧誘、身分を偽っての勧誘、虚偽説明、説明不足などの問題もみられます。

2　家庭訪販

販売業者が消費者宅を訪問し、商品やサービスを販売する方法。消費者が要請していないにもかかわらず、販売業者が家庭を訪問し、消費者を勧誘するケースがほとんどです。強引な勧誘や長時間に及ぶ勧誘、虚偽説明、説明不足などの問題もみられます。

3　かたり商法(身分詐称)

販売業者が有名企業や、市役所、国民生活センター、消費生活センターなどの公的機関、適格消費者団体の職員、またはその関係者であるかのように思わせて商品やサービスを契約させる商法です。

4　劇場型勧誘

「代わりに購入すれば高値で買い取る」等と立場の違う複数の業者が、金融商品等を電話で勧誘する手口。契約購入金額が高額である相談が多く寄せられています。

5　ワンクリック商法

パソコンや携帯電話でアダルトサイトなどにアクセスしたところ、いきなり「登録ありがとうございます」などと表示され、高額な料金を請求するという手口。スマートフォンなどを利用し無料だと思いアダルト情報サイトを閲覧していたところ、料金を請求されたという相談がみられます。

6　無料商法

「無料サービス」「無料招待」「無料体験」「無料で閲覧」など「無料」であることを強調して勧誘し、最終的に商品やサービスを購入させる商法。「無料」をうたったアダルト情報サイトなどを利用したところ、利用料を請求されたという相談が多く寄せられています。

7　還付金詐欺

市役所等の自治体、税務署や社会保険事務所などの職員を名乗り、医療費や税金等を還付する手続きであるかのように装い、お金をだまし取ろうとする詐欺。ATMを操作させ、自己の口座から相手方の口座へ現金を振り込ませるなどの手口がみられます。

8　次々販売

一人の消費者に次から次へと契約させる商法。同じ商品または異なる複数の商品を次々に契約させるケースや、複数の業者が次々に契約させるケースなどがあります。

9　訪問購入

消費者の自宅など、営業所等以外の場所において、購入業者が売買契約の申込みを受け、または売買契約を締結して物品等を購入する手口。突然自宅を訪れた知らない業者に、十分な説明もなく貴金属を安値で買い取られたなどという相談がみられます。

※国民生活センターホームページ（2021年2月16日）より

その他、以下のような消費者被害の手口が、国民生活センターや消費者庁サイトで確認できます。被害者は再度狙われる傾向にあります。

・マイナンバー制度に便乗した詐欺　・落とし物詐欺（オレオレ詐欺）
・上京型（東京に持って来てというオレオレ詐欺）　・現金振込型から送付型へ
・還付金詐欺　・架空請求詐欺　・年金情報流出便乗詐欺

## 6 成年後見制度と福祉サービス利用援助事業

介護保険は、利用者本人が自分で必要なサービスを選び、契約を結んで利用するしくみになっています。これは介護保険制度にとどまらず、これからの福祉制度をつらぬく基本的な流れと言えます。

しかし、高齢であったり、認知症や障害などのために、判断能力が不十分な場合、どのような福祉サービスがあり、どのようにすればサービスを利用できるのかなどが、なかなかわからず、適切に福祉サービスを受けられない場合もあります。また、さまざまな場面で判断に迷ったり、トラブルに巻き込まれやすくなるのが現実です。金銭の管理や出し入れに困ったり、訪問販売などの売買契約でトラブルに巻き込まれる可能性もあります。

そこで、現在、大きく次の2つの制度が用意されています。

### ① 成年後見制度（民法第7条〜）

平成12年、介護保険の施行と同時に民法の改正が行われ、判断能力が不十分な成年者の利益保護などの観点から、法定代理制度としての成年後見制度（せいねんこうけんせいど）が改正されました。「判断能力が不十分な成年者」には、認知症高齢者・知的障害者・精神障害者などが含まれます。

成年後見制度には、次ページの図のように、法定後見制度と任意後見制度があります。

◆成年後見制度◆

成年後見制度

法定後見制度

| | 対象 | 本人 | 保護者 |
|---|---|---|---|
| 補助 | 精神上の障害（認知症・知的障害・精神障害等）により判断能力が不十分な者 | 被補助人 | 補助人 |
| 保佐 | 精神上の障害により、判断能力が著しく不十分な者 | 被保佐人 | 保佐人 |
| 後見 | 精神上の障害により、判断能力を欠く常況にある者 | 成年被後見人 | 成年後見人 |

任意後見制度 ― 任意後見契約 ― 本人<br>任意後見人、任意後見監督人

法定後見制度とは、判断能力の不十分な状態にある本人を保護するため、本人、配偶者、または四親等内の親族などの申し立てにより、家庭裁判所が成年後見人・保佐人・補助人を保護者として選任する制度です。身寄りがない場合などは、市町村長が申し立てを行えることになっていますが（77ページ）、その数は年々増加しています。

後見、保佐、補助のどの制度が適用されるかは、本人の判断能力がどれくらいかによります（上図）。

一方、任意後見制度は、本人に判断能力がある間に、判断能力が低下した場合に備えて、あらかじめ自分で契約を結んで任意後見人を選任する制度です。

「本人の自己決定を尊重する」というのが、成年後見制度の１つの柱となっていますが、任意後見制度（任意後見契約に関する法律）はその現れとも言えます。

本制度の問い合わせ先は各家庭裁判所などです。また、成年後見制度の利用促進のため、平成28年に成年後見利用促進法が施行されました。（245ページ）

### ② 福祉サービス利用援助事業（日常生活自立支援事業）（社会福祉法第80条他）

福祉サービス利用援助事業は、判断能力が不十分な高齢者や障害者が地域で安心した生活が送れるように、福祉サービスの利用手続や金銭管理などを手伝うものです。

対象者は、判断能力が不十分な者（認知症高齢者、知的障害者、精神障害者などで、日常生活を営むのに必要なサービスを利用するための情報の入手、理解、判断、意思表示が本人のみでは適切に行うことが困難な者）で、判断能力がない者は対象となりません。

なお、本制度の問い合わせ先は各都道府県の社会福祉協議会です。

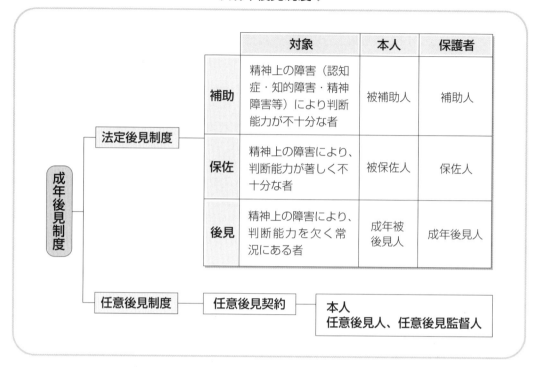

**◆制度の概要◆**

| サービスの種類 | サービスの内容 | 方　　法 |
|---|---|---|
| 福祉サービス利用援助 | ①福祉サービスを利用し、または利用をやめるために必要な手続<br>②福祉サービスの利用料を支払う手続<br>③福祉サービスについての苦情解決制度を利用する手続 | 1 相談・助言<br>2 連絡調整<br>3 代行<br>本人の依頼を受けて本人の名で手続などを行うこと。<br>4 代理<br>本人に代わって第三者が法律行為を行うこと。ただし本事業においては福祉サービスの利用手続援助や本人の指定した金融機関口座の払い戻しなどを行うことに限定している。 |
| 日常的金銭管理サービス | ①年金及び福祉手当の受領に必要な手続<br>②医療費を支払う手続<br>③税金や社会保険料、公共料金を支払う手続<br>④日用品等の代金を支払う手続<br>⑤①～④の支払いに伴う預金の払い戻し、預金の解約、預金の預け入れの手続 | |
| 書類等預かりサービス | 保管できる書類<br>①年金証書　②預貯金の通帳　③権利証　④契約書類<br>⑤保険証書　⑥実印・銀行印　⑦その他、実施主体が適当と認めた書類 | |

※『新しい成年後見制度とは……』野田愛子監修（東京都社会福祉協議会2003．3．5）
※費用は、相談のみの場合は不要だが、具体的サービスを依頼する場合は必要となる。

## 7 地域包括支援センターと成年後見制度

認知症高齢者、知的障害者・精神障害者等、判断能力が十分でない人の法律行為をサポートする制度として成年後見制度が2000年４月から実施されました。

地域包括支援センターでは、①共通的支援基盤構築（ネットワーク構築）、②総合相談支援・権利擁護、③包括的・継続的マネジメント支援、④介護予防マネジメントの４つの機能のうち、②の権利擁護業務のなかで、成年後見制度の活用を行います。

高齢者をだます悪徳商法が跡を絶ちません。センターの活用も必要です。

〈地域包括支援センターの行う成年後見制度の活用〉

●成年後見制度の普及・広報活動

●個々のケースについて成年後見制度の利用の必要性を判断（スクリーニング）

●成年後見制度の利用が必要な場合の申し立て支援

**◆成年後見関係事件◆**

※最高裁調べ

| 年度 | 家裁申立件数 | 年度 | 家裁申立件数 | 年度 | 家裁申立件数 |
|---|---|---|---|---|---|
| 16 | 17,246 | 21 | 27,397 | 27 | 34,782 |
| 17 | 21,114 | 22 | 30,079 | 28 | 34,249 |
| 18 | 32,629 | 23 | 31,402 | 29 | 35,737 |
| 19 | 24,988 | 24 | 34,689 | 30 | 36,549 |
| 20 | 26,459 | 25 | 34,548 | 令1 | 35,959 |

### ◆地域包括支援センターと地域支援事業◆

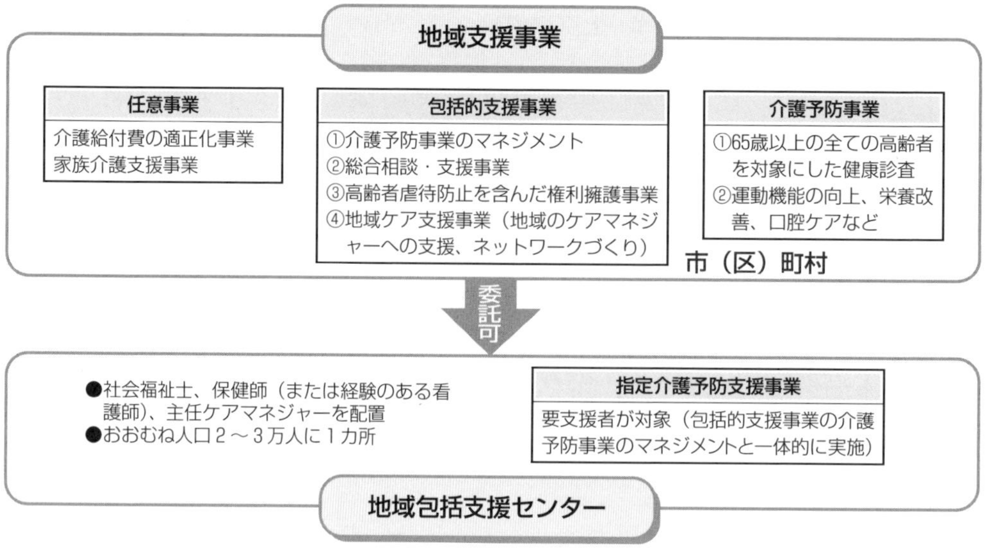


※地域支援事業の実施対象は、介護保険の非該当者。
※地域包括支援センターは、市町村または市町村から委託を受けた法人（在宅介護支援センター設置者等）が設置。

※『介護保険制度とは』（東京都社会福祉協議会）、その他をもとに作成。

## ◆成年後見制度の活用に関する地域包括支援センターの業務◆

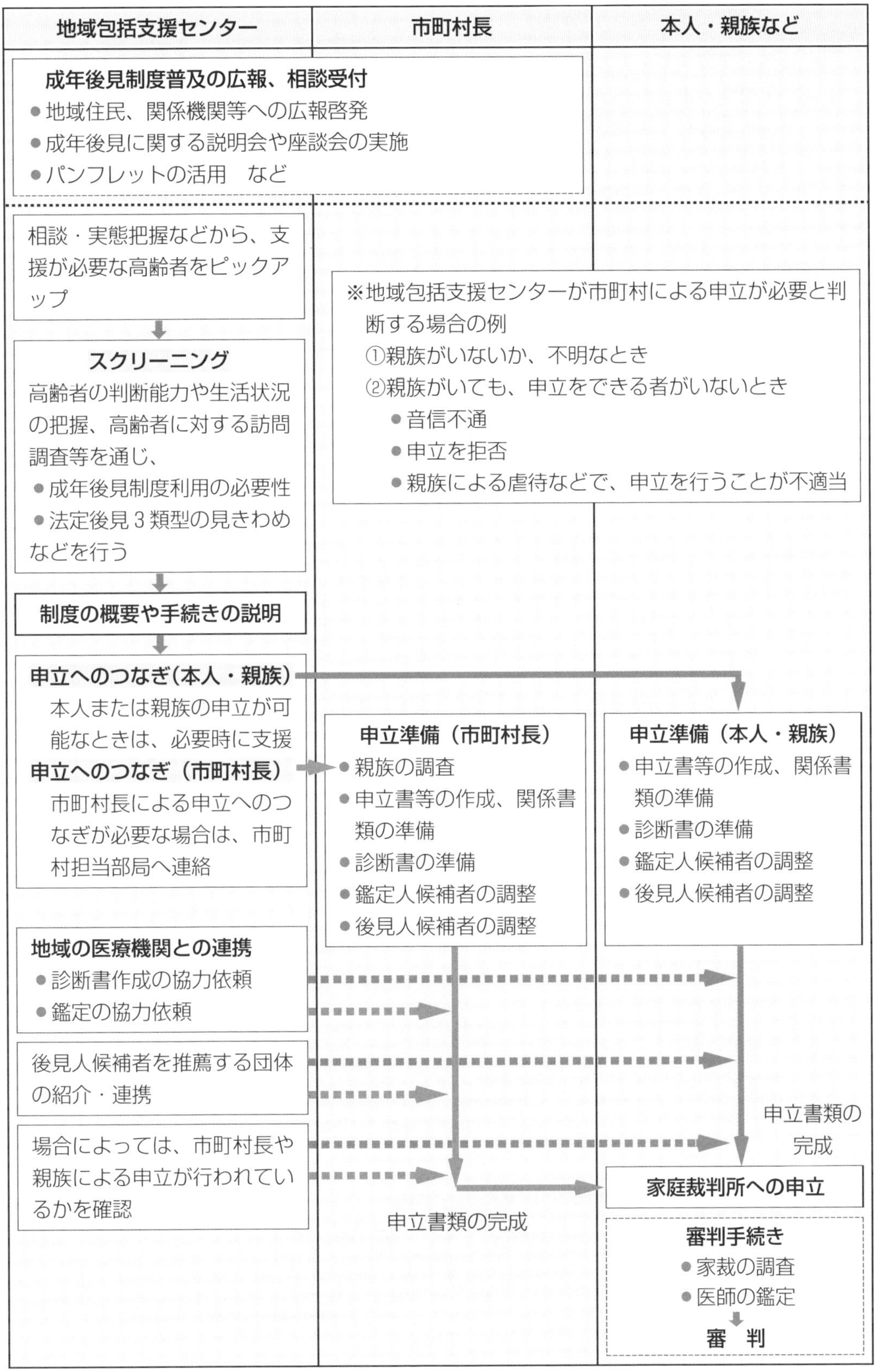
地域包括支援センター
市町村長
本人・親族など
成年後見制度普及の広報、相談受付
●地域住民、関係機関等への広報啓発
●成年後見に関する説明会や座談会の実施
●パンフレットの活用　など
相談・実態把握などから、支援が必要な高齢者をピックアップ
スクリーニング
高齢者の判断能力や生活状況の把握、高齢者に対する訪問調査等を通じ、
●成年後見制度利用の必要性
●法定後見３類型の見きわめ
などを行う
制度の概要や手続きの説明
申立へのつなぎ（本人・親族）
本人または親族の申立が可能なときは、必要時に支援
申立へのつなぎ（市町村長）
市町村長による申立へのつなぎが必要な場合は、市町村担当部局へ連絡
地域の医療機関との連携
●診断書作成の協力依頼
●鑑定の協力依頼
後見人候補者を推薦する団体の紹介・連携
場合によっては、市町村長や親族による申立が行われているかを確認
※地域包括支援センターが市町村による申立が必要と判断する場合の例
①親族がいないか、不明なとき
②親族がいても、申立をできる者がいないとき
●音信不通
●申立を拒否
●親族による虐待などで、申立を行うことが不適当
申立準備（市町村長）
●親族の調査
●申立書等の作成、関係書類の準備
●診断書の準備
●鑑定人候補者の調整
●後見人候補者の調整
申立準備（本人・親族）
●申立書等の作成、関係書類の準備
●診断書の準備
●鑑定人候補者の調整
●後見人候補者の調整
申立書類の完成
申立書類の完成
家庭裁判所への申立
審判手続き
●家裁の調査
●医師の鑑定
審　判

## 8 高齢者虐待への対応

昨今、介護する家族や親族、施設内の介護従事者などによる高齢者虐待が深刻化しています。高齢者の尊厳・人権を守るために、平成18年4月、高齢者虐待防止法が施行されました（「高齢者虐待の防止、高齢者の養護者に対する支援等に関する法律」条文→236ページ）。

### ① 高齢者虐待の定義

法律では次のように定義されています。

- 身体的虐待……高齢者の身体に外傷を生じ、または生じる恐れのある暴行を加える
- ネグレクト……高齢者を衰弱させるような減食、長時間の放置、虐待行為の放置、世話の放棄など
- 心理的虐待……高齢者に対する暴言、拒絶的対応、その他心理的外傷を与える言動
- 性的虐待………高齢者にわいせつ行為をする、またはわいせつ行為をさせること
- 経済的虐待……高齢者の財産を不当に処分するなどして、不当に利益を得ること

家族などの介護者による虐待で最も多いのは「身体的虐待」67.1%、次が「心理的虐待」39.4%、3番目が「ネグレクト（介護・世話の放棄・放任）」で19.6%です。

◆養護者による虐待の主な発生要因（複数回答）◆

| 内容 | 件数 | 割合% |
| --- | --- | --- |
| 介護疲れ・介護ストレス | 8,183 | 48.3 |
| 介護者の介護力低下・不足 | 6,601 | 39.0 |
| 孤立・補助介護者の不在等 | 4,827 | 28.5 |
| 介護は家族がすべき等世間のプレッシャー、世間体 | 1,482 | 8.6 |
| 知識・情報不足 | 6,756 | 39.9 |
| 理解力不足・低下 | 7,046 | 41.6 |
| 精神状態が安定していない | 7,329 | 43.3 |
| 性格や人格 | 9,178 | 54.2 |
| 被虐待者とのそれまでの人間関係 | 7,512 | 44.4 |

※「令和元年度「高齢者虐待防止法」に基づく対応状況等に関する調査結果」厚労省から

### ② 高齢者虐待の防止、養護者に対する支援

「養護者」というのは、高齢者を養護する者で、施設職員以外の者をいいます。「養護者」とはもともと「高齢者・児童・障害者を保護・養育する者」という意味ですが、ここでは「高齢者を介護する家族」などを意味しています。また、高齢者虐待防止法によって、高齢者への虐待対応は次ページの図のように定められました。

民生委員・サービス事業者・高齢者本人などからの通報に基づいて、市町村が確認を行い、高齢者・養護者の相談にのるとともに、必要であれば警察への連絡、施設への入所（緊急避難）や成年後見制度の手続きを市町村と協力して地域包括支援センターが行います。

虐待を防ぐためには、高齢者の保護もですが、同時に虐待者に対して支援を行うことも重要です。介護ストレスなどの原因を探り、解決を図ることで、虐待を防止できるからです。高齢者虐待防止法が特徴的なのは、養護者に対する支援も定めていることです。

◆家族などによる高齢者虐待への対応◆

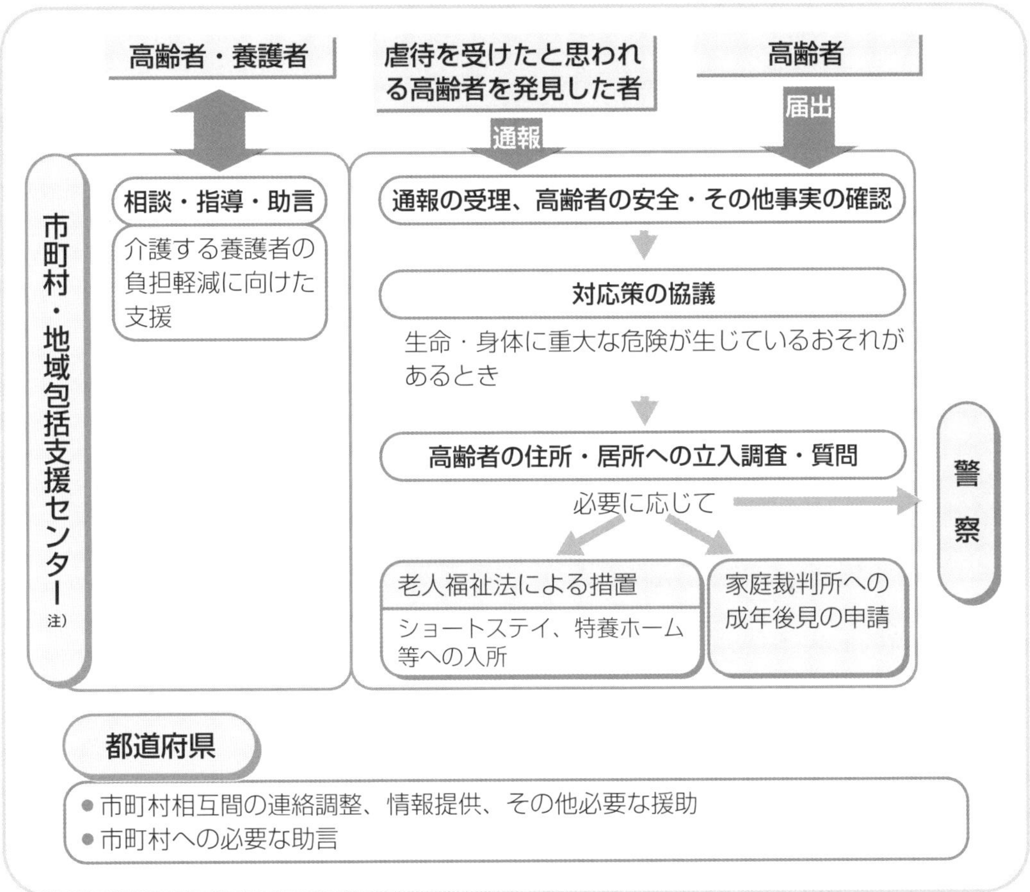


※注）在宅介護支援センターも可。

※市町村は①相談・指導・助言、②通報の受理、③事実の確認のための措置、④養護者に対する支援などを地域包括支援センター等に委託できる。同時に、市町村は、高齢者虐待の防止等を適切に実施するため、地域包括支援センター等との連携協力体制を整備しなければならない。

◆虐待の種別（複数回答）◆

| | 身体的虐待 | 介護等放棄 | 心理的虐待 | 性的虐待 | 経済的虐待 |
|---|---|---|---|---|---|
| 人数 | 11,702 | 3,421 | 6,874 | 56 | 2,997 |
| 割合 | 67.1 | 19.6 | 39.4 | 0.3 | 17.2 |

※「令和元年度「高齢者虐待防止法」に基づく対応状況等に関する調査結果」厚労省から

# 6 サービス事業者の指定・取消し、運営基準

介護保険制度の導入により、社会福祉法人などだけではなく、株式会社など多様な事業者が介護市場に参入してきました。自由競争が進み、サービスの質向上に貢献した反面、乱立を呼び、指定を取り消される業者も増加しています。ここでは指定のしくみと、取消しの現況などを見ていきます。

## 1 多様な事業者が参入し、競争が発生

次の２章で詳しく見るように、以前は、日本では行政が介護サービスの内容や受給対象者を決定し、サービスを供給する形を取っていました（措置（そち）制度）。

しかし、2000年に介護保険制度がスタートすると、そこでは、利用者自身がサービスの内容やサービスを提供する事業者を選ぶことができるようになりました。

同時にサービス提供事業者も、措置制度下では自治体や社会福祉法人でしたが、大きく転換し、居宅サービス分野ではＮＰＯ法人（特定非営利活動法人）や営利企業（株式会社、有限会社など）が一定の要件を満たせば参入できるようになりました。

この結果、日本の経済活動が停滞するなかで、多くの企業がビジネスチャンスを狙って介護保険市場に参入を果たしました。

◆営利法人の参入状況（平29.10.1）◆

| 事業名 | 参入割合 |
|---|---|
| 訪問介護 | 66.2% |
| 訪問入浴介護 | 61.6 |
| 訪問看護 | 49.6 |
| 通所介護 | 48.5 |
| 居宅介護支援 | 49.9 |
| 地域包括支援センター | 1.5 |
| グループホーム | 53.6 |

※「介護サービス施設・事業所調査」厚労省から

しかし、この動きは全国一律には進展しませんでした。

都市部では、顧客がたくさんいることや、利用者の価値観の多様化、営利企業へのアレルギーが少なかったことなどから、多くの民間企業が参入してきました。その一方で、地方では、営利企業へのアレルギーや顧客の絶対数が少ないこと、社会福祉法人や社会福祉協議会の力が強いことなどの理由から、営利企業やＮＰＯの参入は都市部に比べて少なくなっています。

ともあれ、このようにして、社会保障制度構造改革の考え方の１つであった「民間活力

の活用」が図られました。自治体によっては、建物整備費は営利企業には出ないなど、営利と非営利では対応が異なる場合もあることなどから、民間営利企業等から、同じ土俵で競争できるよう条件を整えるべきだという主張がされていますが、大手福祉企業やフランチャイズ展開する福祉企業も目立ってきました。

また、社会福祉法人など旧来型のサービス提供主体も、サービスの質をめぐる競争が発生するなかで、事業のあり方の見直しを迫られています。

## 2 指定の取消し状況

指定取消しの状況は表の通りです。

法人種別では、営利法人が全体の88.5%、ＮＰＯ法人が7.7%です。

一部停止を含めると令和元年度に153事業所が処分されています。一部停止を含めると、営利法人、社会福祉法人、医療法人の順になります。

また、取消された理由で一番多いのは不正請求です。次が虚偽報告、そして虚偽申請と続きます。

サービスの種類では、一部停止を含めると、多い順に、訪問介護、居宅介護支援そして地域密着型通所介護と続きます。第１号訪問事業、第１号通所事業も指定取消、一部停止等の処分が科されています。

◆指定取消し状況（法人種別）◆

| | 件数 | 割合 |
|---|---|---|
| 営利法人 | 69 | 88.5% |
| NPO法人 | 6 | 7.7 |
| 医療法人 | 1 | 1.3 |
| 社会福祉法人 | 2 | 2.6 |
| 計 | 78 | —— |

※厚生労働省資料（令和元年度）

介護サービスの的確な実施は事業者の義務ですが、別の視点から考えると、介護サービスを的確に必要とする利用者に届けるためには、行政による適切な情報提供などが極めて重要です。行政指導としては、実地指導、集団指導等がありますが、今日の制度の転換期においては、地域の特性に応じた保険者による集団指導が特に重要となります。

（参考：「全国介護保険・高齢者保健福祉担当課長会議　令和３年３月９日　老健局総務課介護保険指導室資料）

## 3 サービス提供事業者の指定のしくみと運営基準

サービス提供事業者が、介護保険に規定されたサービスを提供し、介護報酬を得るためには、法令で定められた指定基準を満たしたうえで、都道府県知事または市町村長から指定を受ける必要があります。

「法人格を有する」などの指定基準を満たしていない場合は、市町村の必要性により、市町村の中だけでサービスを提供できる「基準該当サービス」を提供することができます。指定は市町村長が行います。

平成18年度改正で導入された地域密着型サービスも、市町村長が指定を行い、その有効範囲は、指定した市町村に住む被保険者のみとなっています。A市の地域密着型サービスは、A市の住民のみが利用可能ということです。

「その自治体のみで有効なサービス」と、「全国どこでも有効なサービス」を整理すると、上の図のようになります。色の付いた部分が、市町村長が指定し、その市町村のみで有効(＝サービスを提供してよい)なものです。

### ◆サービス提供が自治体に限られるもの◆

| 市町村長が指定<br>(指定エリアのみで有効) | 都道府県知事が指定<br>(全国どこでも有効) | |
|---|---|---|
| ○地域密着型サービス<br>○地域密着型の共生型サービス | ○居宅サービス<br>　●訪問サービス<br>　●通所サービス<br>　●短期入所サービス<br>○施設サービス<br>○居宅介護支援<br>○共生型サービス | 介護給付 |
| ○地域密着型介護予防サービス<br>○介護予防支援 | ○介護予防サービス<br>　●訪問看護サービス<br>　●通所リハビリサービス<br>　●短期入所サービス<br>○共生型サービス | 予防給付 |
| 基準該当地域密着型サービス | 基準該当居宅サービス | |
| 地域支援事業 | 訪問型・通所型サービス | |

### ◆サービス事業者の指定◆

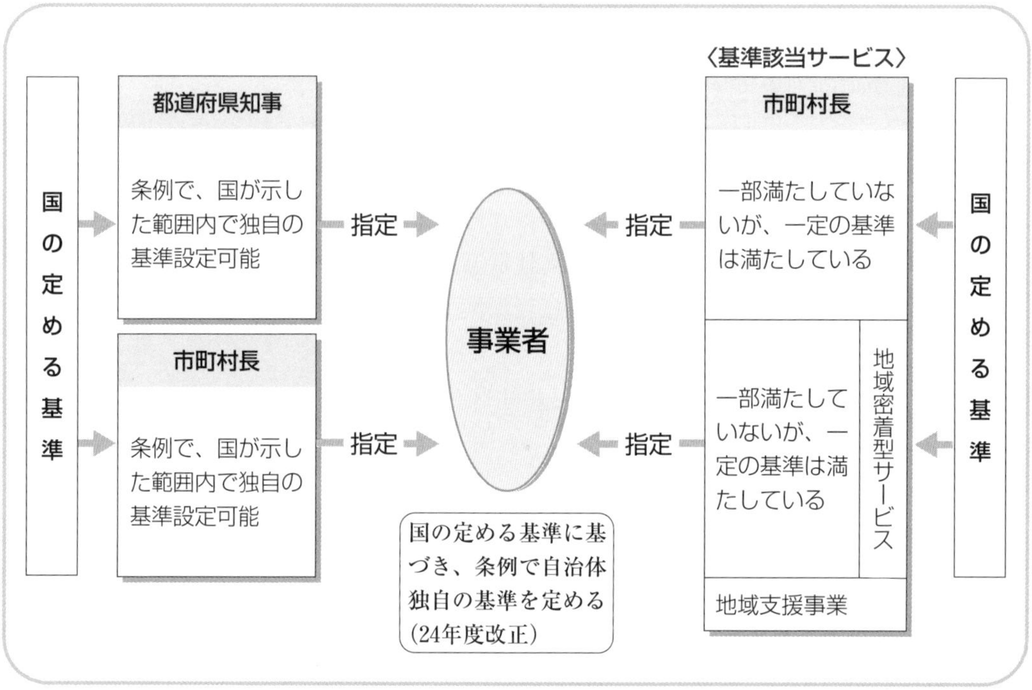

※「地域の自主性及び自立性を高めるための改革関連の介護保険法及び老人福祉法の改正」

### ◆基準該当居宅サービスの登録状況（事業者数）◆ （平成30年度）

| | | |
|---|---|---|
| 居宅介護支援　61 | 訪問介護　97 | 訪問入浴　43 |
| 通所介護　52 | 福祉用具貸与　25 | 短期入所　125 |

※厚労省老健局介護保険計画課資料より

なお、指定サービス提供事業者や詳しい指定基準については164ページから、基準該当居宅サービスについては165ページで詳しく説明しています。

また、介護保険の指定サービス事業者は、人員や設備などについて定めた運営基準に基づいて運営しなくてはなりません。居宅サービス事業者であれば「指定居宅サービス等の事業の人員、設備及び運営に関する基準」というように、それぞれ「○○の事業の人員、設備及び運営に関する基準」といった名称が付けられています。

### ◆指導監督の実施における留意点について（抄）◆

**1　実地指導の標準化・効率化の推進**

実地指導について令和元年５月に「介護保険施設等に対する実地指導の標準化・効率化等の運用指針」を定めたところで、各自治体におかれては、その趣旨・目的・内容を踏まえて実地指導を実施していただくようお願いする。

**2　集団指導等の実施**

集団指導は、事業者が適正なサービス提供を行うために遵守すべき制度内容の周知徹底を図るものであるため、毎年度、所管する全ての事業所を対象に実施願いたい。

**3　現行の介護保険施設等実地指導マニュアルについて**

令和２年度の介護保険施設等実地指導マニュアル改正を踏まえ実施を。

**4　不正事案における厳正な対応**

毎年度、運営基準違反や介護報酬の不正請求、利用者への虐待行為等により、指定取消等の処分が行われているが、こうした事案は利用者に著しい不利益が生じるのみならず、介護保険制度全体の信頼を損なう。

各自治体においては、通報、苦情等により、不正が疑われる事案を把握した場合、的確に監査を行い、不正が確認された場合には、指定取消や指定の効力停止等の厳正な対応をお願いしたい。

**5　住宅型有料老人ホームやサービス付き高齢者住宅における過剰なサービス提供について**

有料老人ホーム等に併設する介護事業所から過不足のないサービスが提供されているかといった様々な課題も指摘されている。このためこれらの事業所に対する実地指導が推進されるよう、体制整備を支援する「高齢者向け集合住宅関連事業所指導強化推進事業」を創設し、実施している。積極的な活用の検討をお願いしたい。

**6　指導監督の実施における留意点について**

①　関係自治体との連携

②　老人福祉法に基づく老人福祉施設に対する指導監査について

③　その他

非常災害への対応については、実地指導において事業所が所在する地域の環境を踏まえた非常災害対策計画の策定や避難訓練が行われているか確認し、必要に応じ助言をお願いしたい。

＊厚労省老健局総務課介護保険指導室資料（令和３年１月全国介護保険担当部局長会議）より

## ○共生型サービス

障害児・者の介護サービスと高齢者の介護サービスが相互に利用できる「共生型サービス」が、下図のような考え方で平成30年度に創設されました。サービスの共同利用に先がけて、高齢、障害児・者など分野を超えた「相談体制」の構築も始まっています。

### 我が事・丸ごとの「地域共生社会」へのパラダイムシフト

平成28年4月18日　経済財政諮問会議
厚生労働大臣提出資料を元に作成

**【基本コンセプト】**
「支え手」「受け手」に分かれるのはなく、子ども・高齢者・障害者などすべての人々が、一人ひとりの暮らしと生きがい、そして地域をともに創る「地域共生社会」の実現へ

**【パラダイムシフト】**
◆「我が事・丸ごと」の地域づくりへ
⇒ 住民が主体的に地域の課題解決を試みる仕組みを構築。住民相互の支え合いと公的サービスが協働し、誰もが役割を持ち孤立を生まない地域を育成。

◆「タテワリ」から「丸ごと」へ
⇒ 対象者ごとに整備されている公的サービスの包括化の推進。

**【具体的な対応】**
○市町村による、住民主体の地域課題の把握や解決を支援する体制や、複合的課題に対応する包括的な相談支援体制の整備を制度化**【社会福祉法改正】**
○地域における一体的なサービス提供を支援するため、介護保険と障害福祉両制度に新たに「共生型サービス」を創設**【介護保険法等の改正】**
　今後、施設・人員基準、報酬の見直しを検討。
○担い手の資格や養成課程の見直しを検討。

**2020年代初頭 全国展開**

**【好循環】**
- **子ども**　高齢者などと日常的に関わり合いながら暮らし、健全な成長に効果。
- **高齢者**　子育て支援で役割を持つことが、予防に効果。
- **障害者**　活躍する場を持つことが、自立・自己実現に効果。

**地域の実践例①：「富山型デイサービス」（富山県）**

- 介護保険の指定通所介護事業所を母体として、障害者総合支援の就労継続支援Ｂ型の事業を実施する。
- 高齢者だけでなく、障害者、子どもなど、多様な利用者が共に暮らし、支え合うことでお互いの暮らしが豊かになる。
- 子どもと関わることで、高齢者のリハビリや障害者の自立・自己実現に良い効果を生む。

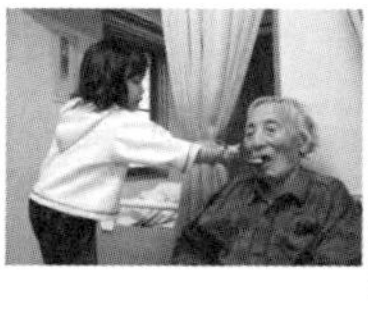

施設を訪問した際に
障害者の方から
いただいたプレゼント

厚労省作成

しくみ編

# 第2章
# 介護保険制度の意義と創設された背景

この章では、どのような契機で介護保険制度が誕生したのか、なぜ導入が必要だったのかについて見ていきます。そのために、日本の社会保障制度の歴史も鳥瞰(ちょうかん)しておきましょう。

具体的には、

①従来の日本の福祉制度（措置制度）のしくみとその限界

②介護保険制度の創設と意義、その影響や成立の背景

について解説した後、日本の社会福祉史を振り返るとともに、現状と今後の動向について見ていきます。

# 1 戦後の日本の福祉制度のしくみと限界

介護保険制度が始まったのは2000年４月です。それまでは利用者本人ではなく、行政がサービス内容を決定し供給していました。介護保険がなぜ施行されるに至ったのか、施行の前と後では何がどう変わったのか、今後の展望などについて見ていきましょう。

## 1 介護保険制度が生まれるまで

### ① 措置制度から契約制度へ

2000年４月、日本の介護保険制度が始まりました。世界でもいち早く介護保険制度を導入したドイツと異なり、日本では施設サービスと在宅サービスが同時に実施されました。

介護保険制度ができるまで、日本の福祉は、1945年（昭和20年）の敗戦後の緊急対策として始まり、1951年（昭和26年）の社会福祉事業法により一応の完成をみた措置制度（そちせいど）を基本に運用されていました。措置制度とは、政府がサービスの決定から給付まで責任を持ち、供給するシステムです。福祉施設への入所や在宅サービスが必要な人に対して、行政の判断により、施設への入所や在宅サービスの利用の決定を行います。

サービスの給付についても、中央政府（国）や地方政府（都道府県、市町村）がサービスを実施するか、あるいは昭和26年の社会福祉事業法（現・社会福祉法）により新たに創設された「社会福祉法人」に委託するなどして行なわれてきました。

措置時代の福祉については、「公的責任を全（まっと）うするもの」という積極的評価もあり、介護保険制度へ移行することにより、民間企業を含む多様なサービス提供主体が参入することは、公的責任の放棄であるという批判も起こりました。

措置時代の福祉の特徴は、サービスの利用やサービス事業者の選択について行政が最終決定権を持っていること、サービス事業者の資格は法律等で政府や社会福祉法人に限定されており、民間営利企業など他の法人主体による参入は困難だったことでした。

また、サービスも、「利用者の都合」というよりは、行政の都合により提供されている面がありました。たとえば、ホームヘルプサービスについて、措置時代の公的サービスでは、月曜日から金曜日の週５日間、時間帯も９時から17時までという公務員労働に準拠した「サービス提供形態」が中心でした。さらに、公的サービスの利用対象は、サービス量が十分でなかったこともあって比較的所得が低い人が中心であったため、介護の必要があっても、所得が多いなどの理由で利用できないこともありました。

しかし、現実には、日曜祭日、夜間、所得に関係なく介護の必要性はあります。公的サービスが提供されない日曜祭日や、24時間の介護サービスを切り開いたのは、公的サービス分野ではなく、ＮＰＯ（非営利組織）や営利企業でした。

措置制度下では、利用者にはサービスを請求・選択する自由はなく、利用者と事業者との間に対等な契約関係もありませんでした。

介護保険制度の導入により、利用者は原則的に自分の意思でサービスやサービス提供事業者を選ぶことができるようになり、利用者と事業者との間には対等な契約関係が結ばれるようになりました。また財源も保険料を徴収することにより、改善が図られました。

◆措置制度から契約制度へ◆

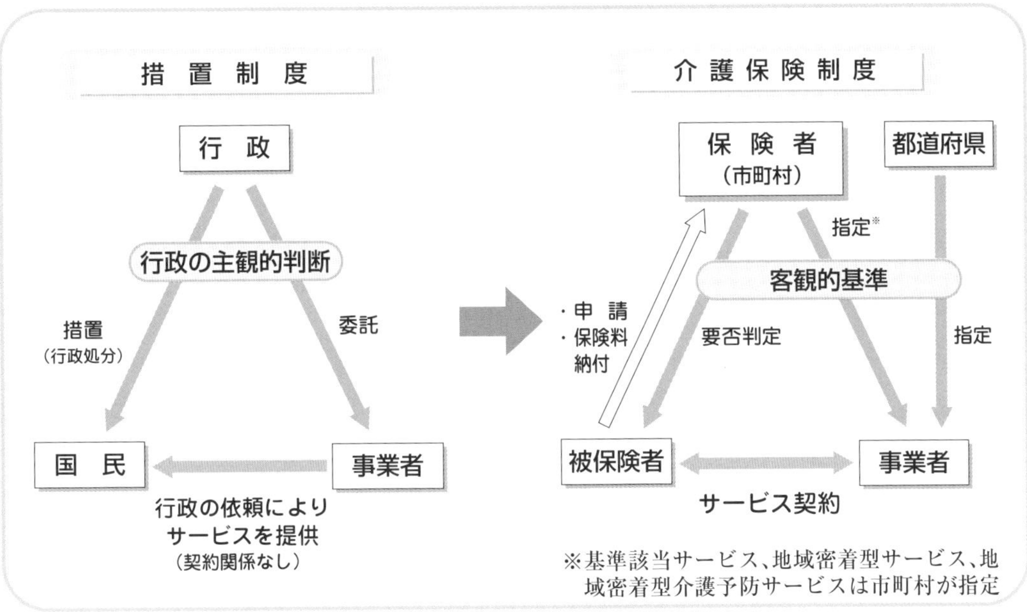


## ② 戦後の日本の福祉の特質

そもそも措置制度は、どういった背景から生まれてきたものだったのでしょうか。

戦後の日本の福祉は、敗戦からの復興という事情から始まりました。海外からの引き揚げ者や戦災被災者、失業者、浮浪者（児）があふれるなか、限られた予算で効果的に救済を急がなくてはなりませんでした。そうした時代には、政府が正面に出て、権力的に順番をつけて救済するというやり方が効果的でした。

終戦をむかえた1945年、救済を受けている人数は、全国で右表のとおり約556万人いました。これに加え、海外からの引き揚げ者が約300万人、軍人・軍属が約300万人（『都政50年史』）、さらには戦災孤児が全国で約２万3,000人いる（『児童福祉法の解説』）という状況でした。

◆1945年の各法による救済人員◆

| | | |
|---|---|---|
| 救護法 | 93,327人 | 社会事業 |
| 母子保護法 | 85,392人 | 戦時厚生事業 |
| 軍事扶助法 | 2,979,562人 | |
| 医療保護法 | 2,404,600人 | |
| 計 | 5,562,881人 | |

※『生活保護法の解釈と運用』（全国社会福祉協議会復刻）

1946年(昭和21年)、生活福祉法の施行とともに、旧施策による救済は廃止されました。ＧＨＱ（占領軍総司令部）の意向もあり、軍国主義的な色彩を払拭するとともに、新しい施策体系で戦後の混乱期に対応する必要が生じていたからです。

救済にあたっては、政府が直接実施することとされ、民間団体などへ補助金を出して実施させる方法については、憲法89条により禁止されました。

昭和21年（1946年）に旧生活保護法、昭和22年に児童福祉法、昭和24年に身体障害者福祉法が成立し、またその後昭和25年に、国民の生存権保障を実体化させた新生活保護法が施行され、昭和26年（1951年）に社会福祉事業の基本的ルール・枠組みを定めた社会福祉事業法が施行されて、戦後の日本の社会福祉の基本的枠組みが完成します。同時に1945年～1951年の占領が終わり、日本は独立しました。

**▶▶憲法　第89条**

公金その他の公の財産は、宗教上の組織若しくは団体の使用、便益若しくは維持のため、又は公の支配に属しない慈善、教育若しくは博愛の事業に対し、これを支出し、又はその利用に供してはならない（これにより民間慈善事業への公金支出が禁止)。

**▶▶憲法　第25条【生存権】**

①すべて国民は、健康で文化的な最低限度の生活を営む権利を有する。

②国は、すべての生活部面について、社会福祉、社会保障及び公衆衛生の向上及び増進に努めなければならない。

**◆戦後の社会福祉年表◆**

| | | |
|---|---|---|
| 昭和20年（1945年） | 敗戦（海外引き揚げ者、浮浪者、失業者、傷痍軍人、戦災罹災者等の救済） | |
| 20年 | 緊急国民生活援護要綱 | |
| 21年 | 旧生活保護法 | |
| 22年 | 児童福祉法 | ➡ 福祉三法<br>●入所中心<br>●措置制度<br>●相対的に低所得者層を対象 |
| 24年 | 身体障害者福祉法 | |
| 25年 | 生活保護法（旧生活保護法を改正、生存権保障等） | |
| 26年 | 社会福祉事業法 ➡ 社会福祉事業の基本ルールを設定<br>（平成12年〈2000年〉に「社会福祉法」に改正） | |

この過程で、政府の福祉サービスを受託できる特別法人として社会福祉法人制度や、福祉サービスの実施機関となる福祉事務所制度が形づくられました。また、サービス提供のしくみとして、行政が利用者とサービスを決定し管理する措置制度が完成しました。

先ほども述べたように、措置制度下では、国民にサービスの請求権はありませんでした。

行政が利用者とサービスを決定し、社会福祉法人などに委託を行い、サービスを実施してきたのです。それも保育サービスなど一部を除けば、施設入所サービスが中心でした。福祉サービスは、「国民の権利」というよりも、「行政のパターナリズム（権威主義、恩恵主義）」で実施されてきました。それは、戦後の混乱期という時代性には適合したしくみであったと思われます。

このように、戦後の日本の福祉は、措置制度、入所サービス中心、相対的に低所得者優先という枠組みで行われてきました。

## 2 措置制度の限界と介護保険制度の創設

工業化の進展、家族構成の変化（核家族化など）、高齢化の進展など、昭和33年（1958年）以降の高度経済成長期を経て、日本の社会は家族の形態も暮らし方も大きく変わりました。しかし、終戦直後の農村型社会とは異なる産業化社会が到来しても、日本の福祉サービス提供の枠組みは変わりませんでした。

公的な在宅サービスが整備され始めたのは、昭和50年代（1970年代後半）からです。在宅サービスが目標として据えられたのは、昭和63年の社会福祉三審議会企画分科会の報告書および平成２年の福祉八法改正（116ページ）以降と言えます。

しかし、その前もその後も、本当に介護サービスが必要な人は、いわゆる「老人病院」などに社会的入院（治療の必要はないが、家族による在宅介護が困難なための入院）をしたり、民間営利企業の提供するサービスを購入したり、ＮＰＯが行う、行政のすきまを埋めるサービスを利用していたのが実情です。

その日本の社会福祉・措置制度の限界が、事実上議論の俎上（そじょう）に上ったのは、介護保険を創設する議論の過程でのことでした。それまでは「福祉＝大変な仕事、良い仕事」という恩恵的な思想が、実態として福祉領域を支配していたと言ってよいでしょう。

これは、個々の職員の努力や善意を疑うものではありません。福祉分野に就職する人たちの多くは「直接人の役に立ちたい」という気持ちが強い人だと思います。そのような善意や努力が十分生かし切れないしくみとして、措置制度が機能していたと言うべきです。戦後の混乱期に機能した措置制度や、業務を独占していた社会福祉法人制度は、戦後日本の社会の変化に伴い、本来はもっと早く改革・改善すべきだったのではないでしょうか。

行政を受け皿とする措置制度、サービス運営についての詳細を定めたサービスの最低基準や運営基準、さらにそれに基づく国や都道府県の硬直的な、創意工夫を否定する監査体制といったものが、職員の努力を空回りさせたり、やる気を奪ったりして、いつの間にか「利用者の視点」を見えなくさせていたのではないでしょうか。

介護保険制度がスタートして、サービスのしくみは大きく転換しました。しかし、かつて措置制度を冷静に評価できなかったその轍（てつ）を踏まないためにも、介護保険制度についても、多角的に見る視点、サービスの内容・あり方や福祉サービスに関与する自己を「客観的」に、自分の利害から離して見る視点（自己の客体化）がとても重要です。

# 2 介護保険制度の創設と意義

これまで日本の社会福祉は「措置制度」のもとで運営されてきましたが、高齢化が進むとともに、価値観や家族のあり方、財政状態なども変わり、措置制度では対応しきれない状況が出現してきました。そこで生まれてきたのが介護保険制度です。介護保険制度とはどういうものか、また日本の福祉をどう変え、今後どのような影響を与えていくのか、確認していきましょう。

## 1 介護保険制度の意義とは

措置制度は税を財源としていましたが、2000年に始まった介護保険制度は、被保険者の保険料と税を財源とする社会保険制度です。社会保険制度[注1)]の導入により、要介護のリスクを支え合うしくみに転換し、「必要なサービスを・必要な人が・一定の上限額の範囲で利用できるサービス」として構築されました。

介護保険制度の特徴としては、全国一律の客観的なサービス利用の基準（要介護認定基準）やケアマネジメントシステムの導入、公的サービスと私的サービスの混合利用（ケアミックス[注2)]）、民間事業者の積極的活用、そして何よりも利用者の自己決定権の尊重、自立的生活の尊重など、利用者本位といわれるサービス提供のしくみの構築が挙げられます。

注１）社会保険制度…社会保険制度の特質は、要件を満たす人については全員が強制加入であることです。民間の介護保険は任意加入ですし、サービス内容も個々の契約において定められます。

注２）ケアミックス…医療保険制度の場合は、私費診療と公費（保険）診療の混合診療は認められず、その場合は全額が自己負担となります。それに対し、介護保険では、公的給付サービス（１～３割自己負担）と自費購入サービス（全額自己負担）の混合が認められています。この考え方は今後、他の医療保険分野にも広がる可能性があります。

## 2 介護保険制度の創設で何が変わったのか

### ① 行政による選別主義から「誰でも利用できるしくみ」へ転換

介護保険制度は、それまでの措置制度に基づいた「サービス利用のあり方」を一変させました。

被保険者となれば、介護が必要となったとき、全国一律の客観的な基準に基づいて要否の判定が行われ、「要介護」と認定されれば、自分で事業者を選択してサービスを利用できるようになりました。所得が高めでも、サービスが必要であれば利用できます。また、サービスの利用方法がわからない場合は、介護支援専門員（ケアマネジャー）や地域包括支援センターに情報提供や介護サービスの調整を依頼できます。

サービスを利用するには、利用者負担１割(または２～３割)を払う必要がありますが、その代わり、どの事業者からでもサービスを自由に利用できます（地域密着型サービスは原則当該市町村のみ)。事業者と利用者が対等な立場で契約を結び、サービスを利用するということは、従前の措置制度と比べて画期的なことです。

事業者が利用者から選ばれるためには、利用者のニーズに即したサービスを提供することが求められますから、事業者の質の改善にもつながると考えられました。

## ② サービス事業主体はどう変わったか　―「利用者本位」のサービス提供へ

介護保険制度の導入は、サービス提供事業者にも大きな影響を及ぼしました。

民間事業者の参入も可能になったことから、事業主体の多元化が図られて競争が起きました。必然的に、利用者の立場に立ったサービスの提供や質の確保が求められるようになりました。この「利用者本位のサービス提供」という考え方は、既存の事業者に大きなインパクトをもたらしました。今までのパターナリズムが通用しなくなったのです。

在宅サービス事業への参入の道が開かれた民間企業は積極的な事業展開を図りましたが、いったん失敗し、練り直して再生したというところも少なくありません。ＮＰＯ団体も、法人格を取得し、数多く参入しています。新興事業者の「顧客に対するサービス意識」が、いつの間にか旧来の事業主体にも広がっています。

今後、介護サービスは「要介護高齢者などへの対人サービス」という特性を持ちながらも、消費財として取り引きされる方向が拡大するものと思われます。もちろん、公定価格であることや今後の介護保険の見直しなどの制約は受けますが、「消費者が必要なサービスを購入し活用する」という感覚が一層広まると思われます。

## ③ 行政はどう変わったか　―役割の転換が進む

行政は、介護サービスの提供主体という役割から解放されました。代わりに、サービスの利用の決定（要介護度区分の認定）や苦情対応、情報提供など、利用者が安心してサービスを利用できるしくみの調整、また悪徳事業者などの被害にあわないように利用者保護の調整が重要な業務になりました。これまで地域密着型サービス事業者の指定・監督・指導や介護予防のケアマネジメントの実施主体となっていましたが、30年度改正では、地域支援事業の円滑な実施や住民主体のまちづくりのしかけづくりが求められ（保険者機能の強化)、その責任は一層重くなり、市町村格差の拡大が危惧されています。

### ④ 利用者はどう変わったか　―サービスの“受け手”から“利用主体”へ

最後に、利用者にとって介護保険前と後では何がどう変わったのでしょうか。

介護保険が実施される前(措置の時代)は、サービスの利用に大きな制約がありました。利用できるのは市町村が認めた者のみで、サービス量が足りなかったこともあり、比較的所得が低い人中心で、サービスも、たとえば在宅サービスは土日は休みとか事業所や行政の都合で提供されていました。

介護保険の実施により、サービスを必要とする人は誰でも利用できるようになり、また利用者の必要性に合わせて土・日もサービス利用や利用者がサービスを選択して利用できるようにもなりました。また、サービスの利用方法や申請のやり方などがわからない人のために、介護支援専門員（ケアマネジャー）が支援するしくみもできました。

18年の改正で、軽度者（要支援１・２）のケアマネジメントは市町村が行うことに変更され、サービスの体系も「予防」の観点や「入所抑制」の観点が色濃く入りました。30年改正では、市民が生活支援サービスの担い手となることが期待されています。

## 3 要介護認定とケアマネジメントの導入が意味するもの

これまでの日本の福祉制度と比較したとき、介護保険制度が画期的な点として、①客観的な基準による「要介護認定」と、②利用者の立場に立ってサービスの利用を支援する「ケアマネジメント」のしくみを導入したことが挙げられます。

### ① 要介護認定

措置制度の時代には、利用者のニーズに着目して給付を決定するというよりは、財政事情を優先させ、その範囲内で優先度をつけてサービスを提供するしくみでした。そこには、「行政の裁量」が強く働いていました。予算がなくなると、サービス提供を絞ることが当たり前のように行われていました。また、限られたサービスを提供する対象者としては、相対的に低所得者を優先させていました。

また、「本来は家族が介護すべき」という考え方により、家族などがいる者にはサービスが十分に提供されなかったり、給付が決定されないといったことがしばしばありました。さらに、特別養護老人ホームの入居申請を「待機している人が多い」という理由で受け付けなかったり、住宅改修の補助金の申請を「予算を使い切った」という理由で受け付けなかったりすることもありました。

しかし、介護保険制度では、介護を必要とする高齢者であれば誰でもサービスを利用できるように設計されています。主な特徴を挙げてみましょう。

- 行政の都合や財政力によることなく、全国一律の基準に基づいて、介護の必要性が判定されること（要介護認定）
- その判定基準は、本人の状態に着目したもので、家庭に介護者がいるかといったこ

とやその他の状況に左右されないこと
- 要介護認定の結果に基づいて、サービスを利用できること
- 必要に応じて、サービスの種類を指定するなど、介護認定審査会が意見を付すことができること

実際には、介護認定審査会での意見付帯はほとんど行われていませんが、今後は活用を促進する方向で検討されました。また、今回の改正で、「要支援」の認定を受けた者に対して、地域支援事業サービスを含め、どのように提供するかが課題です。

なお、障害者支援費制度のサービスは、行政の都合や介護者の事情により決定されています。それと比較すると、介護保険の優位性は明らかです。また、この点が今後、支援費制度との統合に際して重要な課題となります。

### ② ケアマネジメントの導入

介護保険のスタートに際して画期的だったことは、サービス利用にケアマネジメント※の手法を導入したことです。それまで日本には、ケアマネジメントの考え方はありましたが、サービス提供の場面で広範囲に実践的に使われることはありませんでした。生活保護のケースワークや、医療ソーシャルワーカーのかかわりなどの場面では、一部実践されていましたが、普遍性を持つには至らなかったのです。

介護保険では、その具体像として「居宅介護支援」(法８条)と位置づけられました。居宅介護支援の実態は、法的には「給付管理業務」と呼べるものでしたが、サービスを供給する過程で、サービス計画の作成や利用者本人・家族への援助など、具体的にケアマネジメントの実践が行われ、だんだんと定着してきています。

※ケアマネジメント……一人ひとりの状態に合わせてニーズを明らかにし、そのニーズに合ったケアプランを作成し、それに基づいてサービスを提供していくしくみ。

### ③ ケアマネジメントのプロセス

ケアマネジメントのプロセスは１章でも見ましたが、ここで再度確認しておきましょう。

介護支援専門員(ケアマネジャー)は、まずアセスメント(予備調査)の段階で利用者本人・家族などから話をよく聞いてニーズを明らかにし、居宅サービス計画原案(プレケアプラン)を作成します。「要支援１・２」の方の場合は介護予防サービス計画原案を作成するのですが、くわしくは３章で述べます。介護予防のケースでも、ケアマネジメントのプロセス自体は以下と同じです。

作成にあたっては、利用者・家族の参加が前提です。自分の暮らしの方針が、本人のあずかり知らないところで決定されるとしたら、それも１つの“高齢者虐待”と言えるのではないでしょうか。

その後、サービス担当者会議(ケアカンファレンス)を開いて、関係者(医師、看護師、ヘルパーなど)がよく話し合い、意見調整を行います。それに基づいて、ケアマネジャー

は居宅サービス計画原案を修正し、居宅サービス計画（ケアプラン）を作成します。

また、各サービス事業者は、このケアプランに基づいて個別の援助計画を作成します。これはケアプランの目標に合致した計画にします。

それから、サービスの実施に入ります。

ケアプランを実施した直後、サービスが当初の目標に沿った形で適切に提供されているかを確認します。もし、当初の狙いとずれていれば、修正します。以降、毎月訪問して記録をとり、さらに数カ月後、目標が達成されているか、評価・確認を行います。これらの作業をモニタリングといいます。

また、利用者の状態に変化が生じたときには、サービスの目標などを再設定するために再度、評価を行います（リアセスメントといいます）。リアセスメントは、要介護認定を再申請する場合にも行われます。

### ④ ケアマネジメントのプロセスで注意するべきポイント

利用者の多くは、サービスの種類、効果、利用法などを知りません。介護保険等の地域の社会資源を活用して、「尊厳ある、自立した生活」を実現するには、事業者の立場ではなく、利用者やその意向をくんだ家族の立場に立って支援を行うケアマネジャーが必要です。その際に留意する点は、概ね以下の通りです。

① アセスメント

- 利用者がどのような暮らしをしたいのか、ニーズを把握し、実現のために必要な社会資源を考える。
- 利用者の趣味や楽しみとともに、最後の迎え方についても意見交換する。
- 主な介護者の状況を把握し、介護による生活の変化、過度なストレスに注意する。

**◆ケアマネジメントのプロセス◆（ＰＤＣＡサイクルが重要）**

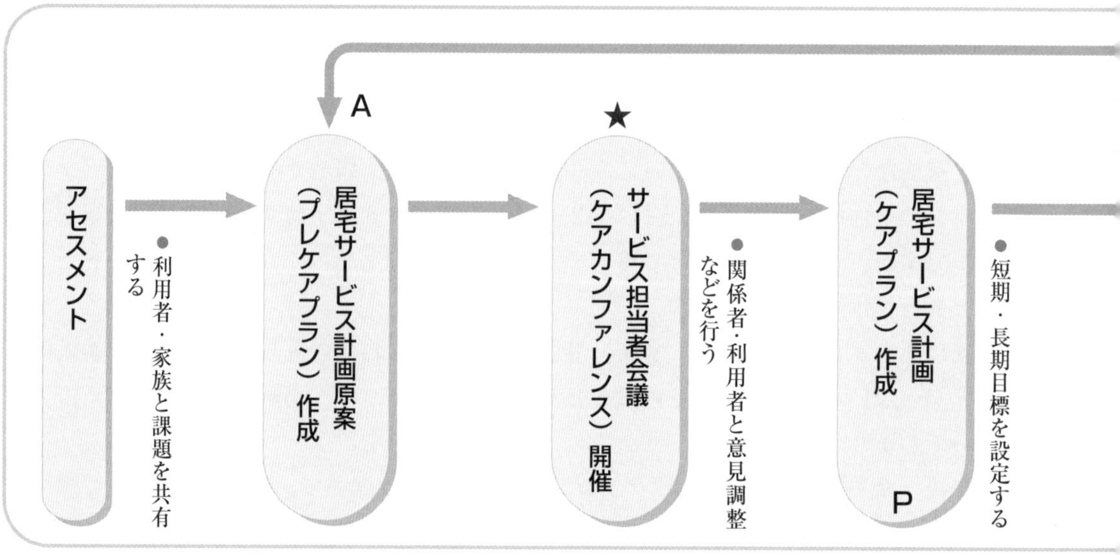

・医師などから予後の予測、暮らしの注意点などを確認してプランを作成する。

② ケアプラン原案の作成

・自立支援、重度化予防・軽減の視点で利用者の暮らしをイメージする。

・介護保険のみで対応困難な問題は、積極的に関係団体・機関との調整を行う。

・家族と利用者の意見が対立したときは、誰の立場で仕事をするか、原点に戻る。

・プランには、市町村の単独事業、近隣の助け合い・ボランティア等も活用し、利用者のＱＯＬやＱＯＤの向上を目指す。

③ サービス担当者会議

・主治医の予後予測、関係者の多様な意見を引き出し、プランの変更も恐れない。

・プランの目標・内容に沿ったサービスが提供されるようサービス内容を確認する。

④ サービスの実施

・利用者に一番よく接するサービス事業者にプランの意図・目標を十分に説明する。

⑤ モニタリング①

・実施直後、事業所で利用者にサービスが合っているか確認し、必要なら微調整する。

⑥ モニタリング②

・毎月本人に面会し状態を確認。事業者からも情報収集し、必要ならプラン変更する。

⑦ モニタリング③

・プランの目標等の実現状況を把握し評価する。→プランの見直しへ

介護費用が抑制され、公的サービスが後退する中、地域の社会資源を使い、利用者が意欲を失わずに悔いのない暮らしができるかは、ケアマネジャーにかかっています。

★自立支援型ケアマネジメントでは、特に「サービス担当者会議において、ケアプラン原案の修正も積極的に行える専門的意見の交換・共有」や、「きちんとした目標設定を前提に、その評価を行うモニタリング」が重要です。

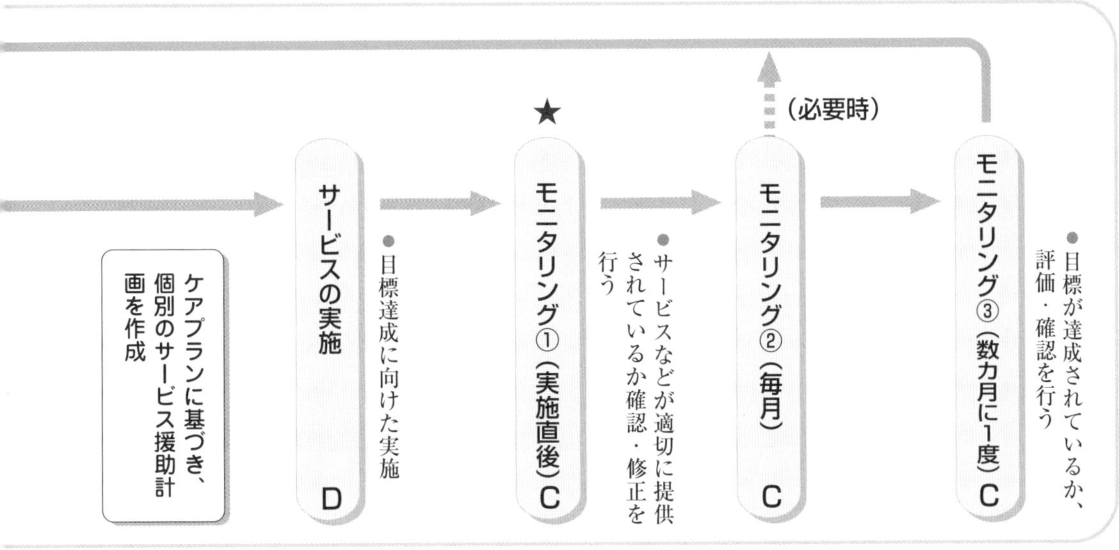

### ⑤ ケアマネジメントの担い手としての介護支援専門員

このケアマネジメントシステムを担う人材として位置づけられたのが、介護支援専門員です。

「介護支援専門員実務研修受講試験」に合格し、厚生労働省の定める研修を修了すると、介護支援専門員として就労することができるようになります。

**◆年度別合格者数◆**

| 年　度 | 合格者数(人) | 合格率(%) |
|---|---|---|
| 1998 | 91,269 | 44.1 |
| 2000 | 43,854 | 34.2 |
| 2005 | 34,813 | 25.6 |
| 2010 | 28,703 | 20.5 |
| 2012 | 27,905 | 19.0 |
| 2015 | 20,924 | 15.6 |
| 2018 | 4,990 | 10.1 |
| 2019 | 8,018 | 19.5 |
| 2020 | 8,200 | 17.7 |

**※介護支援専門員実務研修受講試験の受験資格**

27年度から受験資格が変更され、「保健・医療・介護に係る法定資格保有者」か「生活相談員等の相談援助業務従事者」のいずれかで、通算して5年以上の実務経験を満たしている者」となりました。なお、施行後3年間の経過措置は30年3月で終了しました。

- 法定資格保有者

医師、歯科医師、薬剤師、保健師、助産師、看護師、准看護師、理学療法士、作業療法士、社会福祉士、介護福祉士、視能訓練士、義肢装具士、歯科衛生士、言語聴覚士、あん摩マッサージ指圧師、はり師、きゅう師、柔道整復師、栄養士（管理栄養士を含む)、精神保健福祉士

また、都道府県が実施していた居宅介護支援事業所の指定事務が、市町村に移管されました（平成30年4月から)。

## 4 社会的・財政的な背景との関係

### ① 社会保障制度の財政問題

介護保険制度が創設された背景としては、いくつかの要因があります。

大きな要因としては、次ページの表にあるように、日本経済が低迷するなかで、少子化とともに高齢者の増加・長寿化が進んでいること、高度医療の進歩等による医療・年金・福祉負担の増大、国民負担率の増加などがかかわっていると考えられます。このような背景があるからこそ、介護保険制度の創設は、社会福祉の改革としてではなく、社会保障の構造改革の第一歩としてスタートしました。その結果として、先に述べたように、社会福祉に大きな衝撃を与えたのでした。

総人口に占める高齢者（65歳以上）の人口の割合が7％以上の社会を「高齢化社会」、14％以上の社会を「高齢社会」といいますが、日本は1970年に7％を超え、1994年に14％を超えました。この高齢化の進展スピードは、世界で最も早いものです。また後に詳しく

述べるように、2030年には、高齢者が30％以上になると推定されています。

一方、社会保障制度に関連する経済指標を確認すると、社会保障給付費の伸びと国民負担率の増大がわかります（下表参照）。また、社会保障給付費を細かくみていくと、中でも高齢者関連の給付費の伸びが高く、平成17年では総額に占める割合は約５割となっています。

◆介護サービス関連経済指標◆

| | 国内総生産（GDP）（兆円） | 完全失業率（%） | 国民負担率（%） | 国債残高（兆円） | 社会保障給付費（兆円） | | | |
|---|---|---|---|---|---|---|---|---|
| | | | | | 医療 | 年金 | 福祉等 | 計 |
| 1970 | 75 | 1.2 | 24.3 | 3 | 2.1 | 0.9 | 0.6 | 3.5 |
| 1980 | 246 | 2.1 | 31.3 | 71 | 10.8 | 10.5 | 3.6 | 24.8 |
| 1990 | 438 | 2.1 | 38.2 | 166 | 18.4 | 24.0 | 4.8 | 47.2 |
| 1995 | 516 | 3.2 | 36.2 | 225 | 24.1 | 33.5 | 7.2 | 64.7 |
| 2000 | 528 | 4.7 | 36.7 | 368 | 26.0 | 41.2 | 10.9 | 78.1 |
| 2008 | 509 | 4.8 | 40.3 | 546 | 29.8 | 50.5 | 15.4 | 95.7 |
| 2010 | 499 | 5.1 | 38.5 | 636 | 33.0 | 53.0 | 18.8 | 104.7 |
| 2015 | 533 | 3.4 | 43.4 | 807 | 37.9 | 54.9 | 22.2 | 114.9 |
| 2018 | 564 | 2.4 | 42.5 | 874 | 39.2 | 56.7 | 25.3 | 121.2 |

「高齢化社会」に突入（65歳以上の人口が７%超）

前年、「高齢社会」に突入（65歳以上の人口が14%超）

※財務省ホームページ他をもとに作成。

## ② 少子高齢化の進展

日本の総人口は2006年をピークに減少に転じると予測されていましたが、実際にはそれよりも遅く2008年をピークに減少に転じました。

◆日本の将来人口の推計◆

（単位＝千人）

| | 総人口 | 年齢区分別内訳 | | |
|---|---|---|---|---|
| | | 0～14歳 | 15～64歳 | 65歳以上 |
| 2000年 | 126,926 | 18,505（14.6%） | 86,380（68.1%） | 22,041（17.4%） |
| 2015年 | 127,095 | 15,945（12.5） | 77,282（60.8） | 33,868（26.6） |
| 2065年 | 88,077 | 8,975（10.2） | 45,291（51.4） | 33,810（38.4） |

４割近い人が高齢者

※『日本の将来推計人口』（国立社会保障・人口問題研究所　平成29年１月）の中位推計をもとに作成。

人口減少は、出生率の低下（少子化）と長寿化による高齢者の増加という形で進行します。若年人口が減少する一方で、総人口に占める高齢者の割合(高齢化率)は上昇を続け、2015年（平成27年）の高齢者が総人口に占める割合は26.6%、2030年には31.2%となります。2065年には、人口が8,807万人（ピーク時の68%）、高齢化率が38.4%と予測されています（国立社会保障・人口問題研究所「将来推計人口」平成29.1月推計より）。

少子高齢化の進行は、日本の社会に大きな影響を与えます。労働力の減少と経済成長の関係、社会保障制度の給付と負担の関係、家族の形態や個人の消費構造の変化などが表面化します。社会保障の分野では、年金・医療保険制度の問題、高齢者介護の問題、さらに少子化への対応の問題などの影響が出てきます。

### ③ 社会保障制度の構造改革の流れ

現状のままでは社会保障制度が安定的に維持できないという危機感は、日本の社会保障制度を抜本的な改革に向かわせました。

平成6年（1994年）9月、社会保障制度審議会が「社会保障将来像委員会第二次報告」において、公的介護保険制度の創設を提唱しました。同年12月には、介護保険の方向性を示したともいわれている「高齢者介護・自立システム研究会報告」が出され、新介護システムの創設が報告されています。具体的な内容としては、高齢者自身によるサービスの選択、医療福祉と分かれている介護サービスの一元化、ケアマネジメントの手法の導入および社会保険方式の導入が示されました。

その後、平成7年2月から、老人保健福祉審議会で「新たな高齢者介護システム」の検討が始まります。そのなかで、平成8年8月に社会保障関係審議会会長会議が招集され、そこで社会保障制度の構造改革についての審議が行われ、その後、改革の方向が「中間のまとめ」として出されました（注／最終報告書はない）。

「中間のまとめ」の特徴は、日本の経済との関係で制度が捉えられていること、国民負担率の上限を50%以下とする目標が設定されていること、個人の自立支援、公私役割分担と民間活力促進が基本的方向として据えられ、介護保険制度を社会保障の構造改革の第一歩として位置づけ、それを契機に改革を進めるとされていることです。今なお、日本の社会保障制度の改革の流れは、基本的にこの方向に進んでいます。

そして、平成9年（1997年）12月に国会で介護保険法と介護保険法施行法が成立し、その実施時期は平成12年（2000年）4月1日とされました。

また、平成23年から「社会保障・税の一体改革」が議論され、社会保障改革については主として「財政面」からの見直しが行われました。また平成29年6月に閣議決定された「経済財政運営と改革の基本方針2017」において医療・介護費用の抑制方針が示されました。

社会保障を考えるとき、財政面から見ることも重要です。サービスを増やすと財政負担（税負担）や保険料が上がります。サービスを抑制すると、各々の負担は減りますがサービスも減ります。住民主体のサービスはこの負担の肩代わりを意味しますが、その実現可能性、バランスが難しい問題です。

## ◆新たな社会保障制度の方向性◆

### 経済財政運営と改革の基本方針2020について（令和２年７月17日）抜粋

○「新たな日常」を支える包摂的な社会の実現

・「経済再生なくして財政健全化なし」との基本方針の下、2020年末までに改革工程の具体化を図る。

・社会保障については、感染症対策により医療・介護システムの課題として認識された、柔軟で強靱な医療提供体制の構築、デジタル化・オンライン化を実現する。国民皆保険を維持しつつ、社会保障制度について改革を順次実行し、団塊の世代が75歳以上に入り始める2022年までに基盤強化を進めることを通じ、より持続可能なものとし、次世代に継承する。

・あわせて、国・地方が連携し、複数地方自治体による広域的な対応を可能とする公共サービスの広域化・共同化を進め、将来の人口構造の変化に対応した持続可能な地方行財政制度を構築する。

・また、受益者負担や適切な維持管理の観点から、財源対策等について検討を行う。

○「新たな日常」に向けた社会保障の構築

・「新たな日常」を支える社会保障を構築するとともに、困難に直面している女性や若者などへの支援を通じた格差拡大の防止を図り、地域社会やコミュニティ等において高齢者の見守り、人の交流やつながり、助け合いが充実した地域共生社会の構築を進め、誰ひとり取り残されることない包摂的な社会の実現をしていく。

・医療・介護分野におけるデータ利活用等の推進

　感染症の下、介護・障害福祉分野の人手不足に対応するとともに、対面以外の手段をできる限り活用する観点から、生産性向上に重点的に取り組む。

　ケアプランへのＡＩ活用を推進するとともに、介護ロボット等の導入について、効果検証によるエビデンスを踏まえ、次期介護報酬改定で人員配置の見直しも含め後押しすることを検討する。

　介護予防サービス等におけるリモート活用、文書の簡素化・標準化・ＩＣＴ化の取組を加速させる。医療・介護分野のデータのデジタル化と国際標準化を着実に推進する。

・「新たな日常」に対応するため、重症化予防を多職種連携により一層推進する。

## ④ 介護者も変化している

かつて、介護は家族介護、家族の女性による介護が主流で、限界を超えたとき、介護地獄、すなわち介護心中や介護殺人等が社会問題となりました。

その主たる介護者の状況を、介護保険創設前の平成４年と令和元年を比べると、下表のように大きく変わっています。大きく減ったのは同居の家族による介護と、子の配偶者による介護です。一方で増えたのは、男性による介護と別居の家族等による介護です。介護事業者による介護も着実に増加しています。少し古いデータですが、表の左にある東京の状況は、全国の先取りの傾向を示していました。

このような変化の背景には何があるのか。単身高齢者の増加、高齢者のみ世帯の増加、未婚率の上昇、世帯人員の減少と公的・私的介護サービスの充実など、様々な要因が考えられます。

一方で、最近は介護心中等も報道されています。自助・絆が強調され、世帯・家族の環境が変化する中で、介護を巡る公的制度（社会保障制度）が機能できるか、大きな課題です。

**◆主な介護者の状況◆**

（単位＝%）

| | 東京 | | | | 全国 | | | |
|---|---|---|---|---|---|---|---|---|
| 主な介護者 | 平成12年 | | 平成７年 | | 令和元年 | | 平成４年 | |
| 配偶者（夫） | 男 42.1 % | 6.4 | 男 36.6 % | 3.6 | 男 35.0 % | 同居　54.4% | 男 16.0 % | 同居　86.5% |
| 息子(配偶者有り) | | 19.3 | | 21.9 | | 配偶者　23.8 | | 配偶者　28.3 |
| 息子(配偶者なし) | | 10.0 | | 6.1 | | 子　20.7 | | 子　17.8 |
| 娘の配偶者 | | 6.4 | | 5.0 | | 子の配偶者　7.5 | | 子の配偶者　29.5 |
| 配偶者（妻） | 女 46.6 % | 4.0 | 女 51.3 % | 4.7 | 女 65.0 % | 父母　0.6 | 女 84.0 % | 母　6.5 |
| 娘(配偶者有り) | | 16.5 | | 17.2 | | その他親族　1.7 | | その他親族　4.4 |
| 娘(配偶者なし) | | 12.0 | | 11.8 | | 別居　45.6% | | 別居　13.5% |
| 息子の配偶者 | | 14.1 | | 17.6 | | 家族等　13.6 | | 親族　6.3 |
| その他 | | 10.8 | | 11.5 | | 事業者　12.1 | | 親族以外　7.2 |
| 無回答 | | 0.4 | | 0.7 | | その他　0.5 | | |
| | | | | | | 不詳　19.6 | | |

※東京は平成７・12年の高齢者実態調査、全国は平成４年・令和２年の国民生活基礎調査より。男女の割合は同居家族の場合。

### ⑤ なぜ、高齢者介護の問題が顕在化したのか

農村型社会から産業化社会、そして今は情報化社会になったといわれています。社会の変遷とともに、「家族の形態」も大きく変化してきました。かつて「家族」は、親族集団のなかに比較的大人数で地域にまとまって暮らしていましたが、工業化とともに新たに労働力を必要とする「製造業分野」に就業するために大きな人口移動が起きたのです。地方から都市へという人口移動は、都市に比較的小規模な家族形態（核家族）を生み出しました。

**◆産業別人口構成の変化◆**

| | 1950年 | 1970 | 2015 |
|---|---|---|---|
| 第一次産業 | 48.5% | 19.3 | 3.8 |
| 第二次産業 | 21.8% | 34.0 | 23.6 |
| 第三次産業 | 29.6% | 46.6 | 67.2 |

※総務省統計局人口統計資料2020から。

それはまた、親族集団や地縁集団からの分離を意味していました。親族による扶け合い機能の低下です。また、生まれ育った地域からの離脱と、都市における個人の匿名性への移行です。

日本経済が右肩上がりに上昇し、人々が「今日よりも明日、明日よりも明後日」を信じることができ、年々生活が向上する高度経済成長期の時代の到来でした。

しかし、高齢化の進展、要援護高齢者の絶対数の増加は、親族や家族の扶け合い機能が低下した「家族」に深刻な問題を投げかけます。日本が高齢化社会に入った２年後の昭和47（1972）年、『恍惚の人』（有吉佐和子著）が、認知症の高齢者を抱える家族が介護に追われる姿を象徴的に描き、高齢者介護が社会問題として意識され始めます。

小さな家族は、介護などのリスクにはとても弱い形態であったわけです。その後、「要介護高齢者の増加」が進みますが、日本の福祉は措置による「入所型福祉」が中心であり、在宅福祉が本格化するのは、昭和50年代半ばからです。その間、要介護高齢者を抱えた家族は“劣悪な老人病院”へ、治療のためではなく介護をしてもらうために入院させたり、息子の嫁に介護をゆだねるなど、介護を受ける者にとっても行う者にとっても、今考えれば悲惨な状態が続きました。

日本の戦後福祉の課題の１つは、このような「悲惨な状況」を認識できずにあったことです。介護保険の実施に際してこそ、一斉に悲惨さを論じるようになりましたが、それまではほとんど論じることがなかったのが実情です。これは、自己の客体化が不得手という、日本の社会福祉が抱える構造的問題ではないでしょうか。また、今日の介護保険制度の見直しに際しても相通じる課題と思われます。

## 5 要介護認定者の数と介護保険の事業費

### ① 要支援・要介護高齢者の増加

「要支援・要介護高齢者」は、65歳以上の高齢者のおおむね13%弱程度で推移してきました。この率で推移すると、介護保険の認定対象者は、平成15年に315万人、平成30年に

は444万人となります。

しかし、実際の増加率は予想をはるかに上回り、平成20年９月末で「要支援・要介護認定者」は447万人となっています。介護保険制度がスタートした平成12年４月には218万人でしたから、倍以上に増えています。また、この増加率は、高齢者そのものの増加率よりも高いため、「要支援・要介護認定者」が高齢者全体に占める割合も上昇しています。

平成18年の改正で介護保険制度は介護予防重視へと大きくシフトし、要介護認定率の抑制を図ろうとしていますが、今後も良質なサービス事業者（人材）の確保とともに、財源の確保が大きな課題であり続けるでしょう。

**◆要支援・要介護認定者数（全国）◆**

| | 第１号被保険者 |
|---|---|
| 被保険者数　（A） | 3,508万人 |
| 要支援・要介護認定者数(B) | 647万人 |
| 認定率　（B/A） | 18.4% |

※介護保険状況報告、その他をもとに作成。　（平成30年現在）

## ② 要介護度別認定者の割合

要介護認定を受けた高齢者の分布は、右の通りです。認定者の増加とともに、軽度者も増えています。「要支援（1・2)」と「要介護１」を足した認定者数は、介護保険スタート時は84万人でした。平成17年４月には200万人に、その後18年度の改正を経て平成20年９月には「194万人」と減少に転じています。全体として軽度者と要介護５が減少する傾向にあります。

**◆要介護度別認定者の割合◆**

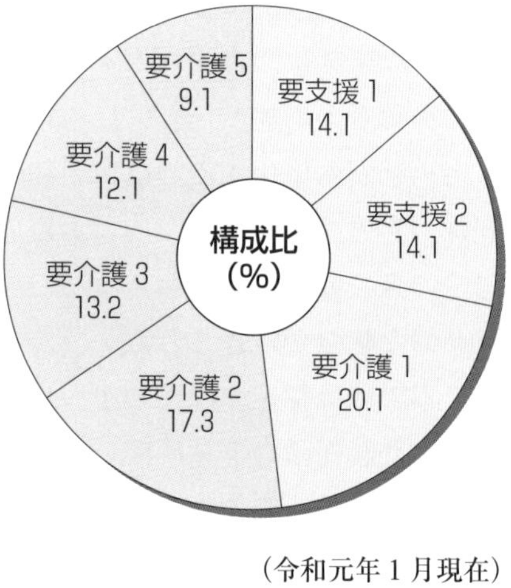


（令和元年１月現在）

18年度の介護保険改正は大きな改正でした。利用者全体でみると伸びも鈍化し、総事業費も当初予想を下回る伸びとなりました。これが介護保険の理念でもある「必要な人が、いつでも必要なサービスを利用できる状態」に近づいたうえでのことなのか、必要な人がサービスを利用できない結果なのか、18年度改正の評価にかかわる問題です。

## ③ 介護保険の事業費

介護保険の総事業費は、平成12年度には3.6兆円でしたが、平成18年度予算ベースでは６兆4,622円と約1.8倍に増加しています。このことは介護保険制度の理念でもある「必要なサービスを必要とする者がいつでも利用できる」ことにつながり、利用者の視点からすると、それまでの措置サービスと比べ、大きく改善されたことを意味します。その一方、被保険者の保険料の引き上げが必要となります。

平成15年度の「第２期介護保険事業計画」の策定後、保険料（第１号被保険者）は、全国平均で約13％の引き上げとなりました。また、18年度には約24％の引き上げがあり、27年度には10.9％に引き上げられました。30年度に続き、令和３年度からも引き上げが見込まれています。

第１期保険料　2,911円／月額
第２期保険料　3,293円／月額（13%up↑）
第３期保険料　4,090円／月額（24%up↑）
第４期保険料　4,160円／月額（1.7%up↑）
第５期保険料　4,972円／月額（19.5%up↑）
第６期保険料　5,514円／月額（10.9%up↑）
第７期保険料　5,869円／月額（6.4%up↑）

◆介護保険の財源構成◆

| | | |
|---|---|---|
| 保険料 50％ | 第１号被保険者（65歳以上） | 23% |
| | 第２号被保険者（40～64歳） | 27% |
| 税 50％ | 国 | 20＋５％ |
| | 都道府県 | 12.5% |
| | 市町村 | 12.5% |

※この他、利用者負担が１割～３割（食費、居住費を除く）。なお、施設給付の財源は、国が15%、都道府県が17.5%。

今後、保険料の引き上げを防ぐためにも、限られた財源のなかで、いかに効率的・効果的に介護保険サービスを提供していくか、また新たに効果的なサービスを生み出していくかといったことが課題になります。また、介護保険の総事業費がふくらむ要因として、要介護度が高い高齢者が増加していることもあるため、介護予防にいっそう力を入れていくことになりました。

なお、介護保険の利用者数と総事業費を比較すると、下図のようになります。利用者の20％弱の施設入所者が、総事業費の31％を使用しています。このことから、平成18年の改正でも在宅と施設の関係の見直しが課題となり、施設入所者の居住費・食費の自己負担化などが実施されました。今後は、よりいっそう利用者の立場を踏まえ、在宅と施設をつなぐ新しいサービスや施設と在宅の連携、介護保険サービスと介護保険以外のサービスの連携など、多角的な視点からサービスをつくっていく方法が課題になります。

◆介護保険の利用者数と総事業費◆

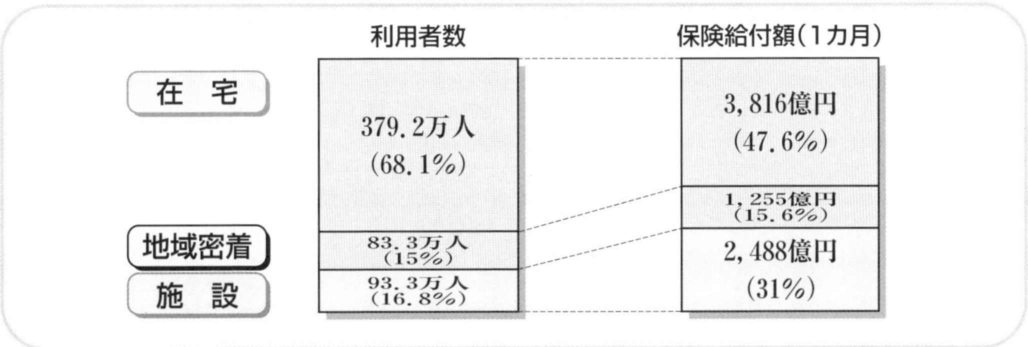


※介護保険事業報告（平成29年９月）をもとに作成。認定者640.7万人に対する利用率は86.8%

### ④ 高齢者医療費の無料化と福祉の見直し

高齢者医療は、昭和45年に東京都の美濃部知事のもとで実施した「高齢者医療費無料化」の波が全国に広がり、昭和48年には田中内閣のもとで「福祉元年」が宣言され、高齢者医療費の無料化が国の制度として全国に広がりました。

しかし、昭和48年10月の第一次石油危機、昭和53年の第二次石油危機を通じて、国家財政の悪化などから福祉施策の見直しが俎上に上り、昭和56年には第二次臨時行政調査会による財政見直しが始まり、福祉分野でも国と地方の福祉施策の補助率（負担割合）の見直しが行われました。そのなかで、医療費の有料化などを含む老人保健法が昭和57年に成立しました。また、その後、施設と在宅の間を結ぶ老人保健施設が創設されました。

### ⑤ 老人福祉制度と医療保険制度の統合

介護保険制度は、医療保険制度の一部と老人福祉制度を統合してつくられたものです。かつて（措置制度の時代）は、福祉基盤が脆弱だったことなどから、医療を必要としないものの、家庭の事情などで在宅介護が困難な高齢者がいわゆる「老人病院」などへ多数、長期にわたって入院していました。それを「社会的入院」といっていました。

社会的入院は、本人や家族にとって不本意なばかりか、高齢者虐待に近い実態もあった上、費用には医療保険が使われていたため、医療保険財政をいたずらに圧迫してもいました。

介護保険制度では、医療の必要度が相対的に低い慢性期にあって、要支援・要介護認定を受けた高齢者については、医療機関から切り離し、介護保険制度で対応することで、社会的入院の解消と医療保険財政の救済を図りました。

介護保険の入所施設としては、介護老人福祉施設、介護老人保健施設、介護療養型医療施設（令和６年度末廃止）、介護医療院（平成30年４月）が創設されました。

◆介護保険施設に入所できる対象者◆

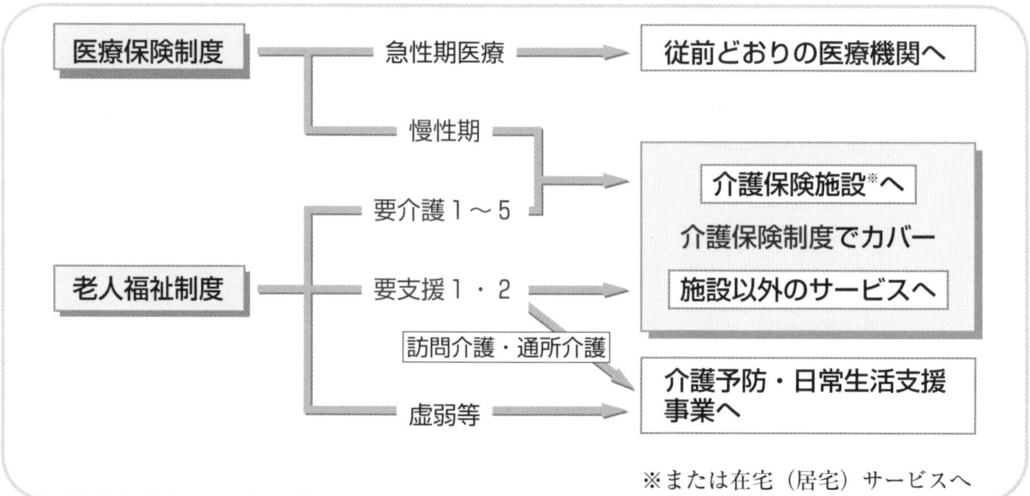


＊医療保険から介護保険へ移行した療養病床（介護療養型医療施設）は、廃止予定であったが、令和６年３月末まで延長された。

＊特別養護老人ホームの入所対象者は要介護３以上の者（平成27年４月～）

**参考**

（介護保険創設の狙い）

## 介護保険法の施行について（抄）

（平 9.12.26　各都道府県知事宛　厚生事務次官通知）

### 第一　法律制定の趣旨

○人口の高齢化の進展に伴い、寝たきりや認知症などにより介護を必要とする者が急速に増加している。
核家族化の進展に伴う介護機能の変化等とあいまって、介護問題をより深刻化させ、介護問題は国民の老後生活の最大の不安要因となっている。

○高齢者への介護サービスは、現在、老人福祉と老人保健の二つの異なる制度の下で行われているが、利用手続や利用者負担の面で不均衡となっていること等、利用者の立場に立った総合的なサービス提供、サービスの利用しやすさ、効率的なサービス提供の観点等から、様々な問題が指摘されている。

○長寿社会となって、誰もが相当程度の確率で、自らあるいは親が介護を必要とする状態になる可能性があり、介護を必要とする者のさらなる急増が見込まれている。

○これらを踏まえ、現行制度の再構築を図り、国民の共同連帯の理念に基づき、社会全体で介護を支える新たな仕組みとして介護保険制度を創設する。

○介護保険制度は、利用者の選択により、保健・医療・福祉にわたる介護サービスを総合的に利用できる仕組みを創設するもので、また従来、市町村自ら又はその委託を受けた者に限られてきた福祉サービスの提供主体を広く多様な主体に拡（ひろ）げることにより、サービスの質の向上と地域の実情に応じた介護サービス基盤の拡充を図ろうとするものである。

○さらに、社会保険制度とすることで、給付と負担の関係について国民の理解を得ながら、今後増加が見込まれる介護費用を支えていこうとするものである。

### 第二　法律の内容

#### (1)　介護保険法の目的

○加齢に伴って生ずる心身の変化により要介護状態となり、介護、機能訓練並びに看護及び療養上の管理その他の医療を必要とする者等に、その有する能力に応じて自立した生活が営めるよう、必要な保健医療サービス及び福祉サービスを給付することで、国民の保健医療の向上及び福祉の増進を図る。

#### (2)　基本的理念

○要介護状態の固定化につながらないよう、迅速なサービス提供が必要。また、保険給付は、要介護状態の軽減、悪化の防止または予防に資するよう行われるとともに、医療との連携に十分配慮して行われなければならない。

○我が国に初めて本格的な介護支援サービス（ケアマネジメント）の仕組みを制度的に位置づけるものであり、適切な介護サービス計画（ケアプラン）の策定等を通じて、被保険者の心身の状況、置かれている環境等に応じて、被保険者本人の自己決定を最大限尊重し、その選択に基づき、個々人に適した保健・医療・福祉にわたるサービスが、多様な事業者または施設から、総合的・効率的に提供されるよう配慮して行われなければならない。

○要介護状態になっても、可能な限り居宅において、能力に応じ自立した日常生活を営むことができるように配慮されなければならない。

参考

**令和２年「地域共生社会の実現のための社会福祉法等の一部を改正する法律」改正の趣旨**

地域共生社会の実現を図るため、地域生活課題の解決に資する支援を包括的に行う市町村の事業に対する交付金及び国等の補助の特例の創設、地域の特性に応じた介護サービス提供体制の整備等の推進、医療・介護のデータ基盤の整備の推進、社会福祉連携推進法人に係る所轄庁の認定制度の創設、介護人材確保及び業務効率化の取組の強化等の所要の措置を講ずること。

# 3 社会福祉の歴史と介護保険制度

ここまで「措置制度」という従来の福祉のあり方と、その限界、さらに介護保険制度の誕生とその意義について見てきました。ここでは戦前から今に続く社会福祉の歴史を振り返り、教訓を学ぶとともに、新しく生まれた介護保険制度が今後の福祉に与える影響などについて検証し、今後の日本の福祉のあり方について考えていきます。

## 1 社会保障制度の構造改革の第一歩としてスタート

1991年のバブル経済崩壊以降、景気は浮揚せず、低成長が続いてきました。企業倒産が多発し、絶対に安心と思われた大企業の倒産や金融機関の破綻(はたん)さえ常態化し、失業率が5％を上回り、リストラが進みました。年功序列型の賃金体系や終身雇用の崩壊が進むと同時に、人材派遣やパート、フリーターなど、企業にとってより経済的負担が少ない雇用形態が増えています。

ようやく2004年頃から景気回復の兆しが見えてきたといわれるようにもなりましたが、厳しい経済状勢が長く続いた結果、出生率低下と長寿化が進む少子高齢社会にあって、増大する社会保障ニーズを支える財源確保が困難となり、従前の手法の行き詰まりが明らかになってきました。ここが今も続く社会保障制度の構造改革の出発点となりました。介護保険制度の創設はその第一歩であり、18年の大改正でも厳しい財源状況が制度の見直しにあたって大きな課題となりました。言い換えれば、介護保険制度という制度が持つ意味は、単に「高齢者の介護システム」ができたということにとどまらず、戦後の社会保障のしくみを転換させる第一歩としての役割を担い、今後も変化していくと思われます。

このことは、介護保険施行後の動向を見ても明らかでしょう。たとえば、障害福祉分野では支援費制度が導入され、措置制度の解体の方向性が出てきています。また社会福祉法の改正により利用者本位の視点が明確化したこと、地域で支え合う福祉が重視されるようになったことなど、さまざまな動きが出てきています。また関連して、成年後見制度の改正や任意後見制度の創設、消費者契約法の創設など、多くの分野を巻き込みながら進んでいます。

また、介護保険施行から6年が経過した平成18年、大規模な改正が行われました。21年の見直しは小幅なものでしたが、24年改正は、考え方の転換または介護保険の原点に戻るというべき大きな改革となりました。今後は、障害者総合支援法との統合も視野に入ってきます。この激しく変化する現在の社会福祉の状況を理解するために、一度戦後の社会保障制度とはどのようなものであったのか、介護保険制度の導入を始めとする社会保障の構造改革とはどのようなものであるのかなどについて、鳥瞰（ちょうかん）します。

## 2 戦前・戦後の社会福祉の流れ

### ① 明治・大正時代

昭和以前、国民への救済は、明治７年（1874年）に制定された「恤救規則（じゅっきゅうきそく）」により、貧困層に対して行われていました（「恤救」は「あわれんで救う」の意味）。地域共同体意識が根強い時代背景のもと、救済対象は身寄りのない者など、きわめて限定されたものでした。この恤救規則は、昭和７年に「救護法」が実施されるまで長く続きました。戦後は「生活保護法」となり、昭和25年に改正されて現行の生活保護法になっています。

### ② 昭和（戦前）

第二次世界大戦前の昭和時代の特徴は、救貧対策だった恤救規則の改正版である一般国民を対象とした救護法と、日本が戦争体制に入るなかで、戦死者家族、戦争被災者などの救済を対象とした戦時厚生事業による救済に分かれていたことです。

救護法は昭和４年（1929年）に制定され、財源不足から７年に実施されました。

当時の福祉は、その対象者数からも明らかなように（→87ページ）、社会事業関連法である救護法よりも、戦時厚生事業において充実していました。それは国家として当然のことであったと言えます。国家の命令により戦地におもむき障害を負って戻ってきたとき、何ら救済されなかったり、あるいは夫が戦死したときに妻子に対する援護策がないとすれば、国家統合が不可能となるからです。戦争遂行に戦時厚生事業は大きな役割を果たし、それゆえ占領軍により解体されたのです。

一方、救護法は不十分なもので、たとえば救護法の老人施設であった「養老院」は、かつて劣悪な「老人病院」を多数生み出すことにつながったと思われます。

「福祉」という言葉が光に覆われて、その影が見えにくいのは、このような歴史を直視せずに、憲法25条（生存権　→88ページ）から福祉を考え、現実とあるべき姿とを混同しがちな思考パターンに根源があるようにも思えます。

### ③ 昭和（戦後）

戦後の昭和時代の主な福祉施策を概観すると、次ページの図のようになります。

この時期までの社会福祉の方法は、原則として「入所中心＝施設中心」の考え方に基づいていました。地域福祉あるいは在宅福祉の考え方が広まっていくのは、昭和40年代半ば以降です。昭和35年以降の高度経済成長、昭和39年の東京オリンピックによる都市の改造、人口の移動などが激しく起こるなかで、新たな暮らし方や価値観が芽生えていきました。

また、昭和45年（1970年）に65歳以上の高齢者人口比率が７％を超え、日本は高齢化社会に入りましたが、次ページの図のように、社会福祉六法はどれも高齢化社会になる前に制定されたもので、この新しい問題に対応しきれない部分が明らかになっていきました。

福祉の分野では、「コミュニティケア」という用語が、東京都社会福祉審議会答申「東京都におけるコミュニティケアの進展について」（昭和44年）で初めて使われ、国の中央社会福祉審議会答申「コミュニティの形成と社会福祉」（46年）で一躍有名になりました。

しかし、実際に在宅福祉サービスが公的サービスとして登場するのは、ホームヘルプサービスを除くと、昭和50年代以降になります。

中野区（東京都）や東京都の老人医療の無料化に次いで、国が昭和48年４月に老人医療費の無料化や年金制度拡充を実現し、それをもって「福祉元年」として福祉施策の充実に取り組むかに見えた矢先、同年10月の第一次石油危機（オイルショック）、昭和53年の第二次石油危機を経て、赤字国債が増加するなかで財政再建の課題が正面に据えられ、福祉元年は尻すぼみに終わりました。

昭和56年には第二次臨時行政調査会が発足して本格的な財政の見直しが始まり、福祉の分野でも、同年12月に「生活保護の適正実施を求める通知」（俗称123号）が出されるに至りました。財政の引き締めに際しては、一般に「真に必要な者」という表現がはやり、それは要は「真に必要でない者」を排除する思考回路となっているようです。

生活保護の適正実施の後は、国と地方の負担割合の見直しへと進んでいきました。

◆社会保障の歴史◆

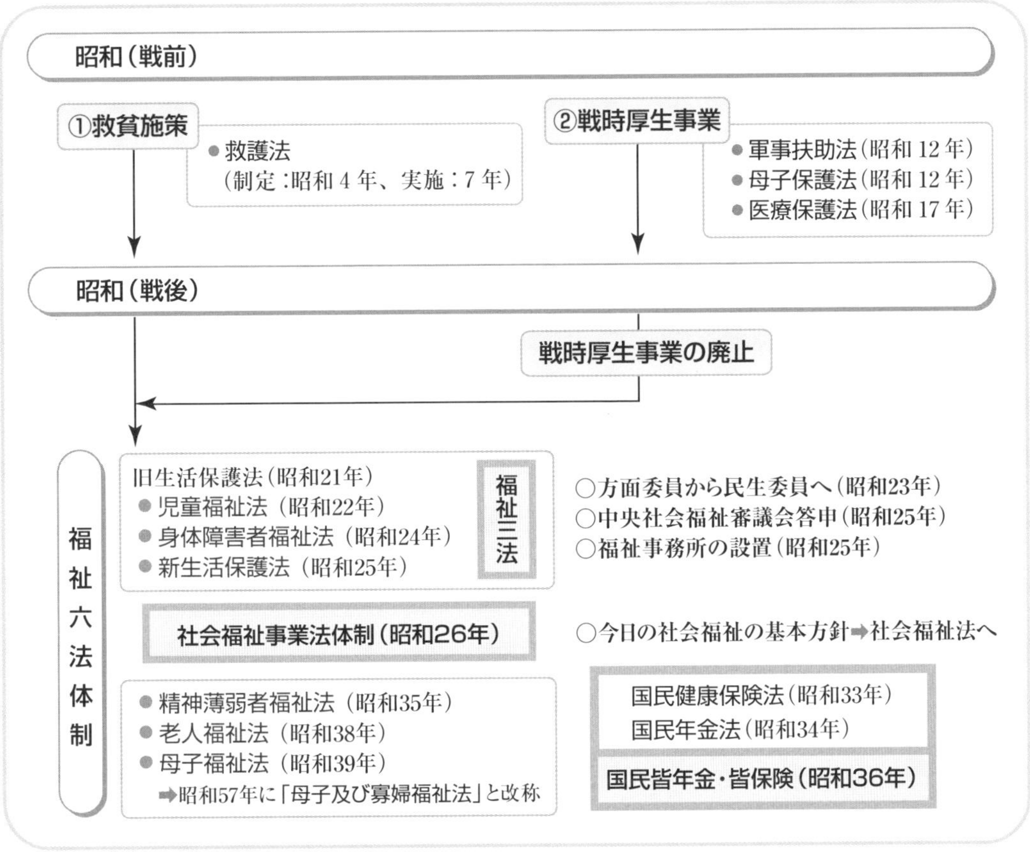

## 3 介護保険制度へ至る道のり

ここからはさらに詳しく、日本の社会福祉の歴史について見ていきます。冒頭でも述べたように、介護保険制度は、戦後の社会保障制度の帰結としての役割を持たされているものです。したがって、介護保険制度を理解する上でも、今後の福祉のあり方を考える上でも、これまでの社会保障制度の流れを理解し検証することは必要不可欠と言えます。

### ① 戦前

日本の福祉政策は、生活苦への対応、生活困窮者への援助を原点として始まりました。それは、戦前だけでなく、戦後の福祉三法の時代（昭和25年頃）まで続きました。

ただし、生活困窮者への施策と同時に、「国家功労者ないしはその家族として恥ずかしくない水準の保障」を行った戦時厚生事業も、異質のものとして存在していました。日本の社会保障を考えるときには、この戦時厚生事業の存在も欠くことはできません。

- **恤救（じゅっきゅう）規則……明治７年（1884年）**

  救済責任を村落共同体的な「人民相互の情誼（じょうぎ）」に求めることを前提とし、救済対象を廃疾、疾病、老衰、幼弱でよるべのない「無告（むこく）の窮民」（前文より）としました。
- **救護法……昭和４年（1929年）制定**（実施は、財源を理由に昭和７年まで延期）

  恤救規則の要件を緩和する形で、救護法が制定されました。これは戦後の旧生活保護法まで継続します。
- **軍事扶助（ふじょ）法（戦時厚生事業）……昭和12年（1937年）**

  日本が戦争体制をつくっていく過程で、低所得者対策とは別に、軍事扶助法など、戦争の被害者等に対する救済立法がされていました。軍事扶助法は、「国家功労者ないしはその家族として恥ずかしくない水準」を保障するものとして、救護法よりも高い給付水準を定めていました。

社会福祉もしくは社会事業を考える際には、戦後の社会保障制度の構築に果たしたＧＨＱ（連合国軍総司令部）の役割および戦時厚生事業の位置づけも忘れてはなりません。特に、ＧＨＱが昭和21年に発した「社会救済」（SCAPIN775）という指令に示された原則は、戦後日本の社会福祉の基礎となりました。

あたかも憲法25条により、自明の理として「社会福祉」があるというような考えが、どれだけ戦後の社会保障の歴史を検証する上で障害となったか、あるいは社会保障を考える際の足かせとなったかは、これからの検証課題です。

### ② 戦後～昭和30年　――福祉三法体制と社会福祉事業法が誕生

戦後の国民救済の始まりは、飢餓からです。飢餓からの脱出が緊急の課題でした。そこで、昭和20年12月に「生活困窮者緊急生活援護要綱」による国民救済が始まりました。

次に、法律として昭和21年に生活保護法が成立しました。生活保護法により、困窮問題全体に対応しましたが、戦災孤児や混血児などの児童の問題への個別対応が必要となり、児童福祉法が昭和22年に制定され、その後、戦傷病者対策を含む身体障害者福祉法が昭和24年に制定され、福祉三法体制ができあがりました。

また昭和26年に、社会福祉の基礎・ルールについて規定した社会福祉事業法が成立しました。ここに、福祉事務所体制、社会福祉法人制度、措置制度を基礎とする戦後の社会福祉の基本的枠組みができあがったと言えます。

これらの法律の制定は、連合軍の占領下でのことであり、連合軍とのやりとりのなかでの政策決定でした（占領期は昭和20～26年〈1945～1951年〉）。

**◆ＧＨＱの戦後福祉改革の指導原理◆**

昭和21年（1946年）２月27日、ＧＨＱが発した「**社会救済**」（SCAPIN775）の指令

**ＧＨＱ３原則**

**第１　無差別平等原則**
旧軍人およびその家族に対する優遇措置の排除。

**第２　公的責任原則**
新設される救済制度の運営管理の責任は国家が担うべき。
その責任を民間団体へ転嫁してはならない。

**第３　救済費非制限の原則**
救済費の総額に何ら制限を設けない。

### ③ 昭和30年代　――国民皆保険・皆年金の実現と福祉六法体制

事実上、国民皆保険（こくみんかいほけん）・皆年金が実現するのは昭和36年（1961年）ですが、次のような過程を経ています。

| | |
|---|---|
| 昭和25年10月 | 社会保障制度審議会答申「社会保障制度に関する勧告」 |
| 30年 | 世帯更生資金貸付け制度創設 |
| 33年 | 地域保険としての国民健康保険法改正 |
| 34年 | 国民年金法改正 |
| 36年 | 国民皆年金・皆保険が実現 |

また、すでに、社会福祉事業法を基礎として福祉三法体制ができあがっていましたが、さらに精神薄弱者福祉法（昭和35年）、老人福祉法（昭和38年）、母子福祉法（昭和39年）の三法が加わり、福祉六法体制が確立しました。

### ④ 昭和33年頃〜　——高度経済成長期

昭和33年（1958年）以降、日本は高度経済成長期に入り、次々と新たな施策が実施されることとなりました。池田内閣の「所得倍増計画」が実を結び、昭和39年のオリンピックを契機とする都市の改造などとも相まって、国民の生活水準が向上し、意識の変化をもたらしました。また、このことは第一次産業から第二次産業への労働力の移動をもたらし、「金の卵」「出稼ぎ」などの社会現象を生み出しました。同時に農村から都市への人口移動など過疎と過密の問題も生じさせ、それは高齢化の問題を加えて今日まで続いています。

福祉の分野では、高度経済成長による税収などの増加を背景に、昭和42年（1967年）に生まれた美濃部（みのべ）革新都政をはじめとする革新自治体が、国の施策の「上乗せ」「横出し」サービスを独自に実施し、福祉サービス水準の底上げを図っていきました。この時期、国は、革新自治体の施策に追随するという屈辱を味わうことになったのです。

こうした高度経済成長に伴う産業構造や就業構造の変化は、被雇用者（サラリーマンなど）の家庭を増大させ、労働力の流動化、人口の都市集中、核家族化、小家族化を実現し、「日本型福祉」といわれる家族の互助機能に基礎を置いた、自助・相互扶助的な扶養機能を解体していきました。

そして、次のように新しい社会福祉の考え方が生まれてきました。

#### ●地域福祉論の萌芽

それまで行政は低所得世帯中心の福祉施策を行ってきましたが、過疎と過密という現象のなかで、コミュニティ（地域共同体）についての関心が高まりました。人の生活を支える上で、地域のかかわり合いを重視した福祉の手法の必要性が認識されたのです。昭和40年代前半から、コミュニティケアの議論が盛んとなりました。

しかし、地域福祉あるいはコミュニティケアは、社会的な広がりを持たないまま推移しました。昨今、コミュニティの重要性が再認識されていますが、コミュニティを統合する共通の価値・基盤が失われたままではその構築はきわめて困難と言えます。

### ⑤ 昭和48年頃〜　——オイルショックと福祉拡大路線の見直し

昭和48年は政府によって「福祉元年」と名づけられ、高齢者医療費の無料化が実施されました。しかし、昭和48年10月に中東戦争を契機として石油危機（オイルショック）が起こり、日本経済はパニックに陥り、その方向性を継続できませんでした。昭和53年には第二次石油危機があり、日本経済はその対策に追われ、福祉施策の拡充はその優先順位を下げ、福祉政策のイメージが「ポジティブ」なものから、財政を圧迫する「ネガテイブ」なものへと変質していきました。

1970年頃から赤字国債の発行など、国の財政が厳しくなっていくなかで、施策の見直しが主要なテーマとなり、福祉の分野でも「見直しの時代」に入りました。福祉元年に実施した老人医療費の無料化も、昭和57年の老人保健法の創設により、有料に変更されました。

### ⑥ 昭和60年頃～　――福祉施策（国庫補助金）の見直し期

国家財政の逼迫を踏まえて、国庫補助金の補助率の削減が始まります。国と地方の財源配分のあり方をどうするかといった根源的な問いは避けたまま、主に国から地方への財源の移行が行われました。その過程で、施設に対する補助率を削減する一方、ホームヘルパー、デイサービス、ショートステイなどの在宅サービスの補助率を引き上げ、在宅福祉への誘導が図られました。

**参　考**　**国庫補助金の補助率の見直し**

- 昭和60年、国庫補助の一括削減法が成立し、国の負担が１/２を超える高額補助は、暫定的な措置として一律１割削減。
- 昭和61年から３年間、生活保護は国の負担を８/10から７/10に、福祉サービスは８/10から５/10へと削減。
- 平成元年には国庫負担の削減が恒久化され、生活保護は7.5/10に、福祉サービスについては５/10となった。ただし、在宅サービスは３/４。
- 昭和61年、「地方公共団体の執行機関が国の機関として行う事務の整理及び合理化に関する法律」により、補助率の見直しに合わせ、機関委任事務の一部団体事務化（国の指揮監督下で、自治体が国の事務として行っていたものを、自治体の責任で行う事務へと転化した）。

※国庫補助金は、その性質から、負担金と補助金に分けられる。負担金は必ず支払いが行われるもので、主に入所施設関係の国庫補助金。補助金は予算の範囲内で支払うもので、主に在宅サービス関係の国庫補助金。

また、国庫補助金の問題を検討する過程で、将来を見据えた福祉のあり方も検討されました。それは社会福祉審議会の答申として現れてきました。この段階で、国庫補助金を削減しただけでは解決できない高齢化への対応についても、視野に入っていたものと思われます。その前段階として、厚生省（現・厚生労働省）内に「シルバーサービス振興室」が設置され､民間営利事業者の積極的活用によるサービスの効率化などが打ち出されました。

**参　考**　**民間活力の活用への流れ**

- 昭和45年以降、有料老人ホームなどの営利事業の増加
- 昭和46年　国通知「社会福祉事業団の設立と運営の基準について」

　以後、社会福祉施設の効率的運営が図られることという条件を付けたものの、地方自治体が設置した施設を社会福祉事業団に経営委託する道が公認された。
- 昭和56年　武蔵野市福祉公社開設

　福祉はすべて公費で行うという考え方に対して、市の第３セクターの公社が、在宅での生活に必要な福祉サービスを有償で提供するというしくみを全国で初めて実施した。

- 昭和61年頃から、臨調の行財政主導の福祉改革（国庫補助の削減）とあわせて、社会福祉の供給主体の多元化などが提起された（有料老人ホームほか、シルバービジネスの振興などによる民間活用）。
- 昭和61年　福祉関係三審議会合同企画分科会「今後の社会福祉のあり方について」
  社会福祉の供給主体の多元化　➡民間化と私営化

## 4 介護保険制度創設前史としての福祉八法改正

ここまで明治、大正、昭和と続いた社会保障の大きな流れを見てきました。ここからは、介護保険制度が創設される前史として、平成以降の流れを検証していってみましょう。

### ① 福祉八法改正

平成元年に消費税が導入され、その財源の一部が福祉財源に充てられることになったのに続いて、平成２年（1990年）には福祉八法の改正が行われました（平成２年６月22日「老人福祉法等の一部を改正する法律」可決）。福祉八法とは、次の８つの法律の総称ですが、この改正は、戦後福祉からの脱却をめざすものとなりました。

①老人福祉法　②身体障害者福祉法　③精神薄弱者福祉法　④児童福祉法
⑤母子及び寡婦福祉法　⑥社会福祉事業法　⑦老人保健法　⑧社会福祉・医療事業団法

福祉八法の主な改正点は、次のようなものでした。

①在宅福祉サービスの実施主体としての市町村の役割の強化
②低所得者に偏ったサービスを、必要に応じて、広く提供するしくみへと変える（サービスの普遍化）
③社会福祉事業のなかに在宅福祉サービスを位置づける
④老人保健計画と老人福祉計画の作成・実行を市町村に義務づける

これらの内容は、介護保険の理念と相当部分重複しています。すなわち、福祉八法改正において、介護保険でいわれる理念はほぼ語られていたと言えるのです。

**◆福祉八法改正の主な内容◆**

①在宅福祉サービスの拡充整備と積極的推進
　在宅三本柱（ホームヘルプサービス、デイサービス、ショートステイサービス）が老人福祉法に規定された。在宅介護支援センターを制度化。

②在宅生活支援事業を社会福祉事業（福祉サービス）として位置づけ
17の在宅福祉事業を第２種社会福祉事業として位置づけた。
➡老人居宅介護等事業（ホームヘルパー）、老人デイサービス事業、老人短期入所施設事業、他
③老人および身障福祉事務の都道府県から町村への委譲
特別養護老人ホーム、養護の措置権を町村へ委譲（区市へは委譲ずみ）。
④老人福祉計画および老人保健計画の作成（福祉計画に基づくサービスの整備へ）
⑤都道府県福祉事務所の役割の再編
⑥町村による社会福祉主事の任意設置
⑦社会福祉・医療事業団による社会福祉事業助成策の強化
⑧共同募金の配分規制の緩和
⑨社会福祉協議会の機能強化

〔老人福祉法関係〕
①市区町村が要介護老人に対する入所に関する総合的措置を実施
②市区町村は、ホームヘルパー派遣などの老人居宅支援事業および老人デイサービスセンターの実施・設備の設置に関し、所要の責任を負う
③特別養護老人ホーム、養護老人ホームの入所決定権が都道府県から町村に委譲
④市区町村は「市区町村老人福祉計画」を策定し、都道府県は「市区町村老人福祉計画」の達成に資するため、「都道府県老人福祉計画」の策定が義務づけられた
⑤有料老人ホームの事後届け出から事前届け出制へ

〔社会福祉事業法関係〕
①社会福祉事業法第３条の規定において、対象者を「援護育成、又は更生の措置を必要とする者」から「福祉サービスを必要とする者」へと全面的に改正した。ここに、福祉の普遍化が法律に書き込まれた
②国、地方自治体、社会福祉法人、その他社会福祉事業を経営する者は「医療・保健、その他関連施策との有機的な連携を図り、地域に則した創意と工夫を行い、及び地域住民等の理解を得るよう努めなければならない」
③福祉事務所の役割分担
④新たに指定都市の区に社会福祉協議会を設置することになり、市区町村社会福祉協議会は、社会福祉を目的とする事業を企画、実施することとされた

〔老人保健法関係〕
①市区町村は「市区町村老人保健計画」を作成し、都道府県はその「市区町村老人保健計画」を達成するために、「都道府県老人保健計画」を策定することが義務づけられた

②市区町村の「市区町村老人保健計画」は「市区町村老人福祉計画」と、都道府県の「都道府県老人保健計画」は「都道府県老人福祉計画」と、それぞれ一体のものとして作成されることが義務づけられた

## ② 福祉八法改正までの流れ

福祉八法改正の理念および介護保険法の理念の原型は、平成元年の福祉関係三審議会企画分科会の意見具申に集約されています。そのエッセンスを下記に参考として示します。

福祉八法改正が行われた平成２年には、厚生省内部のプロジェクトで、介護保険の骨格が整理されていたと思われます。それに従い、福祉八法改正、新ゴールドプラン※、そして介護保険に向けた具体的準備作業が行われていたのでしょう。

国として、10年先を見据えた政策立案などを行うのは当然です。介護保険制度をはじめ、制度・政策には多くの利害関係者が絡みますから、長期戦略が必要となります。

※新ゴールドプラン……2000年４月の介護保険制度の開始に備えて作られた高齢者保健福祉計画。「在宅サービスの充実」「施設サービスの充実」「マンパワーの養成確保」に重点を置き、ヘルパー17万人の確保、訪問看護ステーションの5,000カ所設置などを目標とした。同計画は1999年度に終了した。

参考

### 今後の社会福祉のあり方について（抄）

（平成元．3．31　福祉関係三審議会企画分科会　意見具申）

①ノーマライゼーション理念の浸透　②福祉サービスの一般化・普遍化
③施策の総合化・体系化の促進　④サービス利用者の選択の幅を拡大

【社会福祉のあり方】

①市町村の役割重視
②在宅福祉の充実
③民間福祉サービスの健全育成
④福祉と保健・医療の連携強化と総合化
⑤福祉の担い手の養成と確保

【社会福祉事業の範囲の見直し】

①現在でも妥当だが、個々の事業については社会的経済的状況の変化に応じて見直す
②民間シルバーサービスは自主規制で対応
③在宅福祉サービス三本柱は法定化

④無料低額診療事業等は見直し

**【福祉サービス供給主体のあり方】**

①一定の要件下での公益法人化
②非営利団体により提供されるサービスを選択肢の一つとして位置づけ
③社会福祉法人は、地域福祉の担い手としてその経験、技術を生かした積極的事業展開が期待される。一法人複数施設化の進展
④社会福祉事業団は、その特性を生かしつつ活性化を図る（在宅福祉サービスの受託が可能になるよう等）

**【施設福祉の充実】**

①特別養護老人ホーム入所手続の簡素化
②施設内の居住空間の拡大
③軽費老人ホームへのケアハウスの位置づけ
④契約により利用する「ケアハウス」および「有料老人ホーム」の設置促進

**【市町村の役割重視、新たな運営実施体制の構築】**

①福祉行政の実施にあたっては、「住民に身近な行政は可能な限り住民に身近な地方公共団体が実施する」という基本的考え方での整理
②福祉事務所の役割、組織の見直し
③都道府県の広域的観点からの各種サービスの総合的調整と、市町村段階での在宅・施設サービスの一元的提供

## 5 介護保険制度による改革と影響

介護保険制度は、以上述べたような、戦争直後、福祉六法体制、福祉政策の見直し、福祉八法改正を経て用意された、新しい高齢者介護システムです。また、介護保険制度が厚生省（現・厚生労働省）で検討され、一応の結論を見たのは1992年とも93年ともいわれていますが、それは、財政悪化とバブル経済の崩壊が重なるなかで、高齢化をむかえた日本の社会保障に危機感を募らせざるを得なかった時期に重なってきます。つまり、社会保障制度構造改革の中間まとめにもあるように、介護保険制度の創設を機に、医療保険の抜本改正、年金制度の改正などを行い、税から保険料への流れの定着を図り、公私の役割分担により、安定した社会保障制度を再構築することが必要とされたのです。

介護保険制度の創設に際して検討しなければならなかった主な事項は、次の４点でした。

**①低迷する経済成長下にあって進む少子高齢化社会と、社会保障制度のあり方**

②老人保健法など、医療保険の危機（負担と給付のバランスの限界）への対応
③医療保険改革と関連制度改革
④現在の制度が抱える諸問題への対応

こうして誕生した介護保険制度は、施行後、実際に日本の社会福祉制度を大きく転換させました。具体的に、どんな場面で変化をもたらしたのか、また今後もたらそうとしているのか、見てみましょう。

### ① しくみの統合

介護保険制度は、「介護」の視点で、福祉サービスと一部の医療サービスの統合を図っています。福祉施設である特別養護老人ホーム、医療施設である療養型病床群、その中間にあった老人保健施設を「入所型の介護保険施設」として統合したのも、その１つの現れです。

この介護保険三施設の役割については、今後その役割の転換（例／特別養護老人ホームのユニット化により、限りなく在宅に近づく）や再統合も視野に入れて見直しが検討されています。その結果、社会福祉法人制度の見直しなど、法人主体の転換も検討課題となってきますから、制度の影響は多方面に及びます。

### ② 公私の役割の導入

近い将来、日本の社会は４人に１人が高齢者となり、同時に要介護となるリスクが高い後期高齢者が増加します。かつては、介護サービスの費用をまかなう財源は「税」のみでしたが、これではそうした事態に対応することは不可能です。介護保険制度の導入により、国民から広く保険料も徴収することで財源を確保するという、新たな道が開かれました。

### ③ 年金・医療保険・介護保険の将来の調整

介護保険料では、年金から天引きする（特別徴収）など、新たな徴収方法が工夫されています。これは、将来、年金・医療保険・介護保険を個々に給付する現在のやり方ではなく、たとえば介護サービス利用者の年金は減額するなど、全体として給付調整を行う道を開くものです。

また、介護保険制度のケアミックス（公的サービスの給付と自費購入サービスを同時利用すること　→90ページ）の考え方は、医療保険制度の改正につながり得ます。

### ④介護保険と地方分権の推進

介護保険制度は、保険者を市町村として、地方の権限を強化するしくみといわれています。また、介護保険を円滑に実施するための「介護保険事業計画」も保険者が決定するなど、地方分権が進んでいるように見えます。

18年の法改正で、市町村の権限が強化され※、市町村が指定・指導監督を行う地域密着

型サービスや市町村が設置する地域包括支援センターの導入が決まりました。

しかし、実態としては、実施方法などの基本部分は中央政府が発する法律や政令・省令の規制を受け、地方が主体的に決定できる権限は限られているのが現状です。地方分権を本当に促進するためには、国が財源および権限を地方に移管するとともに、地方自治体が自律的思考を身につける必要があります。

※市町村の権限強化……居宅サービス事業者等に立入検査ができるようになったこと、新規事業者の参入拒否の権限など。

### ⑤ 財源の確保

介護保険を創設した狙いの中心は、新たな財源の確保です。それは介護サービスについて、その処遇（サービスを受ける人への待遇、ケアの内容など）についての議論があまりに少ないことにも現れています。

財源確保という目的で導入した介護保険は、今、低所得者層が利用料負担や保険料負担で呻吟(しんぎん)しているという状況を引き起こしています。平成18年の改正では、低所得者の補足給付など、こうした事態を改善するための対策が取られましたが、今後、保険料の上昇が予想されるなかで、こうした配慮は引き続き再設計の考え方の基本につなげていくことが必要となるでしょう。

### ⑥ 平成18年の介護保険法の大改正

18年の改正は、創設した制度の軌道修正を図る大幅な改正でした。改正の大きな視点として「活力ある超高齢社会の構築」「制度の持続可能性」「社会保障制度の総合化」の３点が国から説明されていますが、改正の主眼は「制度の持続可能性」にあります。すなわち、給付と負担のバランスを保つために、いかに給付を抑制し、負担を増やすかという視点からの改正です。

負担増では、それまで税で実施していたサービスを「地域支援事業」に変更して保険財源を導入したこと、施設の居住費・滞在費・食費を利用者負担に変えたことなどがあります。給付抑制では、予防給付の導入による35％前後の介護報酬上限額の引き下げなどです。

また、サービスの質の改善やノーマライゼーションといった理念のもとで入所抑制などが図られていますが、地域で暮らすための「在宅基盤」は、まだまだ整備不足というのが現実です。研修も強化されていますが、これは従事者不足をもたらし、ある種のサービス抑制につながるものでしょう。

また、予防給付の創設とともに、市町村の役割・権限の強化も重要な改革です。保険者機能の強化により「入所系の地域密着型サービス」について、介護保険事業計画に定めた計画を上回る新規事業者の参入は拒否できることとなりました。また、介護予防ケアマネジメントによるサービス管理を市町村が行うこととされました。これは、運用によっては「介護保険の創設時に克服対象となった措置制度」への先祖返りを起こすリスクをはらんでいます。

## 6 これからの社会保障制度

事業は財源があって初めて成り立ちます。介護報酬の改定で重点的に予算配分する部分を見れば、制度改正の方向が見えてきます。

### ◆令和３年度介護報酬改定に係る基本的な考え方◆

(1) 感染症や災害への対応力強化

○ 第１の柱は、感染症や災害への対応力強化である。感染症や災害が発生した場合であっても、利用者に必要なサービスが安定的・継続的に提供される体制を構築することが求められる。

○ このため、感染症や災害に対して、日頃からの発生時に備えた取組や発生時における業務継続に向けた取組を、介護報酬や運営基準等による対応、予算による対応等を組み合わせ、総合的に推進していくことが必要である。

(2) 地域包括ケアシステムの推進

○ 第２の柱は、地域包括ケアシステムの推進である。認知症の人や、医療ニーズが高い中重度の高齢者を含め、それぞれの住み慣れた地域において、尊厳を保持しつつ､必要なサービスが切れ目なく提供されるよう取組を推進することが求められる。

○ このため、在宅サービスの機能と連携の強化、介護保険施設や高齢者住まいにおける対応の強化を図るほか、認知症への対応力向上に向けた取組の推進、看取りへの対応の充実、医療と介護の連携の推進が必要である。

　また、ケアマネジメントの質の向上と公正中立性の確保や、都市部、中山間部など地域の特性に応じたサービスの確保に取り組んでいくことが必要である。

(3) 自立支援・重度化防止に向けた取組の推進

○ 第３の柱は、自立支援・重度化防止に向けた取組の推進である。高齢者の自立支援・重度化防止という制度の目的に沿って、サービスの質の評価やデータ活用を行いながら、科学的に効果が裏付けられた質の高いサービスの提供を推進することが求められる。

○ このため、リハビリテーション・機能訓練、口腔、栄養の取組を連携・強化させながら進めていくこと、ストラクチャー、プロセス、アウトカムの評価をバランス良く組み合わせながら、介護サービスの質の評価を推進していくこと、介護関連データの収集・活用とＰＤＣＡサイクルの推進を通じた科学的介護の取組を推進していくことが必要である。また、寝たきり防止等、重度化防止の取組を推進していくことが必要である。

(4) 介護人材の確保・介護現場の革新

○ 第４の柱は、介護人材の確保・介護現場の革新である。足下の介護人材不足や将来の担い手の減少を踏まえ、喫緊かつ重要な課題として、介護人材の確保・介護現場の革新に対応していくことが求められる。

○　このため、介護職員の更なる処遇改善に向けた環境整備や、介護職員のやりがい・定着にもつながる職場環境の改善に向けた取組を推進していくことが必要である。また、人材確保対策とあわせて、介護サービスの質を確保した上での、テクノロジーの活用や人員基準・運営基準の緩和を通じた業務効率化・業務負担の軽減を推進していくことが必要である。文書負担軽減や手続きの効率化による介護現場の業務負担軽減を推進していくことも必要である。

(5)　制度の安定性・持続可能性の確保

○　第５の柱は、制度の安定性・持続可能性の確保である。保険料・公費・利用者負担で支えられている介護保険制度の安定性・持続可能性を高め、現役世代を含めた費用負担者への説明責任をよりよく果たし、国民の共同連帯の理念に基づく制度への納得感を高めていくことが求められる。

○　このため、サービス提供の実態などを十分に踏まえながら、評価の適正化・重点化や、報酬体系の簡素化を進めていくことが必要である。

＊（「令和３年度介護報酬改定に関する審議報告」社会保障審議会介護給付費分科会　令和２年12月23日より抜粋）

法令編

# 第3章
# 介護保険制度と法令のポイント

ここでは、介護保険制度の運営の基礎となっている法令について、その構成と重要ポイントを見ていきましょう。介護保険法、介護保険法施行法、介護保険法施行令、介護保険法施行規則の順で解説していきます。

# 介護保険制度と法令

社会福祉は、法律を根拠に、政令・省令から始まり、厚生労働省からの通知や厚生労働省や都道府県が実施する行政職員を対象とした会議の説明などにより運営されています。

介護保険制度は、次のようなものにより運営されています。

- **介護保険法**（平成９年12月17日　法律123）（改正令和２年法律８）
- **介護保険法施行法**（平成９年12月17日　法律124）（改正平成29年法律52）
- **介護保険法施行令**（平成10年12月24日　政令412）（改正令和２年政令381）
- **介護保険法施行規則**（平成11年３月31日　厚労令※36）（令和２年厚労令199）
- **政省令**（各種の運営基準など）
- **指定居宅サービス等の事業の人員、設備及び運営に関する基準**（平成11年省令第37号、令和３年１月25日省令第９号）
- **厚生労働大臣告示**
- **その他**（局長通知、課長通知、行政の担当者を集めた会議、関係者への説明など）

介護保険法が基本となり、施行令、施行規則の順で、より細かく具体的な事項について定めています。

また、サービス事業者が実際に事業を運営し、サービスを提供していく際には、サービスごとに定められた運営基準にそって行います。

なお、施行法は、介護保険法の施行に伴う経過措置と関係法律の一部改正について定めているものです。

介護保険に関する法律や政省令は電子政府の「法令検索」（law.e-gov.go.jp/）で検索、閲覧することができます。「ワムネット」（wam.go.jp/）はこうしたもののほか、通知など細かいものも見ることができます。

ワムネット（WAM　NET）は、独立行政法人・福祉医療機構が運営する福祉・保健・医療の総合情報サイトです。

それでは以下、介護保険法、介護保険法施行法、介護保険法施行令、介護保険法施行規則について説明していきます。

※なお、厚生省と労働省の統合に伴い、「厚令（厚生省令）」は「厚労令（厚生労働省令）」へ読み替えます。

# 第1章　総　　則（第1～8条の2）

※以下、令和3年改正で特に注目すべき部分は下線（＿＿）で示しています。

**第1章のポイント**

介護保険法の第1章は、総則で介護保険法の目的、理念、定義など、制度の基本が書かれています。

○**目的**（1条）

- 加齢に伴い要介護状態になった者が尊厳を保持し、自立した生活を営めるよう、国民の共同連帯の理念で介護保険制度を設け、国民の保健医療の向上・福祉の増進を図る。

○**基本的な理念**（2条）

- 介護保険は、被保険者の要介護状態または要支援状態に対し、必要な保険給付を行う（対象となる保険事故〈要介護認定〉が大前提）。
- 保険給付の水準は、要介護状態になっても、可能な限りその居宅において、その有する能力に応じ自立した日常生活を営むことができるよう配慮する。
- 保険給付は、要介護状態等の軽減または悪化の防止に資するよう行われるとともに、医療との連携に十分配慮して行われなければならない。

○**保険者**（3条）

市町村および特別区。ただし、共同して実施することもできる。

○**国民の努力および義務**（4条）

要介護状態となることを予防するため常に健康の保持に努める。

○**国の責務**（5条）

保険医療サービスまたは福祉サービスを提供する体制の確保に関する施策、その他必要な措置を講ずる。

○**地方公共団体の責務**（5条）

介護保険事業の運営が円滑に行われるよう、必要な助言および適切な援助を行う。

○**認知症に関する施策の総合的な推進**（第5条の2）

認知症研究、普及啓発によって介護者への支援をし、そのための人材確保を行う。

○**定義**（7条）

- 要介護状態・要支援状態
- 要介護者、要支援者、介護支援専門員
- 介護保険が提供するサービスの種類

# 介護保険法の理念・目的

**介護保険制度創設のねらい**

1．老後の最大の不安要因である介護を社会全体で支えるしくみを創設

2．社会保険方式により給付と負担の関係を明確にし、国民の理解を得られやすいしくみを創設

3．現在の縦割りの制度を再編成し、利用者の選択により、多様な主体から保健医療サービス・福祉サービスを総合的に受けられるしくみを創設

4．介護を医療保険から切り離し、社会的入院解消の条件整備を図るなど、社会保障構造改革の第一歩となる制度を創設

（平成９年３月３日厚生省全国課長会資料）

○**介護保険法の目的**（１条）

- 加齢によって生じる疾病等により要介護状態になった者が尊厳を保持し、その有する能力に応じて自立した生活を営むことができるようサービス給付を行う。
- そのために、国民の共同連帯の理念に基づき、介護保険制度を設け、国民の保健医療の向上および福祉の増進を図ることを目的とする。

○**基本的な理念**（２条）

- 被保険者の要介護・要支援状態に関し、必要な保険給付を行う。
- 保険給付は、要介護・要支援状態の軽減または悪化の防止に資するよう行われるとともに、医療との連携に十分配慮する。
- 第１項の保険給付は、被保険者の心身の状況、その置かれている環境等に応じて、被保険者の選択に基づき、適切な保健医療サービス及び福祉サービスが、多様な事業者又は施設から､総合的かつ効率的に提供されるよう配慮して行われなければならない。
- 保険給付の水準は、要介護状態になっても、可能な限りその居宅において、その有する能力に応じ自立した日常生活を営むことができるよう配慮する。

○**保険者**（３条）

- 市町村および特別区は、この法律の定めるところにより、介護保険を行うものとする。
- 市（区）町村は、介護保険に関する収入および支出について、政令で定めるところにより、特別会計を設けなければならない。

○国民の努力及び義務（4条）

- 国民は、自ら要介護状態になることを予防するため、健康の保持増進に努める。
- 要介護状態になっても、リハビリテーションその他適切なサービスを利用することで、その能力の維持向上に努める。
- 国民は、共同連帯の理念に基づき、介護保険事業に要する費用を公平に負担するものとする。

○国及び地方公共団体の責務（5条）

- 国は、介護保険事業の運営が健全かつ円滑に行われるよう保健医療サービスおよび福祉サービスを提供する体制の確保に関する施策その他必要な各般の措置を講じなければならない。
- 都道府県は、介護保険事業の運営が健全かつ円滑に行われるように、必要な助言および適切な援助をしなければならない。
- 被保険者が、可能な限り住み慣れた地域でその能力に応じ自立した日常生活を営むことができるよう、介護サービス・介護予防のための施策、地域における自立した日常生活の支援のための施策を、医療・居住に関する施策と有機的な連携を図りつつ包括的に推進するよう努めなければならない。
- 上記の施策を包括的に推進するに当たって、障害者等の福祉に関する施策と有機的な連携を図るよう努めるとともに、地域住民が相互に人格と個性を尊重し合いながら、参加し、共生する地域社会の実現に資するよう努めなければならない。

○認知症に関する施策の総合的な推進（5条の2）

- 被保険者に対する適切な保険医療・福祉サービスを提供するため、認知症の予防、診療・治療、心身の特性に応じた介護方法に関する調査研究の推進と、成果の活用、支援に係る人材の確保、資質の向上に努めなければならない。
- 国・地方公共団体は、認知症への適切な保健医療・福祉サービスを提供するため、研究機関、医療機関、介護サービス事業者等と連携し、認知症の予防、診断・治療並びに認知症者の心身特性に応じたリハビリと介護方法の調査研究の推進に努め、その成果を普及し、活用し、発展させるよう努めなければならない。
- 国・地方公共団体は、地域の認知症者への支援体制の整備、介護者支援並びに支援に係る人材の確保と資質の向上を図るために必要な措置を講じ、その他認知症施策を総合的に推進するよう努めなければならない。
- 国・地方公共団体は、前三項（の認知症施策）の推進に当たり、認知症者、その家族の意向の尊重に配慮し、認知症者が地域社会で尊厳を保持し、人々と共生ができるように努めなければならない。

# 要介護者・要支援者、介護支援専門員

○**介護保険の給付の対象**（2条）

被保険者の「要介護状態」「要支援状態」に対して給付。

○**要介護状態とは**（7条）

身体上または精神上の障害があるために、入浴、排せつ、食事などの日常生活における基本的な動作の全部または一部について、一定の期間注1)継続して常時介護が必要と見込まれる状態で、「要介護状態区分」注2)のいずれかに該当する状態。

○**要支援状態とは**（7条2）

身体上または精神上の障害があるために、一定の期間注1)継続して、次の①または②が認められる状態で「要支援状態区分」のいずれかに該当する場合。

①入浴・排せつ・食事等の日常生活における全部または一部について、常時介護が必要な状態の軽減・悪化の防止に資する支援が必要。

②日常生活を営むのに支障がある。

注1)一定の期間＝原則として6カ月だが、特定疾病によるもので余命6ヶ月に満たないと判断される場合は死亡までとする（施行規則2条）

注2)要介護状態区分・要支援状態区分は、要介護認定で決定する。

○**要介護者・要支援者の定義**（7条3、4）

第1号被保険者（65歳以上）は、要介護、要支援状態になった原因を問いませんが、第2号被保険者は原因が「特定疾病（とくていしっぺい）」でなければ、認定されません。

| | 要介護者<br>（要介護1～5） | 要支援者<br>（要支援1・2） |
|---|---|---|
| 第1号被保険者 | 要介護状態にある65歳以上の者 | 要支援状態にある65歳以上の者 |
| 第2号被保険者 | 要介護状態にある40歳以上65歳未満の者で、その原因である身体上・精神上の障害が加齢に伴って生じる心身の変化に起因する疾病であって政令で定めるもの（「特定疾病（とくていしっぺい）」）によって生じたもの | 要支援状態にある40歳以上65歳未満の者で、その原因である身体上・精神上の障害が特定疾病によって生じたもの |

○**介護支援専門員の定義**（7条5）

要介護者・要支援者からの相談に応じ、心身の状況などに応じた適切なサービス※を利用できるよう、市町村、居宅サービス事業者、地域密着型サービス事業者、介護保険施設、介護予防サービス事業者、地域密着型介護予防サービス事業者、特定介護予防・日常生活支援総合事業を行う者との連絡調整を行う者であって、要介護者等が自立した日常生活を営むのに必要な援助に関する専門知識・技術を持つ者として、介護支援専門員証の交付を受けた者をいう。

※（介護保険の）サービス＝居宅サービス、地域密着型サービス、施設サービス、介護予防サービス、地域密着型介護予防サービス、特定介護予防・日常生活支援総合事業

**メモ**

先ほど見たように、第1号被保険者（65歳以上）と第2号被保険者（40歳以上65歳未満）とでは、要介護・要支援者の定義が異なります。

第1号被保険者の場合は、要支援・要介護状態になった原因を問いませんが、第2号被保険者の場合は、原因が初老期認知症や脳血管障害などの特定疾病でなければ、要支援・要介護者として認定されません。

**特定疾病**

①がん末期　②関節リウマチ　③筋萎縮性側索硬化症　④後縦靱帯骨化症　⑤骨折を伴う骨粗鬆症　⑥初老期における認知症　⑦パーキンソン病関連疾患（進行性核上性麻痺、大脳皮質基底核変性症、パーキンソン病）　⑧脊髄小脳変性症　⑨脊柱管狭窄症　⑩早老症　⑪多系統萎縮症　⑫糖尿病性神経障害、糖尿病性腎症および糖尿病性網膜症　⑬脳血管疾患　⑭閉塞性動脈硬化症　⑮慢性閉塞性肺疾患　⑯両側の膝関節または股関節に著しい変形を伴う変形性関節症（施行令2条）

## 介護保険で利用できるサービス

各サービスの詳しい内容・特徴は53〜59ページにまとめましたので、参照してください。

| | |
|---|---|
| **居宅介護支援**<br>**（ケアマネジメント）**<br><br>**（８条23）** | ●要介護者が指定居宅サービス等や、居宅で日常生活を営むために必要な保健医療・福祉サービスが適切に利用できるよう、要介護者の依頼を受けて、心身の状況、環境、本人・家族の希望などに応じて、指定居宅サービス等の種類・内容、これを担当する者、その他厚生労働省令で定める事項を定めた計画（「居宅サービス計画」）を作成する<br>とともに、<br>●居宅サービス計画に基づくサービスの提供が確保されるよう、サービス事業者などとの連絡調整その他便宜の提供を行い、その要介護者が地域密着型介護老人福祉施設または介護保険施設への入所を要する場合には、その施設への紹介その他便宜の提供を行うことをいう |

| | |
|---|---|
| **介護予防支援**<br>**（介護予防ケアマネジメント）**<br><br>**（８条の２、16）** | ●要支援者が指定介護予防サービス等や、介護予防に資する保健医療・福祉サービスが適切に利用できるよう、要支援者の依頼を受けて、心身の状況、環境、本人・家族の希望などに応じて、利用する指定介護予防サービス等の種類・内容、これを担当する者、その他厚生労働省令で定めた計画（「介護予防サービス計画」）を作成する<br>とともに、<br>●介護予防サービス計画に基づくサービスの提供が確保されるよう、指定介護予防サービス事業者などとの連絡調整その他の便宜の提供を行う |

メ　モ

**有料老人ホームの定義**

有料老人ホームは、以下のいずれかの要件を満たす場合は、人数に関わりなく都道府県への届出が必要です（老人福祉法29条）。

①食事の提供　②入浴・排せつ・食事の介護　③その他日常生活上必要な便宜であって厚労省令で定めるもの

※ただし、老人福祉施設、認知症グループホーム、上記の要件を満たすサービス付き高齢者向け住宅を除く

# 第２章　被保険者（第９～13条）

**第２章のポイント**

○**被保険者**（９条）
- 市町村の区域内に住所を有する65歳以上の者　➡第１号被保険者という
- 市町村の区域内に住所を有する40歳以上65歳未満の医療保険加入者
　➡第２号被保険者という

○**資格取得の時期**（10条）
- 市町村の区域内に住所を有する医療保険加入者が40歳に達したとき
- 市町村の区域内に住所を有する者が65歳に達したとき

○**資格喪失の時期**（11条）
- 第１号被保険者　➡市町村の区域内に住所を有しなくなった翌日から、資格を喪失する（ただし、他の市町村に住所を有するに至ったときは、その日から資格を喪失）
- 第２号被保険者　➡医療保険加入者でなくなった日から資格を喪失する

○**対象施設に入所中の被保険者の特例（住所地特例）**（13条）
- 継続して対象施設に入所・入居中の者は、入所前の市町村が保険者となる

〈対象〉①介護保険施設　②特定施設（定員30人以上）
③養護老人ホーム（定員30人以上）
④サービス付き高齢者向け住宅

※介護保険法施行法第11条で「介護保険適用除外に関する経過措置」が設けられており、身体障害者療護施設入所者等は被保険者としないこととなっています。

**メ　モ**

第１号被保険者の要件のポイントは、その市町村に住所があること。
第２号被保険者の要件のポイントは、医療保険に加入していること。

# 被保険者資格の取得

### ○被保険者（９条）

介護保険の給付を受けてサービスを利用するためには、被保険者でなくてはなりません。被保険者の資格を取得するには、次の要件を満たす必要があります。

| | |
|---|---|
| **第１号被保険者** | 市町村の区域内に住所を有する65歳以上の者 |
| **第２号被保険者** | 市町村の区域内に住所を有する40歳以上65歳未満の医療保険加入者 |

**【適用除外に関する経過措置】**（介護保険法施行法第11条）
当分の間、身体障害者福祉法第18条３項の規定により、身体障害者療護施設に入所しているものその他特別な理由がある者で厚生労働省令で定めるものは、介護保険の被保険者としない。

### ○市町村への届出等（12条）

- 第１号被保険者は、被保険者の資格の取得および喪失に関する事項を市町村へ届け出なければならない。
- 住民基本台帳法の規定による届出があったときは、届出があったものとみなす。

### ○被保険者証の交付（12条）

- 第１号被保険者については、全員に交付する。
- 第２号被保険者については、保険給付の対象者および交付申請があった者に交付する。

### ○対象施設に入所中の被保険者の特例（13条）　➡住所地特例

- 対象施設に入所中の者については、施設へ住所を移した場合も、引き続き入所前の住所地の市町村の被保険者とする。対象は以下のとおり。
  ①介護保険施設　②特定施設（定員30人以上）　③養護老人ホーム（定員30人以上）
  ④サービス付き高齢者向け住宅（27年４月から）
- 施設を移動した場合でも、施設の外に住民登録を設置した場合はこの限りではない。

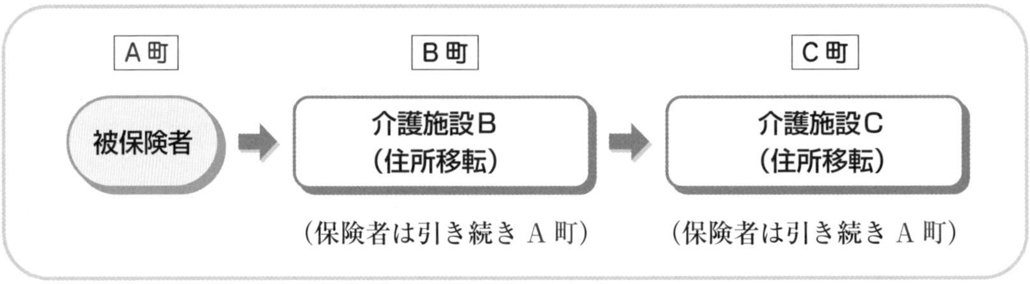

○被保険者の資格の管理

- 介護保険の被保険者資格の有無の確認（資格管理）は、それぞれ次の者が行う。
  - 第１号被保険者 ➡ 市町村が行う
  - 第２号被保険者 ➡ 医療保険者が行う
- 資格の管理を国民健康保険団体連合会へ委託することもできる。

## ◆介護保険の被保険者証◆

様式第一号（第二十六条関係）

（表 面）

（一）

| | | |
|---|---|---|
| 介護保険被保険者証 | | |
| 被保険者 | 番号 | |
| | 住所 | |
| | フリガナ | |
| | 氏名 | |
| | 生年月日 | 明治・大正・昭和　年　月　日　性別 男・女 |
| 交付年月日 | 平成　年　月　日 | |
| 保険者番号並びに保険者の名称及び印 | | |

（二）

| | | |
|---|---|---|
| 要介護状態区分等 | | |
| 認定年月日 | 平成　年　月　日 | |
| 認定の有効期間 | 平成　年　月　日～平成　年　月　日 | |
| 居宅サービス | 区分支給限度額基準額 | |
| | 平成　年　月　日～平成　年　月　日<br>1月当たり | |
| （うち種類支給限度基準額） | サービスの種類 | 種類支給限度基準額 |
| | | |
| | | |
| | | |
| | | |
| | | |
| | | |
| 認定審査会の意見及びサービスの種類の指定 | | |

（三）

| | | | |
|---|---|---|---|
| 給付制限 | 内容 | 期間 | |
| | | 開始年月日 平成　年　月　日<br>終了年月日 平成　年　月　日 | |
| | | 開始年月日 平成　年　月　日<br>終了年月日 平成　年　月　日 | |
| | | 開始年月日 平成　年　月　日<br>終了年月日 平成　年　月　日 | |
| 居宅介護支援事業者及びその事業所の名称 | | 届出年月日 平成　年　月　日 | |
| | | 届出年月日 平成　年　月　日 | |
| | | 届出年月日 平成　年　月　日 | |
| 介護保険施設等 | 種類 | | 入所・入院年月日 平成　年　月　日 |
| | 名称 | | 退所・退院年月日 平成　年　月　日 |
| | 種類 | | 入所・入院年月日 平成　年　月　日 |
| | 名称 | | 退所・退院年月日 平成　年　月　日 |

（裏 面）

（四）

注意事項

一　介護サービスを受けようとするときは、あらかじめ市町村の窓口で要介護認定又は要支援認定を受けてください。

二　介護サービスを受けようとするときは、必ずこの証を事業者又は施設の窓口に提出してください。

三　老人保健の健康手帳の交付を受けている場合であって、訪問看護、訪問リハビリテーション、居宅療養管理指導、通所リハビリテーション若しくは短期入所療養介護の指定居宅サービス又は介護保健施設サービス若しくは介護療養施設サービスを受けようとするときは、この証に健康手帳を添えて、事業者又は施設の窓口に提出してください。

四　認定の有効期限を経過したときは、保険給付を受けられませんので、認定の有効期限を経過する六十日前から三十日前までの間に市町村にこの証を提出し、認定の更新を受けてください。

（五）

五　居宅サービスについては、居宅介護支援事業者に介護サービス計画の作成を依頼した旨をあらかじめ市町村に届け出た場合又は自ら介護サービス計画を作成し、市町村に届けた場合に限って現物給付となります。これらの手続をしない場合は、市町村からの事後払い（償還払い）になります。

六　居宅サービスには保険給付の限度額が設定されます。

七　介護サービスを受けるときに支払う金額は、介護サービスに要した費用の一割です（居宅介護支援サービスの利用支払額はありません。）。

八　認定審査会の意見及びサービスの種類の指定欄に記載がある場合は、記載事項に留意してください。利用できるサービスの種類の指定がある場合は、当該サービス以外は保険給付を受けられません。

（六）

九　被保険者の資格がなくなったときは、直ちに、この証を市町村に返してください。

十　この証の表面の記載事項に変更があったときは、十四日以内に、この証を添えて、市町村にその旨を届け出てください。

十一　不正にこの証を使用した者は、刑法により詐欺罪として懲役の処分を受けます。

十二　特別の事情がないのに保険料を滞納した場合は、給付を市町村から事後払いとする措置（支払方法変更）、利用時支払額を三割とする措置（給付額減額）等を受けることがあります。

備考　この証の大きさは、縦１２８ミリメートル、横２７３ミリメートルとし、点線の箇所から三つ折とすること。

# 第３章　介護認定審査会（第14～17条）

**第３章のポイント**

○**介護認定審査会の設置**（14条）

市町村に介護認定審査会を設置する。

○**委員**（15条）

- 認定審査会の委員の定数は、政令で定める基準に従い条例で定める。
- 委員は、要介護者の保健、医療または福祉に関する学識経験を有する者のうちから、市町村長が任命する。

○**共同設置の支援**（16条）

都道府県は、地方自治法252条の７第１項の規定により市町村が共同で認定審査会を設置する場合に、支援する。

**メ　モ**

介護認定審査会の数は、要介護認定者数に応じて定められるため、高齢者人口が多い市町村の場合は、複数の審査会を設置することが必要となります。

# 介護認定審査会

| | |
|---|---|
| **介護認定審査会** | ●被保険者が要介護状態に該当することの審査および判定等（審査判定業務）を行うため、市町村が設置する（14条）<br>●地方自治法252条の七第１項の規定により、市町村が共同設置することもできる（16条）<br>●地方自治法第252条の一四第１項の規定により、市町村の委託を受けて審査判定業務を行う都道府県に、都道府県介護認定審査会を置く（38条２）<br><br>➡介護認定審査会は、要介護認定の申請者数に応じて複数、設置します。設置方法は、上記のように３つの方法があります。もう一度まとめると、次のようになります。<br>①市町村が単独設置する　②市町村が共同設置する<br>③市町村が都道府県へ委託する |
| **介護認定審査会委員** | ●要介護者等の保健、医療または福祉に関する学識経験を有する者のうちから、市町村長が任命した者（15条）<br><br>➡介護認定審査会は、現場経験のある学識経験者等から構成され、各職種から幅広く選定する必要があるとされています。平均委員数は、１地域当たり5.9人となっています。平成８年度に全国60地区で実施した要介護認定モデル事業によれば、介護認定審査会の委員354名の構成は次のとおりです。<br>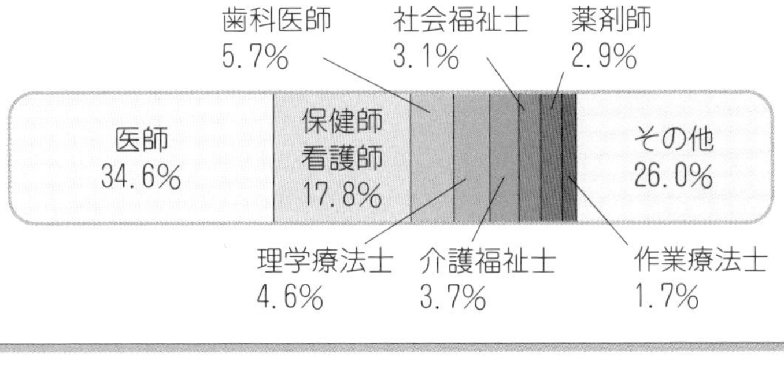<br> |

**○介護認定審査会の役割と要介護認定の流れ**

**①申請➡市町村が訪問調査**

介護保険のサービスを利用したいと思う被保険者が、保険者（市町村）に認定を申請すると、申請を受けた保険者は、訪問調査員を被保険者の自宅などに派遣し、面接して要介護度を調査します。マークシート方式の調査票に基本調査内容を記録し、さらに調査票だけでは書ききれない事項については、別に「特記事項」として保険者に提出します。

**②一次判定➡市町村が判定**

保険者は、この調査票に基づいて、国が開発したコンピュータソフトを使って「要介護認定」を行います（一次判定）。

次に、①調査票（基本調査）、②特記事項、③主治医意見書の間に矛盾がないか確認し、矛盾があれば再調査などして、場合によっては一部修正の上、一次判定結果が確定します。

**③二次判定➡介護認定審査会が「要介護度を決定」**

そして①一次判定結果、②特記事項、③主治医意見書をもとに、介護認定審査会によって、二次判定が行われます。

二次判定では、一次判定の結果を踏まえ、一次判定に反映できない特別な事情などが、主治医の「意見書」や認定調査員の「特記事項」にないかの確認を行い、必要な場合は一次判定結果の変更を行います。

調査員のスキルやコンピュータソフトの精度が上がったことなどにより、一次判定結果の変更は減っていますが、それでも平均して30%近くが変更されています。地域によってばらつきはありますが、全体に重度へ変更されるケースのほうが多くなっています。

また、二次判定において、利用者の自立を助けるためなどの観点からサービスの種類を指定することもできます。

なお、18年度改正では、要介護１の者について二次判定で要支援２と要介護１に区分する判定を行っていましたが、21年度改正から一次判定で、要支援２と要介護１を判定する方法に変更されました。

そして、21年度改正で要介護度が軽くなるとの指摘が多く寄せられた結果、厚労省としても放置できない状態となり、認定についての検証が終わるまでの間の緊急措置として、新方式で従前の要介護度より低くなった者について従前の要介護認定区分のままでのサービス利用ができることとされました。

**○要支援該当者へのチェクリストによる判定によるサービス利用（27年度改正）**

平成27年度に、要支援者への訪問介護と通所介護が予防給付対象からはずれました。市町村の行う地域支援事業の訪問型事業・通所型事業での対応になります。その際、要支援認定を受けなくても、チェックリストによる判定でも、訪問型・通所型事業が利用できることになりました。

# 第４章　保険給付（第18～69条）

第１節　通 則（第18～26条）　第２節　認 定（第27～39条）
第３節　介護給付（第40～51条の４）　第４節　予防給付（第52～61条の４）
第５節　市町村特別給付（第62条）　第６節　保険給付の制限等（第63～69条）

## 第４章のポイント

**【第１節　通則】**

**○保険給付の種類（３種類）**（18条）

①介護給付　➡要介護状態の被保険者に給付
②予防給付　➡要支援状態の被保険者に給付
③市町村特別給付　➡市町村が要介護状態または要支援状態の軽減、悪化の防止に資する保険給付として、条例で定めるもの

**○市町村の認定**（19条）

介護給付を受けようとする者は、市町村による要介護・要支援認定を受けなければならない。

**○他の給付との調整**（20条）

他の法令等から同種の給付がある場合は、その範囲で介護給付を止める。

- 労働者災害補償保険法の規定による療養補償給付
- 国家公務員災害補償法による療養給付
- 原子爆弾被爆者に対する援護に関する法律に基づく医療給付　等

**○損害賠償請求権**（21条）

- 市町村は、給付事由が第三者の行為によって生じた場合には、その給付した額を限度に、被保険者が第三者に対して持つ損害賠償の請求権を取得する。
- 市町村は、損害賠償権の行使の事務を国保連に委託できる。

**○不正利得の徴収等**（22条）

偽り等の不正行為により保険給付を受けた者があるときは、市町村はその者からその給付の全部又は一部を徴収することができるほか、厚労大臣の定める基準により、不正等により支給を受けた額の百分の二百に相当する額以下を徴収することができる。

○市町村は、保険給付に係る文書等の提出・照会等を求められる（23条）
○厚生労働大臣、都道府県知事は、事業者に帳簿書類の提示等を求められる（24条）

○市町村は、都道府県が指定する「市町村事務受託法人」に次の事務を委託できる（24条の2）

①文書の提出に関する事務　②調査に関する事務　③その他厚労省令で定める事務

○都道府県は、都道府県知事が指定する「都道府県事務受託法人」に事務を委託できる（24条の3）

○**受給権の保護**（25条）

給付を受ける権利は、差し押さえできない。

○**租税その他の公課の禁止**（26条）

給付に対しては、課税できない。

**【第2節　認定】**

○**要介護認定の申請**（27条）

- 保険給付を受けようとする被保険者は、申請書に保険証を添えて、市町村に申請する。

  （指定居宅介護支援事業者、地域密着型介護老人福祉施設、介護保険施設、地域包括支援センターによる申請の代行も可能）

  ・申請があったら市町村は調査する（委託も可）　➡　一次判定
  ・調査にあわせて、かかりつけ医の「意見書」を聴取
  ➡二次判定

- 要介護認定は、申請のあった日にさかのぼって有効。

○**要介護認定の更新**（28条）

更新申請は、原則として12カ月ごと。

○**要介護認定のための調査**（28条5）

市町村は、更新申請の調査を指定居宅介護支援事業者、地域密着型介護老人福祉施設、介護保険施設、介護支援専門員等に委託できる。

○**要介護認定の取消し**（31条）

- 要介護状態に該当しなくなったとき。
- 正当な理由なしに、認定のための調査に応じないとき、診断命令に従わないとき。

○**要支援認定の認定審査会意見**（32条）

認定審査会は必要があると認めるときは、指定介護予防サービス、指定地域密着型介護予防サービスまたは特定介護予防・日常生活支援総合事業について意見を述べることができる（32条4の2）。

○**転居した場合の要介護認定**（36条）

転居後14日以内に申請した場合は、新たな要介護認定は不要。

○**介護給付等対象サービスの種類の指定**（37条）

市町村は、介護認定審査会の意見に基づき、被保険者が受けるサービスの種類を指定できる（例：リハビリが必要な人へのリハビリの指定など）。

## 【第3節　介護給付】

○介護給付の種類（13種類）（40条）

①居宅介護サービス費　②特例居宅介護サービス費
③地域密着型介護サービス費　④特例地域密着型介護サービス費
⑤居宅介護福祉用具購入費　⑥居宅介護住宅改修費
⑦居宅介護サービス計画費　⑧特例居宅介護サービス計画費
⑨施設介護サービス費　⑩特例施設介護サービス費
⑪高額介護サービス費　⑫特定入所者介護サービス費
⑬特例特定入所者介護サービス費

**○自己負担1割（一定以上の所得者は2割または3割）以外の自己負担**（41条）

介護保険サービスは、利用料については1割（一定以上の所得者は2～3割）の自己負担で利用できるが、それ以外の施設の食費、居住・滞在費などは、別途、自己負担となる。

- 施設[注1)]サービス……居住費、食費など
- ショートステイ[注2)]……滞在費、食費など
- デイサービス（通所介護）、デイケア（通所リハビリ）……食費など

注1）施設＝介護保険施設（特別養護老人ホーム、老人保健施設、令和6年廃止となる介護療養型医療施設の代替となる介護医療院）
注2）短期入所生活介護、短期入所療養介護

➡食費のうち、利用者負担となるのは「食材料費」＋「調理費」で、「栄養管理費用」は介護保険から給付されます。

**○地域密着型介護サービス費の支給**（42条の2）

24年改正で、地域密着型サービスに定期巡回・随時対応型訪問介護看護、看護小規模多機能型居宅介護（複合型サービス）が追加されました。

**○居宅介護サービス費等に係る支給限度額**（43条）

**○居宅介護福祉用具購入費の支給**（44条）

市町村は、特定福祉用具販売を行う指定居宅サービス事業者から購入した場合には、居宅介護福祉用具購入費を支払う。

**○居宅介護住宅改修費の支給**（45条）

市町村長は、住宅改修事業者に報告や出頭を求め、事業所に立入検査できる。

**○居宅介護サービス計画費の支給**（46条）

**○施設介護サービス費の支給**（48条）

**○特例施設介護サービス費の支給**（49条）

**○一定以上の所得を有する第1号被保険者に係る居宅介護サービス費等の額**（49条の2）

政令で定める額以上の所得の要介護被保険者がサービスを利用する場合は、「百分の九十」を「百分の八十」、「百分の七十」に、つまり1割負担を2～3割負担に。

**○居宅介護サービス費等の額の特例**（100分の100以内の支給）（50条）

**○高額介護サービス費の支給**（51条）

**○特定入所者介護サービス費の支給**（51条の３）

介護保険施設または指定居宅サービスで要した食費、居住・滞在費について、低所得の入所者（特定入所者）に対しては負担限度額を設定し、平均的な費用（基準費用額）がそれを超えた場合は差額分を介護保険から支払う（＝特定入所者介護サービス費の支給）。

## 【第４節　予防給付】

○予防給付の種類（11種類）（52条）

①介護予防サービス費
②特例介護予防サービス費
③地域密着型介護予防サービス費
④特例地域密着型介護予防サービス費
⑤介護予防福祉用具購入費
⑥介護予防住宅改修費
⑦介護予防サービス計画費
⑧特例介護予防サービス計画費
⑨高額介護予防サービス費
⑩特定入所者介護予防サービス費
⑪特例特定入所者介護予防サービス費

**○介護予防サービス費の支給**（53条）

○一定以上の所得を有する第１号被保険者に係る介護予防サービス費等の額（59条の２）

政令で定める以上の所得がある場合は２割または３割負担になる。

**○介護予防サービス費の額の特例**（60条、２）

市町村が災害等で、利用者の費用負担が困難と認められるときは、百分の八十とあるのは、百分の八十を超えて百分の百以内。

**○高額介護予防サービス費の支給**（61条）

**○特定入所者介護予防サービス費の支給**（61条の３）

食費・居住費・滞在費について、利用者の所得などに応じて負担限度額を設定し、それを超えた分は「特定入所者介護予防サービス費」として支給する。

〈対象〉ショートステイ（短期入所生活介護、短期入所療養介護）

## 【第５節　市町村特別給付】

○市町村は、介護保険の給付（第３、４節）のほか、条例により、横出し等のサービスを給付できる。（62条）

➡財源は、原則として第１号被保険者保険料とされています。

## 【第６節　保険給付の制限等】

**○保険給付の制限**（63～64条）

- 監獄等に拘禁されている者には、その期間、給付しない。

●自分の重大な過ちで要介護状態になったり、リハビリなどの指示に従わないために要介護状態が改善しなかったり悪くなったりした場合には、保険給付の全部または一部を行わないことができる。

○**保険料滞納者に対する支払方法の変更**（66条）

特別な理由がなく保険料を滞納している場合には、現物給付の停止を保険証に記載する。

○**保険給付の支払の一時差止**（67条）

特別な理由がなく１年６カ月以上（規則103条）保険料を滞納している場合には、保険給付の全部または一部を差し止めることができる。

○医療保険料が未納の場合は、介護給付の全部または一部を差し止めることができる。（68条）

○**保険料徴収債権が時効により消滅した場合の扱い**（69条）

保険料徴収の時効（２年）を過ぎて、保険料の未払があった場合に、保険給付を100分の70に減額する。

## 介護保険からの給付

○介護保険からの給付を受けるためには、市町村の要介護認定または要支援認定を受けなければならない。（19条）

## 他の法令による給付との調整

労災（労働者災害）、公災（公務員災害）、国家補償（戦傷者、原爆被爆者）による給付が行われている人に対しては、そちらの給付が介護保険よりも優先されるため、介護保険からは給付されません。

条文では次のように定められています。

○介護保険給付と他の法令による給付との重複を避けるために、他の法令等から介護保険給付と同種の給付がある場合は、介護保険からの給付は行われない。（20条）

①労働者災害補償保険法の規定による療養補償給付・療養給付、その他の法令[注)]に基づく給付を受けられるとき。

注）その他の法令：船員保険法、労働基準法、船員法、災害救助法、消防組織法、消防法、水防法による療養補償、原爆被爆者擁護法等。

②国もしくは地方公共団体の負担で、介護給付等に相当するもの注)が行われたとき。

注）介護給付等に相当するもの：たとえば地方公共団体が同種の単独事業を行った場合、62条の市町村特別給付などとして整理しないと、給付調整の対象となる。

**メモ**

労災、公災、国家補償以外は、介護保険の給付が優先されます。医療保険法、老人保健法、精神保健福祉法、身体障害者福祉法、難病事業などとの関係でも、介護保険給付が優先され、同じ人に重複して給付されないようになっています。

たとえば、医療保険がきく医療を受けた場合、それが介護保険の給付対象であれば、介護保険が優先され、医療保険からは給付されません。

ただし、認知症などのために意思能力が不十分で、かつ家族等から介護放棄されているもので放置できない場合などは、老人福祉法の措置が例外として適用されます（改正老人福祉法第10条の四、11条等）。これは要介護認定の申請ができないなどの理由から、介護保険の給付がすぐにはできず、かといって虐待を放置しておくわけにはいかないためです。

## 要介護認定の申請・更新

**○要介護認定の申請**（27条）

要介護認定を受けようとする被保険者は、申請書に保険証を添付して市町村に申請する。

※申請の代行者は、指定居宅介護支援事業者、地域密着型介護老人福祉施設もしくは介護保険施設であって厚生労働省令で定めるもの（＝「運営基準に違反したことがないもの」施行規則35条３）、地域包括支援センターに限定。

**○要介護認定の更新申請**（28条）

要介護認定の更新申請は原則６カ月ごとだが、３～36カ月の範囲で決定される。

➡更新申請は認定期間終了の60日前から可能（規則39条）なので、新たなケアプラン作成は日程の余裕をみて行う必要があります。更新申請は、指定居宅介護支援事業者、地域密着型介護老人福祉施設、介護保険施設、介護支援専門員に委託できます。

## ◆サービス利用の流れ◆

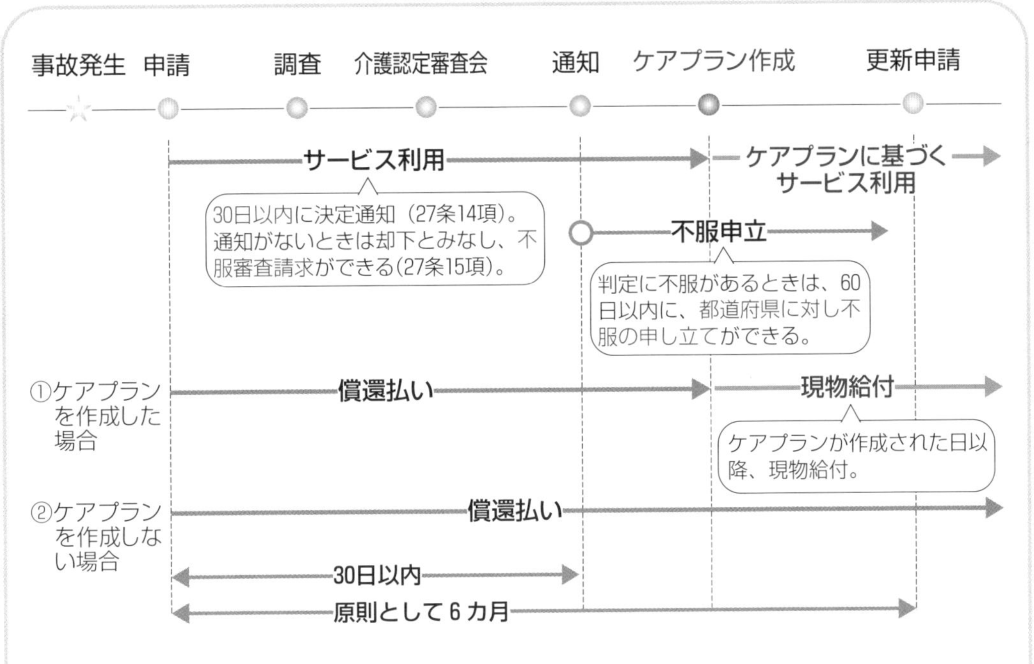


※ケアプランが作成されるまでの間は償還払い（→151ページ）となるが、暫定のケアプランを作成すれば、現物給付が可能となる。

## ◆要介護・要支援認定の有効期間◆

| | | 原則 | 市町村が必要と認める場合 |
|---|---|---|---|
| 新規 | 要支援・要介護認定 | ６カ月 | **３カ月から12カ月**の間で月を単位に市町村が定める期間 |
| 更新 | 要支援 | 12カ月 | **３カ月から36カ月**の間で月を単位に市町村が定める期間 |
| 更新 | 要介護 | 12カ月 | **３カ月から36カ月**の間で月を単位に市町村が定める期間 |

※介護保険法28条第１項
＊更新認定で要介護状態区分が変わらない場合、有効期間の上限を48カ月間とする（令和３年４月～）

### ○要介護状態区分の変更（29条）

状態が変化した場合は、市町村に対して、要介護区分の変更の申請を行うことができる。

➡介護支援専門員は、サービス実施後も被保険者の状態を観察し、必要に応じて変更申請の代行を行います。

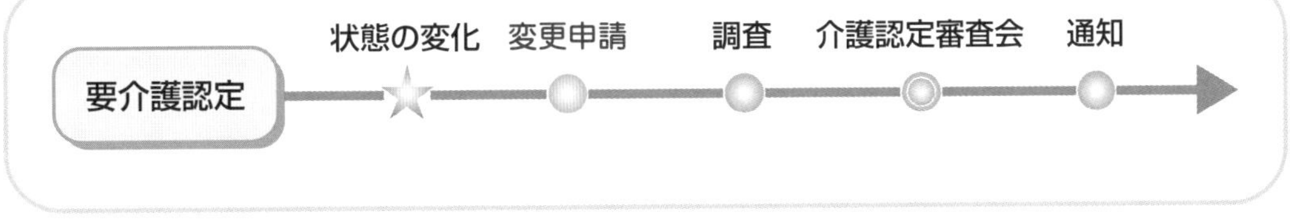

○**要介護認定の取消し**（31条）

以下に該当する場合は、市町村は要介護認定を取り消すことができる。

①要介護者に該当しなくなったと認めるとき

②正当な理由なしに、調査に応じなかったり、診断命令に従わないとき

○**要介護認定の手続の特例**（35条）

介護認定審査会は、要介護状態ではないが、要支援状態に該当すると認められるときは、市町村に通知することができる。

○**転居した場合の要介護認定**（36条）

要介護認定を受けている者が転居した場合は、14日以内に新しい保険者に要介護認定の書面を添えて提出すれば、改めて要介護認定を受けなくてもよい。

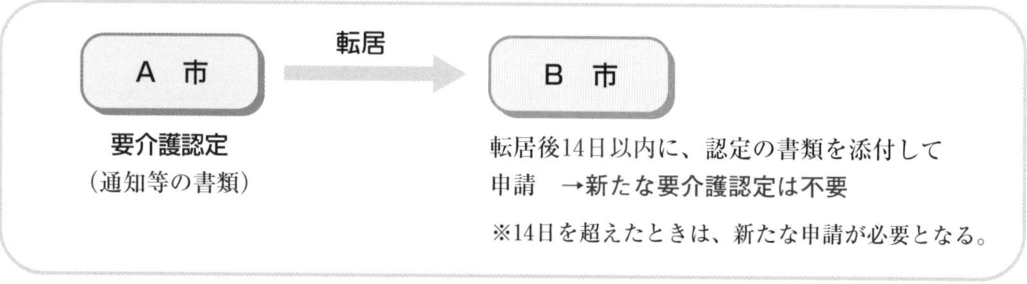


○**介護給付等対象サービスの種類の指定**（37条）

- 介護認定審査会は、審査・判定結果を市町村に通知するときに、
  ①要介護状態の軽減・悪化の防止（介護予防）のために必要な療養に関する事項
  ②サービスの適切かつ有効な利用等に関する留意事項
  について、意見を述べることができる。
- 市町村は、介護認定審査会の意見に基づき、要介護者などが利用するサービスの種類を指定することができる。
- 指定を受けた被保険者は、サービスの種類の変更を申請することができる。

# 被保険者に対する保険給付の制限

## ○要介護認定の取消し（31条）

正当な理由がないのに、介護認定のための調査に応じなかったり、医師の診断命令に従わなかったときには、要介護認定を取り消すことができる。

## ○保険給付の制限（63〜69条）

- 監獄等に拘禁されている者には、その期間、給付しない。(63条)
- 市町村は、被保険者の故意、犯罪行為や重大な過失を原因として、介護が必要な状態等もしくはその原因となった事故を生じさせたり、または要介護状態の程度を進行させたりした場合、それを理由とした介護給付等について、その全部または一部を行わないことができる。(64条)
- 市町村は、介護給付等を受けている者が、正当な理由なしに文書の提出の求めに応じなかったり、または答弁を拒んだときは介護給付等の全部または一部を行わないことができる。(65条)
- 保険料滞納者への支払方法の変更（66条）
- 保険給付の支払の一時差止（67条）
- 医療保険料などに未納がある者に対する保険給付の一時差止（68条）
- 保険料を徴収する権利が消滅した場合の保険給付の特例（69条）

**メモ**

被保険者が介護保険料を払わない場合、次のような対応が取られます。

〔滞納対策〕 ①現物給付を停止し、償還払いになる[注)]（66条）
②それでもなお払わないときは、給付を一時差止する（67条）
③それでもなお滞納しているときは、サービスの給付費から保険料を相殺

滞納発生 → 督促 → 償還払いへ変更 → 給付を一時停止 → 給付と相殺

※注）償還払い＝介護保険サービスを利用したときの自己負担は１〜３割だが、現物給付が停止されるのでまず10割を自分で支払い、その後で９〜７割分を保険者に請求する。

〔時　効〕

介護保険の保険料の時効は、２年である。時効のため徴収することのできない保険料があるときは、給付率を９割から７割へ引き下げる。

## 介護保険サービスとその他のサービス

介護保険サービスだけでは、実際の介護ニーズに応えきることはできません。そこで実際には、市町村によるサービス（地域支援事業、市町村特別給付、保健福祉事業）、民間のサービス（自費購入）なども活用されています（全体像→62ページ）。

○市町村によるサービス

| | 内　容 | 財　源 |
|---|---|---|
| 市町村特別給付 | 【対　象】要介護認定を受けた者<br>【サービス内容】横出し ➡指定サービス以外のもの（移送・配食サービスなど） | 原則として、第１号被保険者の保険料 |
| 保健福祉事業 | 【対　象】介護保険被保険者、家族、その他<br>【サービス内容】家族介護教室、立替資金の貸付など | |
| 地域支援事業 | 市町村は、被保険者が要介護状態等となることを予防するとともに、要介護状態等となった場合でも、可能な限り地域で自立した生活を営むことができるよう支援するため地域支援事業を実施する<br>→27年度改正により、その内容は大きく変更されました。（→167頁参照） | 国・都道府県・市町村の税負担＋保険料負担 |

○介護保険指定サービス以外のサービスの実施

地域で安心して暮らしていくためには、介護保険指定サービス以外のサービスの充実が不可欠です。しかし、介護保険制度の導入を契機に、地域の単独事業等は大きく削減される方向へと動きました。原因としては、いくつかの理由が複合していると思われます。

①財政的理由

措置制度下でのサービスは、国の補助金を受けて事業を実施する形を取っていました。しかし、介護保険制度の導入により、補助金関係がおおむね介護保険指定サービスとなり、事業に対する補助金の歳入見込みがなくなりました。

かつて地方自治体は、国の補助金をあてにしないで、自治体の単独サービスを充実させていました。たとえば、東京の中野区が先鞭（せんべん）をつけ、東京都が実施した老人医療費の無料化、東京都が実施した在宅の寝たきり高齢者に対する「老人福祉手当」の支給などです。これらの政策の出発点においては、高度経済成長期の地方税収入の潤沢（じゅんたく）な財源を充てて実施していました。今日、赤字公債に苦しむ自治体の財源は逼迫（ひっぱく）し、それとともに単独事業が見直しの時代に入っています。

### ②単独事業の内容

金銭給付的な事業が中心で、たとえば東京都が実施していた老人福祉手当のように、寝たきり高齢者には「月額約６万円」の手当を支給するという、「政策性」に乏しい事業が多かったと思われます。お金があるから渡します、というような考え方は安易すぎたようにも見えます。

### ③住民参加型のサービス提供主体の形成が未成熟

介護保険制度が始まる前は、都市部を中心に住民参加型団体が配食や24時間ホームヘルプサービスなどを行い、公的サービスのすきまを埋めていましたが、その費用の確保は自治体からの補助であったりして、住民団体は自ら資金をつくり出すことに成功していなかったため、独自のサービスの展開が不十分となりました。結果、介護保険法の施行に伴い、介護保険の事業者となることで安定的事業運営が可能となった反面、「事業者」に変身を余儀なくされ、独自サービスができなくなり、地域サービスの減少につながった面もあります。

しかし、今回の法改正では、住民が主体的に地域の生活課題解決に参加する新しい地域社会の実現が、これからの社会保障制度の基盤となる方向が示されています。そのような住民参加をどのように実現するのか、正念場を迎えることになります。

### ④価値観・社会の変化

何よりも大きいことは、社会や価値観の変化でしょう。経済成長の過程で都市は生み出されたのですが、田舎の人間関係に代わる新しい人間関係を都市では創造することができず、「社畜人間」という言葉が生まれるような価値観を生み出し、さらに地域福祉の代替として「企業の福利厚生」が機能しました。こうした帰属する企業優先、効率優先の価値観や、自分達の集団以外に対しては冷たい人間関係などが、地域福祉の阻害要因として積極的に機能していたのではないでしょうか。

これらの理由が複合して、地域サービス、特に都市部の地域サービスが貧しいものになっていったと考えられます。しかし、今後、企業の福利厚生が縮小され、地域での暮らしを重視する傾向が進むなか、地域のセーフティーネットの整備は不可欠になってきます。

### ○事業の実施状況

ここで､介護保険指定サービス以外のサービス事業の実施状況について見てみましょう。

今述べたように、地域サービスの拡充、整備は不可欠と思われますが、次の①②の表に見るように、市町村特別給付や市町村保健福祉事業を実施している市町村の割合はきわめて低いものとなっています。

①市町村特別給付

実施保険者数　115（4.2%）

（%は保険者全体に対する割合）

| 事　業　名 | 実施市町村 |
|---|---|
| おむつの支給 | 67（2.4%） |
| 移送サービス | 24（0.9%） |
| 通所入浴サービス | 6（0.2%） |
| 寝具乾燥サービス | 4（0.1%） |
| 配食サービス | 11（0.4%） |
| 訪問理美容サービス | 6（0.2%） |
| その他 | 35（1.3%） |

②市町村保健福祉事業

実施保険者数　158（5.7%）

（%は保険者全体に対する割合）

| 事　業　名 | | 実施市町村 |
|---|---|---|
| 介護予防事業 | | 31（1.1%） |
| | 健康づくり教室 | 12（0.4%） |
| | 介護予防教室 | 29（1.1%） |
| 介護者支援事業 | | 18（0.7%） |
| | 介護者教室・相談 | 11（0.4%） |
| | 家族リフレッシュ事業 | 10（0.4%） |
| 直営介護事業 | | 13（0.5%） |
| その他 | | 116（4.2%） |

③地域支援事業（実施主体は市町村）

● 高齢者支援で重要度を増す地域支援事業

地域支援事業には、介護予防・日常生活総合支援事業（第１号事業）と一般介護予防事業の２種類があります。

平成30年度から、介護予防訪問介護と介護予防通所介護は予防給付から外され、介護予防・日常生活総合支援事業である訪問型サービスと通所型サービスへ移行されました。

さらに、令和３年４月から、新たに要介護認定と認定された高齢者について、認定される前から第１号事業を利用していた者は、要介護認定後も引き続いてこの事業を利用できることとされました。

視点を変えると、要支援者・要介護者についても一部のサービスについて、介護保険の本体給付ではなく、市町村事業である地域支援事業の利用対象となったということです。

◆利用者を取り巻く環境と地域支援事業◆

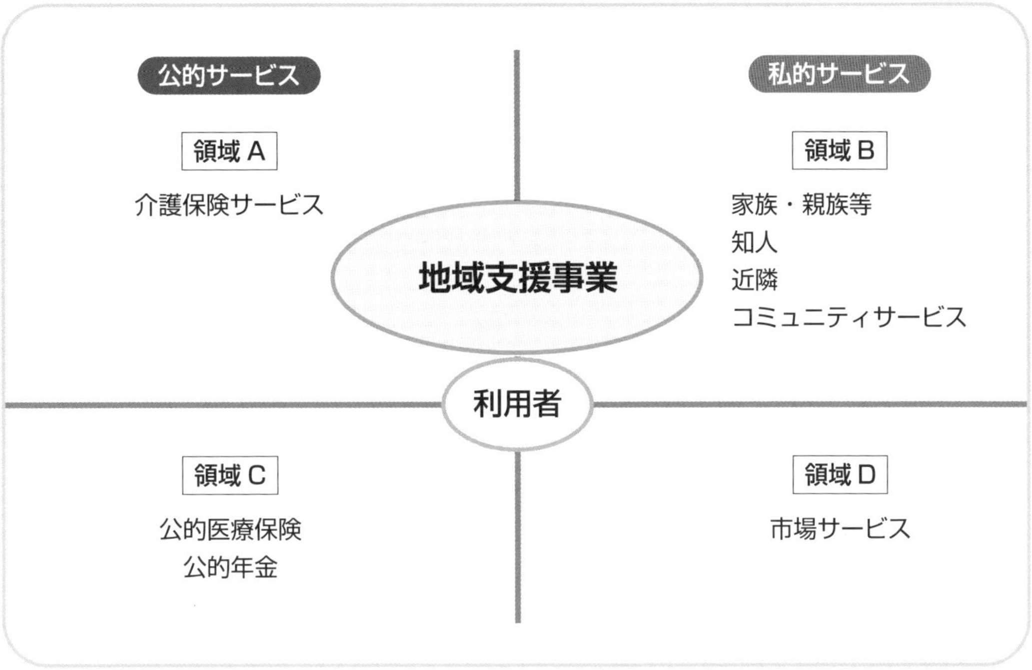


居宅生活を継続させるためには、Aのみの利用では困難な場合が多く、適宜BやCのサービスも利用します。家族機能が弱体化する中、新たな支援サービスとしての地域支援事業の役割が増すと思われます。利用者を取り巻く環境の下で、どのように地域支援事業をつくるかが、市町村に課せられた大きな課題です。

また、ケアマネジャーをはじめ、サービスに関わる者は、利用者をとりまく全体を見て利用者支援を行うことが重要です。そのためには、自分たちの仕事にのみ目を向けるのではなく、全体を鳥瞰する視点が大事です。

# ◆ 介護給付のしくみ ◆

## ○介護給付の流れ

　介護保険法では、原則として、被保険者にサービス費が給付されることになっていますが、国民健康保険団体連合会（国保連）に給付を代理受領させることで、ケアプランを作成するなどの一定条件を満たせば、サービスに払う金銭ではなく、現物給付の形で被保険者がサービスを受けられるしくみになっています。

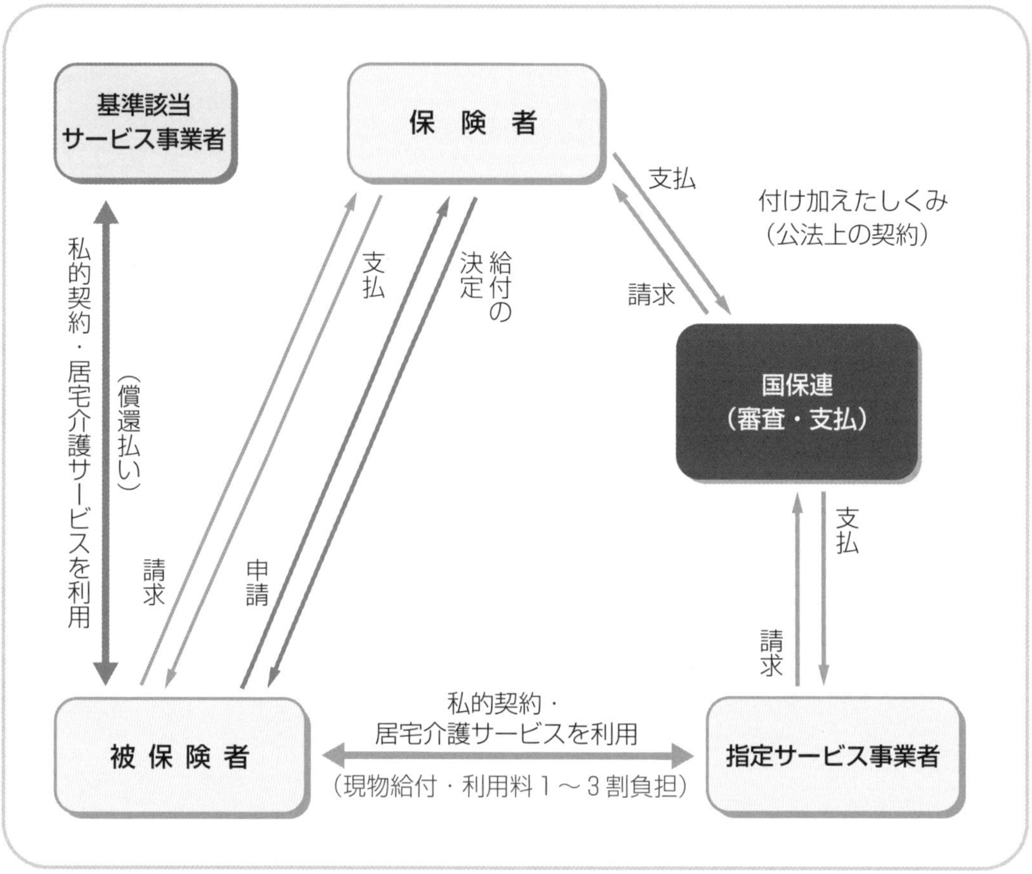

原則は、サービス費の給付ですが、図のように、指定サービス事業者のサービスを利用した場合は、給付限度額の範囲で現物給付となります。

　ただし、現物給付となる対象は、一部のサービス（福祉用具購入費の給付、住宅改修費の給付、高額介護サービス費の給付など）を除いたサービスで、かつケアプランを作成する必要があります。ケアプラン作成前、またはケアプランを作成しないときは、現物給付は行われず、サービス費の給付が行われます（償還払い＝自分で現金払いした後、保険者に費用を請求する）。基準該当サービス（82ページ）を利用したときも償還払いです。

# 介護保険給付の種類と給付方法

同じ介護保険による給付でも、給付の種類やサービスの種類によって、下図のように給付方法が変わります。

現物給付とは、ケアプランを作成すれば、1割（一定所得者は2割または3割）の自己負担を支払うだけで、利用者がサービスそのものを直接受け取ることができる方式です。

償還払いとは、とりあえず利用者がサービス事業者に代金を全額支払った後に、その費用を保険者に請求すると、給付限度額の7～9割が支給される方式です。

| 介護給付の種類（40条） | 予防給付の種類（52条） | 備　考 |
|---|---|---|
| ①居宅介護サービス費 | ①介護予防サービス費 | 現物給付 |
| ②特例居宅介護サービス費 | ②特例介護予防サービス費 | 償還払い |
| ③地域密着型介護サービス費 | ③地域密着型介護予防サービス費 | 現物給付 |
| ④特例地域密着型介護サービス費 | ④特例地域密着型介護予防サービス費 | 償還払い |
| ⑤居宅介護福祉用具購入費 | ⑤介護予防福祉用具購入費 | 償還払い |
| ⑥居宅介護住宅改修費 | ⑥介護予防住宅改修費 | 償還払い |
| ⑦居宅介護サービス計画費 | ⑦介護予防サービス計画費 | 現物給付 |
| ⑧特例居宅介護サービス計画費 | ⑧特例介護予防サービス計画費 | 償還払い |
| ⑨施設介護サービス費 | | 現物給付 |
| ⑩特例施設介護サービス費 | | 償還払い |
| ⑪高額介護サービス費 | ⑨高額介護予防サービス費 | 償還払い |
| ⑫特定入所者介護サービス費 | ⑩特定入所者介護予防サービス費 | 現物給付 |
| ⑬特例特定入所者介護サービス費 | ⑪特例特定入所者介護予防サービス費 | 償還払い |
| ⑭共生型訪問介護費 | | 現物給付 |
| ⑮共生型通所介護費 | | 現物給付 |
| ⑯共生型短期入所生活介護費 | ⑫共生型介護予防短期入所生活介護費 | 現物給付 |

○**居宅介護サービス費の支給**（41条）

- 市町村は、要介護認定を受けた被保険者が、指定サービス事業者のサービスを利用したときは、居宅介護サービス費を被保険者に支給する。
- 市町村は、サービスを利用した被保険者に代わり、指定サービス事業者に利用した費用を支払うことができる（被保険者にとって現物給付）。この場合は、被保険者にサービス費の支給があったものとみなす。

● 共生型サービスの給付は72条の２による。

◆現物給付のシステム◆

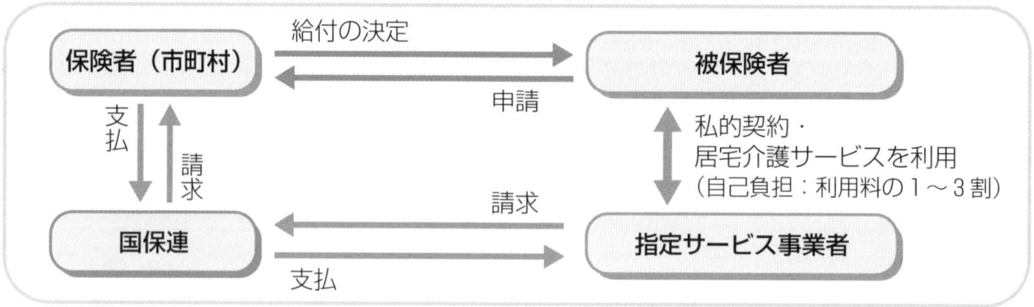


○**自己負担１割以外の自己負担**（41条）

介護保険のサービスを利用する際は、１割（一定所得者は２割または３割（平成30年８月～））を自己負担しますが、それ以外に次のようなものは利用者が負担します。

| | 滞在費<br>居住費 | 食費 | おむつ代 | 理美容代 | その他日常的に必要な経費で、利用者の負担が適当なもの |
|---|---|---|---|---|---|
| 通所介護・通所リハビリテーション | | ○ | ○ | | ○ |
| 短期入所生活介護・短期入所療養介護 | ○ | ○ | | ○ | ○ |
| 認知症対応型共同生活介護 | ○ | ○ | ○ | ○ | ○ |
| 特定施設入所者生活介護 | ○ | | ○ | | ○ |

※食費＝食事の提供に要する費用。※短期入所には共生型も含む。

○**特例居宅介護サービス費の支給**（42条）

次の場合に、市町村は居宅要介護被保険者に対して特例居宅サービス費を支給します。特例居宅介護サービス費は、償還払いとなります。

①要介護認定の効力が生じた日以前に、緊急その他やむを得ない理由により指定居宅サービスを受けた場合で、必要があると認められるとき

※要介護認定の申請を行う前に、申請ができずにやむを得ずサービスを利用した場合など。

②指定サービス以外のサービスまたはこれに相当するサービス（基準該当サービス ➡82ページ）を受けた場合で、その事業者が一定の基準を満たしており、かつ必要があると認められるとき

指定を受けていないサービス
基準該当サービス
―を利用をしたとき

③指定サービスおよび基準該当サービスの確保が著しく困難な離島などの地域で、一定の要件に合うサービスを利用した場合で、必要があると認められるとき

**○地域密着型サービス費の支給**（42条の２）

①夜間対応型訪問介護
②認知症対応型通所介護
③小規模多機能型居宅介護
④認知症対応型共同生活介護
⑤地域密着型特定施設入居者生活介護
⑥地域密着型介護老人福祉施設入所者生活介護
⑦定期巡回・随時対応型訪問介護看護
⑧看護小規模多機能型居宅介護
⑨小規模型通所介護（定員18人以下）

**○居宅介護福祉用具購入費の支給**（44条）

対象となる福祉用具を購入した際には、購入費の給付を受けることができますが、18年改正により、都道府県が指定した指定居宅サービス事業者から市町村が認めたものを購入した場合にのみ、特定福祉用具購入費が支払われることになりました。

**○高額介護サービス費の支給**（51条、61条）

介護保険は利用者が１割～３割を負担することになっていますが、その負担分の合計が一定額を超えたときは、申請すると、超えた分が戻ってきます。

負担の上限額は右表のとおりです。

**◆高額介護サービス費上限額◆**

| | |
|---|---|
| 年収約1,160万円以上 | 140,100円 |
| 年収約770～1,160万円 | 93,000円 |
| 年収約383～770万円 | 44,000円 |
| 一般 | 44,400円 |
| 市町村民税世帯非課税等 | 24,600円 |
| 年金収入80万円以下等 | 15,000円 |

**○特定入所者介護サービス費の支給**（51条の３）

介護保険施設または指定居宅サービス事業者で要した食費、居住・滞在費について、低所得の入所者（特定入所者）に対しては負担限度額を設定し、それを超えた分は介護保険から支払われます（特定入所者介護サービス費の支給）。

ショートステイ（短期入所）の場合は「滞在費」、それ以外は「居住費」といいます。デイサービス（通所介護）、デイケア（通所リハビリテーション）で食事をした場合も、食費の分は自己負担します。

参考

## 福祉用具貸与計画の作成の義務付け
### （指定居宅サービス等の事業の人員、設備及び運営に関する基準（抄））

24年改正に伴う省令改正で、福祉用具貸与及び販売に係る「計画作成」が義務付けられました。＊介護保険法施行規則等の一部を改正する省令（厚生労働三〇平24. 3 .13）より

**（福祉用具貸与計画の作成）**
**第199条の 2**

1　福祉用具専門相談員は、利用者の希望、心身の状況及びその置かれている環境を踏まえ、指定福祉用具貸与の目標、当該目標を達成するための具体的なサービスの内容等を記載した福祉用具貸与計画を作成しなければならない。この場合において、指定特定福祉用具販売の利用があるときは、同特定福祉用具販売計画と一体のものとして作成されなければならない。
2　福祉用具貸与計画は、既に居宅サービス計画が作成されている場合は、当該居宅サービス計画の内容に沿って作成しなければならない。
3　福祉用具専門相談員は、福祉用具貸与計画の作成に当たっては、その内容について、利用者又はその家族に説明し、利用者の同意を得なければならない。
4　福祉用具専門相談員は、福祉用具貸与計画を作成した際には、当該福祉用具貸与計画を利用者に交付しなければならない。
5　福祉用具専門相談員は、福祉用具貸与計画の作成後、当該福祉用具貸与計画の実施状況の把握を行い、必要に応じて当該福祉用具貸与計画の変更を行うものとする。
6　第１項から４項までの規定は、前項に規定する福祉用具貸与計画の変更に準用する。

**（特定福祉用具販売計画の作成）**
**第214条の 2**

1　福祉用具専門相談員は、利用者の心身の状況、希望及びその置かれている環境を踏まえ、指定特定福祉用具販売の目標、当該目標を達成するための具体的なサービスの内容等を記載した特定福祉用具販売計画を作成しなければならない。この場合において、指定福祉用具貸与の利用があるときは、同福祉用具貸与計画と一体のものとして作成しなければならない。
2　特定福祉用具販売計画は、既に居宅サービス計画が作成されている場合は、当該居宅サービス計画の内容に沿って作成しなければならない。
3　福祉用具専門相談員は、特定福祉用具販売計画の作成に当たっては、その内容について、利用者又はその家族に説明し、利用者の同意を得なければならない。
4　福祉用具専門相談員は、特定福祉用具販売計画を作成した際には、当該特定福祉用具販売計画を利用者に交付しなければならない。

○　機能や価格帯の異なる複数商品の提示等

利用者が適切な福祉用具を選択する観点から、運営基準を改正し、福祉用具専門相談員に対して、以下の事項を義務づける。

- 貸与しようとする商品の特徴や貸与価格に加え、当該商品の全国平均貸与価格を利用者に説明すること
- 機能や価格帯の異なる複数の商品を利用者に提示すること
- 利用者に交付する福祉用具貸与計画書をケアマネジャーにも交付すること

＊指定居宅サービス等の事業の人員、設備及び運営に関する基準（30年１月18日省令第５号）より

## 住宅改修費の給付について

### 1　住宅改修費

住宅改修をめぐっては、悪質なリフォーム業者による不要・過剰な工事等による高齢者の被害が報道されています。平成18年の改正では、そのような被害や不要な工事の防止を狙いとして、事前に市町村に届け出る事前申請制度へと、改正が行われました。

事前申請における住宅改修費の支給の流れは次のようになります。

**住宅改修についてケアマネジャー等に相談**

↓

**〈申請書類または書類の一部提出・確認〉**

利用者は、支給申請書等を保険者へ提出し、保険者は提出書類等により、保険給付が適当な改修か確認。

【提出書類】

①　支給申請書　　②　住宅改修が必要な理由書
③　工事費見積書
④　住宅改修後の完成予定の状態がわかるもの（写真または簡単な図）

↓

**施　行　➡　完　成**

↓

**〈住宅改修費の支給申請・決定〉**

工事終了後、領収書等を保険者に提出し「正式な支給申請」となる。保険者は、事前の提出書類との確認、工事が行われたかの確認をし、必要を認めた場合、住宅改修費を支給する。

【提出書類】

①　住宅改修に要した費用の領収書　　②　工事費内訳書
③　住宅改修の完成後の状態を確認できる書類（便所、浴室、廊下等箇所ごとの改修前・改修後の写真で、原則として撮影日がわかるもの）
④　住宅の所有者の承諾書（改修者が所有者でなかった場合）

## 2　介護給付の対象とする住宅改修の範囲設定の考え方

①住宅改修の実例をみると、便所、浴室、寝室、廊下・玄関などの改修箇所にかかわらず、手すりの設置、段差の解消の例が多く、このほかドアの引き戸化、便所では洋式便器化、浴室ではすべり止めや床材の変更、寝室では床材の変更の例が共通してみられる。

②住宅改修の実例、及び保険給付の対象を小規模なものにせざるを得ない制約等を勘案し、保険給付の対象とする住宅改修の範囲は、共通して需要が多くかつ比較的小規模な改修工事とする。

〈住宅改修の範囲〉

次に掲げる工事を包括して、１種類とする。

①手すりの取り付け

②床段差の解消（三角材・小踏台の設置、敷居の平滑化・交換等）

③引き戸等への扉の交換

④洋式便器等への便器の取り替え

⑤上記の各工事に附帯して必要な工事

（手すりの取り付けのための壁下地補強、便器取り替えに伴う便所床の改修等）

- 上記の工事種別のうち、標準的には①および②の２つを組み合わせた改修が行われることを想定している。

〈住宅改修の費用の見積書〉

平成30年度から、国が示す様式の使用が義務づけられました。

※医療保険福祉審議会（平成10年８月24日）、全国介護保険担当課長会議資料（平成18年３月13日）を元に作成

# 第５章　介護支援専門員並びに事業者及び施設（第69条の２～115条の44）

| | |
|---|---|
| 第１節　介護支援専門員 | （第69条の２～69条の39） |
| 第２節　指定居宅サービス事業者 | （第70～78条） |
| 第３節　指定地域密着型サービス事業者 | （第78条の２～78条の17） |
| 第４節　指定居宅介護支援事業者 | （第79～85条） |
| 第５節　介護保険施設 | （第86～115条） |
| 第６節　指定介護予防サービス事業者 | （第115条の２～115条の11） |
| 第７節　指定地域密着型介護予防サービス事業者 | （第115条の12～115条の21） |
| 第８節　指定介護予防支援事業者 | （第115条の22～115条の31） |
| 第９節　業務管理体制の整備 | （第115条の32～115条の34） |
| 第10節　介護サービス情報の公表 | （第115条の35～115条の44） |

**第５章のポイント**

第５章は18年改正で大きく変わりました。介護支援専門員についての規定が入ったこと、事業者指定が更新制になったこと、また地域密着型サービスの介護予防事業者の規定、指定調査機関、情報開示のしくみが定められたことなどです。これにより、これまで①指定居宅サービス事業者、②指定居宅介護支援事業者、③介護保険施設という３節で構成されていたものが、９節へと増えました。さらに、21年改正で業務管理体制の整備が１節加わり、10節となり、平成27年改正では介護支援専門員に対する規定が入念に盛り込まれました。介護支援専門員に対する期待を表したものと思われます。

## 第１節　介護支援専門員

**【第１款　登録等】**

○介護支援専門員の登録（69条の２）
○登録の移転（69条の３）
○登録事項の変更の届出（69条の４）
○死亡等の届出（69条の５）
○申請等に基づく登録の消除（69条の６）
○介護支援専門員証の交付（69条の７）
　➡交付を受けるには、都道府県知事が行う研修を受けなければならない。
　➡介護支援専門員証の有効期間５年。

○介護支援専門員証の有効期間の更新（69条の８）

➡更新を受けるには、都道府県知事が行う研修を受けなければならない。

【第２款　登録試験問題作成機関の登録、
指定試験実施機関及び指定研修実施機関の指定等】

【第３款　義務等】

○介護支援専門員の義務（69条の34）

要介護者等の人格を尊重し、常にその立場に立って、居宅サービス、地域密着型サービス、施設サービス、介護予防サービスもしくは地域密着型介護予防サービス又は特定介護予防・日常生活支援総合事業が特定の種類・特定の事業者に不当に偏ることがないよう、公正・誠実に業務を行わなければならない。

○介護支援専門員は、要介護者等が自立した日常生活を営むのに必要な援助に関する専門的知識及び技術の水準を向上させ、その他その資質の向上を図るよう努めなければならない。（69条の34、３）

○介護支援専門員の秘密保持義務（69条の37）

○介護支援専門員の登録の消除（69条の39）

## 第２節　指定居宅サービス事業者

○指定居宅サービス事業者の指定（70条）

- 指定は、厚生労働省の定める基準により、都道府県知事が事業者からの申請により、居宅サービスの種類ごと、また居宅サービス事業を行う事業所ごとに行う。市町村長は、指定について通知を求めることができる。
- 指定基準

　①法人格を有していること（ただし、病院・診療所等により行われる訪問看護、訪問リハビリテーション、通所リハビリテーション、短期入所療養介護を除く）

　②従業者の知識・技能・人員が、厚生労働省令で定める基準を満たしていること

　③設備・運営基準を満たしていること

○指定及び更新の欠格事由の見直しに関する事項（70条２）

- 申請者と密接な関係にある者が指定を取り消され、その取り消しの日から５年を経過していない時。
- 過去５年以内に指定等の取消処分を受けた介護サービス事業者であっても、業務管理体制の整備等取組状況を考慮して、指定等を行うことができる。
- 労働に関する法律規定で政令で定めるものにより罰金刑に処せられ、執行が終了するまでは指定を受けることができない。
- 労働保険保険料の滞納で処分を受けている者は指定を受けることができない。

○共生型居宅サービス事業者の特例（72条の２）

児童福祉法の指定または障害者総合支援法の指定を受けている者から、訪問介護、通所介護等の居宅サービス等の事業所について指定の申請があった場合、都道府県または市町村の条例で別途定める基準を満たしているときは指定することができる。指定を受けた事業者は、その基準に従わなければならない。

○事業廃止時におけるサービスの確保に関する事項（74条４）
介護サービス事業者は、事業等の廃止または休止の届出をしたときは、当該介護サービス事業者が提供するサービスの利用者で、引き続き同種のサービスの利用を希望する者について、他の事業者と連絡調整し、サービスが利用できるよう便宜の提供を行わなければならない。（74条５）

○指定居宅サービス事業者は、要介護者の人格を尊重するとともに、要介護者のために忠実にその職務を遂行しなければならない（74条６）

○不正事業者による処分逃れ対策に関する事項（75条２）
休止廃止の場合は、その１カ月前までに知事等に届け出なければならない。

○事業廃止時のサービスの確保に関する都道府県知事等の助言（75条の２）
都道府県知事等は74条の便宜の提供が円滑に行われるために必要があると認めるときは、当該関係者に助言を行うことができる。厚労大臣は都道府県知事相互間の連絡調整等に助言等を行うことができる。

○介護サービス事業者の本部等に対する立入検査権の創設に関する事項（76条１）

○廃止する介護サービス事業者が、便宜の提供を行っていないと認められるときは、勧告による措置を命ずることができる（76条の２、１・３）

〔第２～４節の事業者の主な共通事項〕
- 人員基準、設備・運営基準……厚生労働大臣が定める
- 変更の届出……変更事項が生じたときは、10日以内に都道府県知事※に届け出る（事業者の名称、所在地、休止など）
- 報告の命令・立入検査……都道府県知事※・市町村長は、事業に関する報告の命令・立入検査等を行うことができる
- 休廃止の場合の事前届出……事業所はサービスを休止・廃止する場合は１カ月前までに、都道府県知事等に届け出なければならない
- 事業廃止時のサービスの確保……事業者は事業を廃止するときは、サービスの利用者に同種のサービスを紹介する
- 指定の更新の見直し等……過去５年以内に指定を取り消された事業者であっても、業務管理体制への取り組み状況を勘案して、指定を行うことができる
- 指定の取消し……●人員基準や設備・運営基準を満たさなくなったとき
  ●虚偽の報告をしたとき

●サービス費等の請求に不正があったとき
●前5年以内に不正・不当な行為があったとき
●労働法規による罰金刑を受けたとき　等

・指定の更新……6年ごとに更新を受ける

※地域密着型サービスの事業者の場合は、それぞれ「都道府県知事」ではなく「市町村長」となります。

### 第3節　指定地域密着型サービス事業者

○地域密着型サービス事業者の指定基準（78条の2）

- 市町村長が指定する（78条の2、1）
- 市町村長は指定を行おうとするときは、あらかじめ都道府県知事に届け出なければならない（78条の2、2）
- 都道府県知事は、都道府県介護保険事業支援計画に定めるその区域の介護専用型特定施設入居者生活介護・地域密着型特定施設入居者生活介護の必要利用定員総数にすでに達しているか、またはその事業を指定すると超えるときには、市町村長に必要な助言・勧告を行うことができる（78条の2、3）
- 指定基準（78条の2、4）

①法人格を有していること
②従業者の知識・技能・人員が、厚生労働省令で定める基準を満たしていること
③設備・運営基準を満たしていること
④市町村の区域内にあること

- 市町村長は、市町村（または生活圏域）の地域密着型サービスの必要利用定員総数にすでに達しているか、またはその事業を指定すると超えるときには、申請のあった認知症対応型共同生活介護を指定しないことができる（78条の2、6）
- 共生型地域密着型サービス事業者の特例（78条の2の2）

### 第4節　指定居宅介護支援事業者

○指定居宅介護支援事業者の指定（79条）

- 指定は、厚生労働省の定める基準により、都道府県知事が事業者からの申請により、居宅介護支援事業を行う事業所ごとに行う
- 指定基準

①法人格を有していること
②介護支援専門員の人員数が基準を満たしていること
③運営基準を満たしていること

○指定の更新は6年ごとに行う（79条の2）

○指定の取消し（84条）

● 介護支援専門員の人員基準や運営基準を満たさなくなったとき
● 適正な居宅介護支援の運営ができなくなったとき
● 認定調査の委託を受けて、虚偽の報告をしたとき
● 居宅介護サービス費等の請求に不正があったとき　等

## 第5節　介護保険施設

〔3施設の主な共通事項〕
・人員基準、設備・運営基準……厚生労働大臣が定める
・変更の届出……変更事項が生じたときは、10日以内に都道府県知事に届け出る
・報告の命令・立入検査……都道府県知事・市町村長は、事業に関する報告の命令・立入検査等を行うことができる
・指定の辞退……1カ月以上の予告期間をおいて、指定を辞退することができる
・指定の取消し……● 人員基準や設備・運営基準を満たさなくなったとき
● 虚偽の報告をしたとき
● サービス費等の請求に不正があったとき
● 前5年以内に不正・不当な行為があったとき　等
・指定の更新……6年ごとに更新を受ける

なお、各サービス事業者は、自ら提供するサービスの質について自己評価を行い、改善に資するものとされています。

### 【第1款　指定介護老人福祉施設】

○指定（86条）
● 特別養護老人ホーム（入所定員30人以上）からの申請に基づき行う
○施設は都道府県が条例で定める員数の介護支援専門員その他の従事する従事者を要しなければならない（88条）

### 【第2款　介護老人保健施設】

○開設許可（94条）
● 施設の開設には、厚生労働省令の定めるところにより、都道府県知事の許可が必要
● 許可の要件
設置者の資格（現行基準で設定／地方公共団体、医療法人、社会福祉法人、その他）、人員基準、設備・運営基準を満たしていること
○広告制限（98条）

広告は、一定の制限された範囲でのみ可能

○業務運営の勧告、命令等（103条）

都道府県知事または市町村長による勧告・業務停止命令（公示）など

市町村は、施設が基準を満たさなくなった場合、都道府県知事に通知しなければならない

○医療法との関係等（106条）

介護老人保健施設は、医療法にいう病院・診療所ではないが、医療法等の法規で「病院」「診療所」とある場合は、介護老人保健施設を含むものとする

**【第３款　介護医療院】**

○開設許可（107条）

開設しようとする者は、厚生労働省令で定めるところにより、都道府県知事の許可を受けなければならない。

○許可の更新（108条）

許可は、６年ごとにその更新を受けなければならない。

○介護医療院の管理（109条）

都道府県の承認を受けた医師に管理させなければならない。

○広告制限（112条）

○業務運営の勧告、命令等（114条の５）

○許可の取消し（114条の６）

＊介護療養型医療施設は、令和６年まで３年間、有効期限が延長となった。

## 第６節　指定介護予防サービス事業者　（115条の２～115条の11）

○指定（115条の２）

介護予防サービス事業を行う者の申請により、事業所ごとに、都道府県知事が指定する。

市町村長は、指定について通知を求めることができる。

## 第７節　指定地域密着型介護予防サービス事業者　（115条の12～115条の19）

○指定（115条の12）

地域密着型介護予防サービス事業を行う者の申請により、事業所ごとに、市町村長が指定する。

## 第８節　指定介護予防支援事業者　（115条の22～115条の29）

○指定（115条の22）

地域包括支援センターの設置者（市町村）の申請により、事業所ごとに、市町村長が指定する。

○事業者は、当該指定を受ける事業者ごとに、市町村の条例で定める基準を満たさなければならない。(115条の24)

## 第9節　業務管理体制の整備　(115条の32～115条の34)

○業務管理体制の整備に関する事項（115条の32、1・2）

介護サービス事業者は、法令遵守に係る義務の履行が確保されるよう、業務管理体制を整備しなければならない。また、それを厚労大臣、都道府県知事または市町村長に届け出なければならない。

○厚労大臣等は、業務管理体制の整備に関し必要があると認めるときは、介護サービス事業者に対し、報告等を命ずるとともに、当該職員を事業所等に立入検査させることができる（115条の33）

○厚労大臣等は、適正な業務管理体制の整備をしていないと認めるときは、整備すべきことを勧告することができるものとし、その勧告に係る措置を執らなかった場合は当該措置を命ずることができる（115条の34、1・3）

## 第10節　介護サービス情報の公表　(115条の35～115条の44)

○介護サービス情報の報告・公表（115条の35）

①事業者　➡　開示情報（サービス内容や運営状況など）を都道府県に報告

②都道府県　➡　基本情報と運営情報（旧調査情報）の公表

➡　任意公表項目を定めることができる

なお、調査は都道府県が必要と判断した場合に行う

○指定調査機関の指定（115条の36）

都道府県知事は「指定調査機関」を指定し、調査を代行させることができる。

○指定情報公表センターの指定（115条の42）

都道府県知事は「指定情報公表センター」を指定し、介護サービス情報の報告の受理、公表、指定調査機関の指定に関する事務を代行させることができる。

# 指定・開設の基準

### ◆サービス提供事業者の指定基準◆

| 事 項 | 申 請 | 要件等 | 指定者 | 根 拠 |
|---|---|---|---|---|
| 居宅サービス事業者[注1)] | ●サービスの種類ごと<br>●事業所ごと | 厚生労働省令で定める<br>●法人格を有している[注2)]<br>●従業者の知識・技能・人員数が基準を満たす<br>●事業の設備・運営基準を満たす | 都道府県 | 70条<br>73条<br>115条の2 |
| 地域密着型サービス事業者[注1)] | | | 市 町 村 | 78条の2、3 |
| 居宅サービス事業者の特例 | 病院、診療所または薬局について、健康保険医療機関もしくは保険薬局の指定があったとき、または特定承認保健医療機関の承認があったときは、居宅サービスの指定があったものとみなす | | 都道府県 | 71条 |

※注1）それぞれ、介護予防サービス事業者を含む。 注3）共生型サービスは都道府県が指定
注2）医療機関が実施する場合は、個人も可。

### ◆介護保険施設の指定・開設基準◆

| 事 項 | 申 請 | 要件等 | 指定者 | 根 拠 |
|---|---|---|---|---|
| 介護老人福祉施設 | 特別養護老人ホーム（入所定員30人以上）からの申請 | ●一定の人員数＋介護支援専門員を有する<br>●設備・運営基準を満たす<br>●サービスの自己評価 | 都道府県 | 86条<br>88条<br>87条 |
| 介護老人保健施設 | 介護老人保健施設の開設者からの申請（地域の定員総数管理[注1)]） | ●地方公共団体、医療法人、社会福祉法人、その他厚生労働大臣が定める者<br>●人員基準、設備･運営基準を満たす<br>●サービスの自己評価<br>●介護支援専門員、一定の施設を有する | 都道府県 | 94条<br><br><br>96条<br>97条 |
| 介護医療院 | 療養型病床群等を有する病院であって、その開設者の申請があったもの（地域の定員総数管理[注1)]） | ●人員基準を満たす<br>●設備・運営基準を満たす<br>●サービスの自己評価 | 都道府県 | 107条<br><br>109条 |
| 介護老人保健施設・介護医療院が行う居宅サービス | 94条１項の許可または41条１項の指定があったときは、居宅サービスの指定があったものとみなす | | 都道府県 | 72条 |

※注1）各都道府県は、福祉圏域を設定し、施設サービスの目標量を定める。その目標量が達成された以降の新たな指定申請については、都道府県知事は指定しないことができる。

なお、各サービス事業者は、自ら提供するサービスの質について自己評価を行い、改善に資するものとされています。

### ◆変更の届出◆

| | 要件等 | 期限 | 届出先 | 根拠 |
|---|---|---|---|---|
| 指定居宅サービス事業者 | ●事業所の名称・所在地、その他厚生労働省令で定める事項に変更があったとき<br>●廃止・休止・再開したとき | 10日以内に届け出なくてはならない | 都道府県 | 75条 |
| 指定介護老人福祉施設 | ●住所、その他厚生労働省令で定める事項に変更があったとき | | | 89条 |
| 介護老人保健施設 | | | | 99条 |
| 介護医療院 | | | | 113条 |

※指定介護療養型医療施設は令和6年廃止に予定が延長された。

## 基準該当居宅サービス

介護保険サービスの提供者の指定は、厚生労働省が定める指定基準（前ページの表）により、地域密着型サービスは市町村が、他は都道府県が行います。しかし、「指定基準」は満たしていないものの、厚生労働省の定める一定の基準を満たしているサービス事業者については、市町村が「基準該当居宅サービス事業者」として指定することができます。

介護保険制度のサービスは、原則として要介護認定を受け、要介護度が確定した後に受けることになっていますが、要介護認定が出る前でも「緊急性があるためサービスが必要」とされた場合には給付を受けることができます。これを「特例居宅介護サービス費」といいます。ただし、原則として現物給付ではなく償還払いとなります。

地域密着型サービスについても、基準該当サービスがあります。

### ◆基準該当居宅サービス事業者の要件◆

| 法人格 | 人員等 | 介護保険制度での取り扱い | 有効範囲 |
|---|---|---|---|
| 有 | ○ | 指定 | 全国 |
| | △ | 基準該当 | 市町村 |
| | × | 離島等のみ認められる | サービスごと市町村 |
| 無 | ○ | 基準該当 | 市町村 |
| | △ | 基準該当 | 市町村 |
| | × | 離島等のみ認められる | サービスごと市町村 |

※人員等の欄中「○」は指定基準を完全に満たすもの、「△」は指定基準のうち「基準該当」の要件を満たすもの、「×」は基準該当の要件を満たさないもの。
※表の見方　例／法人格を有し、指定基準を完全に満たす（○印）場合は「指定」、指定基準を完全に満たしていても、法人格がなければ「基準該当」となる。

# 介護保険事業者情報の公表

介護保険制度導入により、サービスの利用が措置制度から契約制度へと転換しました。

従前はサービスの利用を市町村が決めていましたが、それを自己責任でサービス事業者を選び、契約をして利用することになりました。

しかし、要介護高齢者等が自己責任でサービスを選択することは困難なこともあり、「利用者を保護・支援するしくみ」として代理人的な性格の「ケアマネジャー」や、成年後見制度、苦情処理、サービス評価等のしくみができました。ただし、事業者の「情報提供」については課題となっていました。

そこで、介護保険制度においては、平成17年度から情報提供（それは多分にサービス評価の要素を含んでいる）のしくみが動き始めました。そのしくみが十分に機能していないという反省もあり、平成24年度改正で見直しがあり、下記のようになりました。（法115条の35）

| | |
|---|---|
| **調　査** | 都道府県が必要と認める場合に実施<br>＊都道府県において指針、国においてガイドラインを作成<br>＊基本情報も調査対象とする |
| **手数料** | ●公表・調査事務の効率化により低減を図る。地方自治法に基づき手数料を徴収することが可能 |
| **公表される情報** | ●基本情報<br>●運営情報（旧調査情報）<br>●任意報告情報（介護サービスの質や介護従事者に関する情報）<br>●事業所より年１回報告 |
| **公表対象サービス** | ●介護予防については、本体サービスと一体的に運営されている場合は、報告の一体化を可能にする |
| **公表システムサーバー** | ●国がサーバーを一元的に管理<br>＊各都道府県は、国設置のサーバーを活用して公表事務を実施可能 |
| **虚偽報告への対応** | ●是正等を命じ、命令に従わない場合には、指定取消または停止 |

27年改正で、この公表制度を活用して、地域包括支援センター、配食・見守りなどの生活支援情報、通所介護の設備を利用した法定外の宿泊サービスの情報も公表することとなりました。

また、30年改正で、地域の社会資源の情報について、市町村の積極的な広報(情報提供)が求められることとなりました。

# 第6章　地域支援事業等（第115条の45～115条の49）

## 第6章のポイント

27年の改正は、地域支援事業に予防給付の訪問介護と通所介護を組み込み、軽度者を介護保険の給付からはずし、地域支援事業に組み込むという、制度の考え方の転換を含む大きな改正となりました。振り返ると、地域支援事業は、18年の介護保険法改正により創設された事業です。従来の「介護予防・地域支え合い事業」「老人保健事業（の一部）」「在宅介護支援センターの事業」を再編成したものです。これらは税財源で行われてきましたが、介護保険法に組み入れられたことにより、財源に保険料が入りました。

○地域支援事業とは（115条の45、1）

市町村は、被保険者が要介護状態等となることを予防、または要介護状態を軽減、悪化の防止、地域での自立した日常生活の支援のための施策を総合的かつ一体的に行うため、地域支援事業として、次に掲げる事業を行う（115条の45、1）。

<介護予防・日常生活支援総合事業>

居宅要支援被保険者等に対して、次に掲げる事業を行う。

①介護予防を目的として、居宅において日常生活上の支援を行う事業（第1号訪問事業）

②介護予防を目的として、施設において日常生活上の支援または機能訓練を行う事業（第1号通所事業）

③介護予防サービス事業、地域密着型介護予防サービス事業または第1号訪問事業、第1号通所事業と一体的に行われる場合に効果があると認められる事業（第1号生活支援事業）

④介護予防を目的として、心身の状況、置かれている環境その他の状況に応じて、選択に基づき、第1号訪問・通所・生活支援事業他の適切な事業が包括的かつ効率的に提供されるよう必要な援助を行う事業（第1号介護予防支援事業）

### ◆地域支援事業（介護予防・日常生活支援総合事業）の全体像◆

26ページの図にあるように、要支援者を対象とした事業が介護予防・生活支援サービス事業です。このサービスは要支援認定を受けるか、同等の判定が行われる「チェックリスト」により該当と判定されないと利用できません。

訪問型サービスと通所型サービスの内容は次の通りです。この他、「その他の生活支援サービス」があり、①栄養改善を目的とした配食、②住民ボランティア等が行う見守り、③訪問型サービス、通所型サービスに準じる自立支援に資する生活支援（訪問型サービス・通所型サービスの一体的提供）からなっています。

訪問介護と通所介護のサービス提供者は次の３つに大きく分かれます。

① 介護保険の指定事業者 →（訪問介護相当などの）相当サービス

② 人員要件等を緩和された事業者 → Ａサービス

③ ボランティア・NPO 等の住民互助型のサービス → Ｂサービス

介護保険の指定事業者のサービスの利用については、表にもあるように一定の要件が課されています。また、「相当サービス」を利用している場合も、「状態等を踏まえながら、多様なサービスの利用を促進していくことが重要」とされています。

### ● 訪問型サービス（第１号訪問事業） ●

| 基準 | 現行の訪問介護相当 | 多様なサービス | | | |
|---|---|---|---|---|---|
| サービス種別 | ①訪問介護 | ②訪問介護型サービスＡ（緩和した基準によるサービス） | ③訪問介護型サービスＢ（住民主体による支援） | ③訪問介護型サービスＣ（短期集中による予防サービス） | ④訪問介護型サービスＤ（移動支援） |
| サービス内容 | 訪問介護員による身体介助・生活援助 | 生活援助等 | 住民主体の自主活動として行う生活援助等 | 保健師等による居宅での相談指導等 | 移送前後の生活支援 |
| 対象者とサービス | ○すでにサービスを利用しているケースでサービスの利用の継続が必要なケース<br>○以下のような訪問介護員によるサービスが必要なケース<br>・認知状態の低下により日常生活に支障がある症状・行動を伴う者<br>・退院直後で状態が変化しやすく専門的サービスが特に必要な者<br>＊状態を踏まえながら多様なサービスの利用を促進していくことが重要 | ○状態等を踏まえながら、住民主体による支援等「多様なサービス」の利用を促進 | | ○体力の改善に向けた支援が必要なケース<br>○ADL、IADLの改善に向けた支援が必要なケース<br>＊３～６ヶ月の短期間で行う | 訪問型サービスＢに準じる |
| 実施方法 | 事業者指定 | 事業者指定／委託 | 補助（助成） | 直接実施／委託 | |
| 基準 | 予防給付の基準を基本 | 人員等を緩和した基準 | 個人情報の保護等の最低限基準 | 内容に応じた独自の基準 | |
| サービス提供者等 | 訪問介護員（訪問介護事業者） | 主に雇用労働者 | ボランティア主体 | 保健・医療の専門職（市町村） | |

＊現行の訪問介護相当に該当する基準は厚労省が示す

＊訪問介護と訪問介護型サービスＡまでは国保連の支払代行の対象

## ● 通所型サービス（第１号通所事業）●

| 基準 | 現行の通所介護相当 | 多様なサービス | | |
|---|---|---|---|---|
| サービス種類 | ①通所介護 | ②通所型サービスA（緩和した基準によるサービス） | ②通所型サービスB（住民主体による支援） | ③通所型サービスC（短期集中の予防サービス） |
| サービス内容 | 通所介護と同様のサービス／生活機能の向上のための機能訓練 | ミニデイサービス／運動・レクリエーション等 | 体操・運動等の活動など、自主的な通いの場 | 生活機能改善をするための運動器の機能向上や栄養改善等のプログラム |
| 対象者とサービス提供の考え方 | ○既にサービスを利用しており、サービスの利用の継続が必要なケース<br>○「多様なサービス」の利用が難しいケース<br>○集中的に生活機能の向上のトレーニングを行うことで改善・維持が見込まれるケース<br>＊状態を踏まえながら多様なサービスの利用を促進していくことが重要 | ○状態等を踏まえながら、住民主体による支援等「多様なサービス」の利用を促進 | | ○ADLやIADLの改善に向けた支援が必要なケース等<br><br>＊３～６ヶ月の短期間で実施 |
| 実施方法 | 事業者指定 | 事業者指定／委託 | 補助（助成） | 直接実施／委託 |
| 基準 | 予防給付の基準を基本 | 人員等を緩和した基準 | 個人情報の保護等の最低限の基準 | 内容に応じた独自の基準 |
| サービス提供者 | 通所介護事業者の従事者 | 主に雇用労働者＋ボランテイア | ボランティア主体 | 保健・医療の専門職（市町村） |

介護予防のうち訪問介護と通所介護は、平成27年から地域支援事業の総合事業に移行しましたが、３年間の経過措置を経て、平成30年から完全に移行されました。

また、30年度から生活援助の担い手養成のための研修がスタートしました。

＜一般介護予防事業＞

市町村は、要介護状態等の予防とともに、要介護状態等となった場合でも、可能な限り、地域において自立した日常生活を営むことができるよう支援するため、地域支援事業として、次に掲げる事業を行うものとする（115条の45、２）。

①被保険者の心身の状況、居宅における生活の実態その他の必要な実情の把握、保健医療、公衆衛生、社会福祉その他の関連施策に関する総合的な情報の提供、関係機関との連絡調整その他の被保険者の保健医療の向上および福祉の増進を図るための総合的な支援を行う事業

②被保険者に対する虐待の防止と早期発見のための事業その他被保険者の権利擁護のための必要な援助を行う事業

③保健医療・福祉に関する専門的知識を有する者による被保険者の居宅サービス計画、施設サービス計画の検証、その心身の状況、介護給付等対象サービスの利用状況その他の状況に関する定期的な協議他の取組を通じ、当該被保険者が地域において自立した日常生活を営むことができるよう、包括的かつ継続的な支援を行う事業 →生活支援コーディネーター

④医療に関する専門的知識を有する者が、介護サービス事業者、居宅における医療を提供する医療機関その他の関係者の連携を推進するものとして厚生労働省令で定める事業 →在宅医療・介護連携支援センター（相談窓口）

⑤被保険者の地域における自立した日常生活の支援および要介護状態となることの予防または要介護状態等の軽減もしくは悪化防止に係る体制の整備その他これを促進する事業 →地域リハビリテーション促進事業

⑥保健医療・福祉に関する専門的知識を有する者による認知症の早期の症状の悪化の防止のための支援その他の認知症であるまたはその疑いのある被保険者に対する総合的な支援を行う事業 →認知症集中支援チーム等

○**市町村の任意事業**（**選択事業**）（115条の45、３）

市町村は、以上の他に、地域支援事業として次に掲げる事業を行うことができる。

- 介護給付に要する費用の適正化に関する事業
- 介護方法の指導、その他、介護者の支援に必要な事業
- その他

○**地域支援事業の上限額**（115条の45、４）

地域支援事業は、その地域の介護保険の実施状況、運営状況、75歳以上の被保険者数などを勘案して政令で定める額の範囲内で行う（上限額の規定 →210ページ）

○市町村は、地域支援事業を行うに当たっては、第118条の２第１項に規定する介護保険等関連情報その他必要な情報を活用し、適切かつ有効に実施できるよう努めるものとする（115条の45、５）

○**地域支援事業の事業費**

原則は次の表のとおりですが、新たな総合事業に移行する場合は、これとは別に、予防給付の訪問介護・通所介護の前年実績を踏まえた上乗せがあります。

| | 国 | 都道府県 | 区市町村 | 1号保険料 | 2号保険料 |
|---|---|---|---|---|---|
| 介護予防事業 | 25% | 12.5% | 12.5% | 23% | 27% |
| 介護予防事業以外 | 39.5% | 19.75% | 19.75% | 23% | — |
| 介護予防・日常生活支援総合事業 | 25% | 12.5% | 12.5% | 23% | 27% |

○市町村の連絡調整等（115条の45の10）

介護予防・日常生活支援総合事業等の事業の円滑な実施のため、関係者相互間の連絡調整を行う。都道府県は情報提供などで市町村を支援する。

○地域包括支援センターとは（115条の46）

1　地域包括支援センターは、第1号介護予防支援事業と包括的支援事業（115条の45、2項に掲げる事業）、その他厚労省令で定める事業を実施し、地域住民の心身の健康の保持、生活の安定のために必要な援助を行うことにより、保健医療の向上、福祉の増進を包括的に支援することを目的とする。

2　市町村は地域包括支援センターを設置できる。

3　市町村長は、一定の要件を満たすものに、地域包括支援センターの実施を委託できる。

4　市町村は事業の評価を行うとともに必要な措置を講じなければならない。

○包括的支援事業の実施の委託（115条の47）

市町村は、地域包括支援センターに、包括的支援事業の実施を委託できる。

○地域ケア会議（115条の48）

1　市町村は、介護支援専門員、保健医療・福祉に関する専門的知識を有する者、民生委員その他の関係者、関係団体により構成される会議を置くように努めなければならない。

2　会議は、支援対象被保険者への適切な支援を図るために必要な検討を行い、地域において自立した日常生活を営むために必要な支援体制に関する検討を行うものとする。

○保健福祉事業（115条の49）

市町村は地域支援事業のほか、要介護者を介護する者の支援に必要な事業、被保険者が要介護状態となることを予防する事業、指定居宅サービス・指定居宅介護支援の事業、介護保健施設の運営、その他の保険給付のために必要な事業、被保険者が利用する介護給付等対象サービス費用等の貸付、その他必要な事業を行うことができる。

# 地域包括支援センター

## ○地域包括支援センターの目的と機能

①設置目的

地域住民の心身の健康の維持・生活の安定のために必要な援助を行うことにより、保健医療の向上、福祉の増進を包括的に支援すること。(115条の46、１)

②基本機能

地域ケアの中核拠点として、総合相談・支援や高齢者の権利擁護にあたるとともに、医療機関や関係機関と連携し、地域にネットワークを構築します。

③27年度に追加された事業

地域包括ケアシステムの構築に向けて、平成27年度から地域包括支援センターの業務も変わりました。これまでの事業に加えて、以下の業務が加わりました。

- 在宅医療介護連携　→　地域医師会等との連携で在宅医療・介護の一体的な提供体制を構築
- 生活支援コーディネーターの配置　→　高齢者のニーズとボランティア等の地域資源とのマッチングにより、多様な主体による生活支援を充実させる
- 認知症初期集中支援チームの設置・認知症地域支援専門員の配置　→　早期診断・対応により、認知症になっても住み慣れた地域で暮らし続けられる支援体制づくりなど、認知症施策を推進
- 地域ケア会議の開催（努力義務）→　他職種協働による個別事例のケアマネジメントの充実と地域課題の解決による地域包括ケアシステムの構築

④地域包括支援センターの評価

平成30年度から、市町村は地域包括支援センターの機能等について評価することとされました。

◆地域包括支援センターの４つの基本的業務◆

| | |
|---|---|
| **共通的支援基盤構築** | 地域に、総合的、重層的なサービスネットワークを構築すること。 |
| **総合相談支援・権利擁護** | 高齢者の相談を総合的に受け止めるとともに、訪問して実態を把握し、必要なサービスにつなぐこと。虐待の防止など高齢者の権利擁護に努めること。 |
| **包括的・継続的ケアマネジメント支援** | 高齢者に対し包括的かつ継続的なサービスが提供されるよう、地域の多様な社会資源を活用したケアマネジメント体制の構築を支援すること。 |
| **介護予防ケアマネジメント** | 介護予防事業、予防給付が効果的かつ効率的に提供されるよう、適切なケアマネジメントを行うこと。 |

こうした機能を十分に果たすために、人口２～３万人に１カ所を目安に設置され、保健師または経験のある看護師、社会福祉士、主任ケアマネジャーが配置されます。

しかし、地域包括支援センターの機能強化のためには、設置数の見直しや職員配置の強化が必要です。厳しい財政の中、この辺りの動きは必ずしも良くはないようですが、トップの見識が問われるところでもあります。

### ○地域包括支援センターの機能強化

従前の地域包括支援センターの４つの機能に加えて、27年度改正では、以下のような内容が、センターの機能に盛り込まれました。

① 在宅医療介護連携の相談窓口（在宅医療介護連携センター／仮称）の設置（平成30年４月には全ての区市町村）
② 地域リハビリテーション活動支援事業（一般介護予防事業で実施）
③ 認知症初期集中支援チームの設置
④ 認知症地域支援推進員の配置
⑤ 生活支援コーディネーターの配置
⑥ 地域ケア会議の開催（努力義務）

これらをどのような形で強化するかは、保険者により異なると考えられます。しかし、現在の地域包括支援センターと比較したとき、職員の配置およびその機能の強化の内容から、「新しい組織」ができると考えたほうがわかりやすいかもしれません。また、その機能強化のためには、関係する職員・人材の確保とトレーニングが不可欠です。

### ○地域包括支援センターの評価

市町村等は、地域包括支援センターの事業について評価を行うとともに、その結果に対応する必要な措置を講じることとされました。（第115条の46）

# 要支援者対象・介護予防ケアマネジメントの進め方

地域包括支援センターは、指定介護予防支援事業者の指定を受け、「要支援１・２」と認定された人を対象に、予防給付のケアマネジメント業務を行います。

**○介護予防ケアマネジメントとは**

高齢者が住み慣れた地域で安心して生活を継続できるように、要介護状態になることをできる限り予防することが重要。このため、「本人ができることはできる限り本人が行う」ことを基本とし、利用者の生活機能の向上に対する意欲を引き出し、サービス利用後の生活をわかりやすくイメージできるよう、目標を具体的かつ明確にし、セルフケアや地域の公的サービス、介護保険サービスを適切に利用する計画（「介護予防サービス計画」）を作成。

⬇

介護予防サービス計画（介護予防ケアプラン）に基づいて、実施。

⬇

達成状況を評価し、必要に応じて計画の見直しを行う。

**○指定居宅介護支援事業者への業務委託**

地域包括支援センターは、予防給付のケアマネジメント業務を行いますが、指定居宅介護支援事業者など、厚生労働省令で定める者に業務の一部を委託できます。

委託する業務の範囲や委託先である居宅介護支援事業者の選定については、地域包括支援センター運営協議会※の決議を経なくてはなりません。委託先の事業者が指定介護予防事業を行っている場合でも、運営協議会で中立性・公平性のチェックが行われれば、業務を委託できます。

※地域包括支援センター運営協議会……市町村が事務局となり、地域のサービス事業者、関係団体、被保険者の代表などにより構成される。

# 第７章　介護保険事業計画（第116～120条の２）

**第７章のポイント**

介護保険事業計画とは、介護保険制度が円滑に運営されるように、基盤を整備するための基本となる計画です。市町村が「介護保険事業計画」を、都道府県が「介護保険事業支援計画」を作成します。

介護保険事業計画は、介護保険料を算定する基準となるものなので、策定にあたっては、高齢者の実態調査を行い、要介護度別の高齢者などを把握する必要があります。また、厚生労働大臣が定める基本指針（＝今後、介護保険が目指そうとしている社会像、目標）にそって作成します。

なお、第７期介護保険事業計画は、団塊の世代が後期高齢者となる2025年までを視野に、その第３段階としての計画という位置づけです。

○**基本指針**（116条）

- 厚生労働大臣は、介護保険事業に係る保険給付の円滑な実施を確保するために基本的な指針を定める
- サービス提供体制の確保に関する基本的事項を定める
- 市町村が介護給付サービスの種類ごとの量の見込みを定めるにあたって参酌すべき標準等を定める

○**市町村介護保険事業計画**（117条）

市町村が定める介護保険事業計画は、介護サービスをどれくらい提供するかという見込量や、30年度からは住民参加のサービス（地域支援事業）の創出に向けた取り組み等を定め、第１号被保険者の保険料にも直結する重要な計画です。

30年改正では、「被保険者の地域における自立した日常生活の支援、要介護状態となることの予防又は要介護状態等の軽減若しくは悪化の防止及び介護給付等の費用の適正化、市町村が取り組むべき施策に関する事項」等を計画に入れることとされています。

第７期介護保険事業計画は、自立支援、重度化予防・軽減、要支援者への住民等による訪問型、通所型サービスの数値目標の設定など、住民、事業者、行政の協働を意識した計画となっています。

サービスの見込量とその確保策は、年度ごと、日常生活圏域※ごとに定めます。

※日常生活圏域……地理的条件、人口、交通事情その他社会的条件、介護給付等対象サービスを提供するための施設の整備の状況等を総合的に勘

案し、利用者の最も身近な圏域を設定する。〈設定例〉 中学校区、小学校区など

介護保険事業計画は３年を１期とし、老人福祉計画および老人保健計画と一体のものとして作成されなければなりません。

旧介護保険法では、老人福祉計画・老人保健計画と「調和が保たれた」計画にすることとされていましたが、改正により、老人福祉計画・老人保健計画に基づく事業は地域支援事業として統合されたため、介護保険法の条文が変更されました。

なお、計画を策定または変更しようとするときは、あらかじめ都道府県の意見を聞き、策定・変更したら、遅滞なく都道府県知事に提出しなければなりません。

**○市町村介護保険事業計画への記載追加事項**（117条、３）

第８期では、以下の事項が追加されました。

- 介護支援専門員その他の介護給付等対象サービス、地域支援事業に従事する者の確保と資質の向上並びにその業務の効率化、質の向上に資する都道府県と連携した取組に関する事項
- 認知症である被保険者の地域における自立した日常生活の支援に関する事項、教育、地域づくり、雇用に関する施策その他の関連施策との有機的な連携に関する事項その他の認知症に関する施策の総合的な推進に関する事項
- 当該区域における有料老人ホーム、高齢者の居住の安定確保に関する法律のそれぞれの入居定員総数（特定施設入居者生活介護、地域密着型特定施設入居者生活介護または介護予防特定施設入居者生活介護の事業を行う事業所等）

**○都道府県介護保険事業支援計画**（118条）

都道府県は市町村の介護保険事業計画作成を支援する観点から、介護保険事業支援計画を作成します。その際、都道府県が定める区域ごとに、①介護専用型特定施設入居者生活介護、地域密着型特定施設入居者介護、地域密着型介護老人福祉施設の必要利用定員総数、介護保険施設の種類ごとの必要入所定員総数その他の介護給付等対象サービスの量の見込み、②市町村が地域で自立した日常生活の支援、要介護状態になることの予防、悪化の防止等に取り組むことを支援する事項等を定めることとされています。

- 都道府県は、３年を１期とする計画を策定する
- 都道府県が定める区域ごとの施設種類ごとに、必要入所定員総数等、サービス提供量の見込みを定める
- サービスを提供する施設の整備における生活環境の改善を図るための事業、介護支援専門員その他サービス従事者の確保、資質向上のための事業等に関する事項を定める
- 計画は、都道府県老人福祉計画・老人保健計画と一体のものとして作成されること

- 計画は、医療計画、都道府県地域福祉支援計画と調和が取れた計画であること
- 計画を策定または変更したら、遅滞なく、厚生労働大臣に提出する
- 都道府県知事は、市町村に対し、必要な助言をする（119条）

○**市町村介護保険事業計画の作成等のための調査及び分析する事項**（118条の２）
- 訪問介護、訪問入浴介護その他の厚生労働省令で定めるサービスを利用する要介護者等の心身の状況等、当該要介護者等に提供される当該サービスの内容その他厚生労働省令で定める事項
- 地域支援事業の実施の状況その他厚生労働省令で定める事項

○**国の援助**（120条）
- 各計画の円滑な実施のために必要な情報の提供、助言、援助を行う

参考

## 第８期介護保険事業計画　基本指針　　抜粋

（基本指針は平成30年３月13日厚生労働省告示第57号として告示）

◇第８期の基本指針の位置付け

○介護保険法第116条において、厚生労働大臣は地域における医療及び介護の総合的な確保の促進に関する法律に規定する総合確保方針に即して、介護保険事業に係る保険給付の円滑な実施を確保するための基本的な指針を定めることとされている。

○都道府県及び市町村は、基本指針に即して、３年を一期とする都道府県介護保険事業支援計画及び市町村介護保険事業計画を定めることとされており、基本指針は計画作成上のガイドラインの役割を果たしている。

○基本指針では、以下の事項について定めることとされている。

- 介護給付等対象サービスを提供する体制の確保及び地域支援事業の実施に関する基本的事項
- 市町村介護保険事業計画において介護給付等対象サービスの種類ごとの量の見込みを定めるに当たって参酌すべき標準その他市町村介護保険事業計画及び都道府県介護保険事業支援計画の作成に関する事項
- その他介護保険事業に係る保険給付の円滑な実施を確保するために必要な事項

○基本指針では、第６期（平成27年度～29年度）以降の市町村介護保険事業計画は、「地域包括ケア計画」と位置付け、2025年までの各計画期間を通じて地域包括ケアシステムを段階的に構築することとしている。

○第８期（令和３年度～５年度）においては、第７期計画での目標や具体的な施策を踏まえ、2025年を目指した地域包括ケアシステムの整備、更に現役世代が急減する2040年の双方を念頭に、高齢者人口や介護サービスのニーズを中長期的に見据えることについて第８期計画に位置付けることが求められる。

### 1　2025・2040年を見据えたサービス基盤、人的基盤の整備

○2025・2040年を見据え、地域ごとの推計人口等から導かれる介護需要等を踏まえて計画を策定

※基盤整備を検討する際、介護離職ゼロの実現に向けたサービス基盤整備、地域医療構想との整合性（病床の機能分化及び連携に伴い生じるサービス必要量に関する整合性の確保）を踏まえる必要がある旨は第７期から記載。

※指定介護療養型医療施設の設置期限（2023年度末）までに確実な転換等を行うための具体的な方策について記載。

※第８期の保険料を見込むに当たっては直近（2020年４月サービス分以降）のデータを用いる必要がある。

## 2　地域共生社会の実現

○地域共生社会の実現に向けた考え方や取組について記載

## 3　介護予防・健康づくり施策の充実・推進（地域支援事業等の効果的な実施）

○一般介護予防事業の推進に関して「PDCA サイクルに沿った推進」、「専門職の関与」、「他の事業との連携」について記載
○高齢者の保健事業と介護予防の一体的実施について記載
○自立支援、介護予防・重度化防止に向けた取組の例示として就労的活動等について記載
○総合事業の対象者や単価の弾力化を踏まえて計画を策定
○保険者機能強化推進交付金等を活用した施策の充実・推進について記載（一般会計による介護予防等に資する独自事業等について記載）
○在宅医療・介護連携の推進について、看取りや認知症への対応強化等の観点を踏まえて記載
○要介護（支援）者に対するリハビリテーションの目標については国で示す指標を参考に計画に記載
○PDCA サイクルに沿った推進にあたり、データの利活用を進めることやそのための環境整備について記載

## 4　有料老人ホームとサービス付き高齢者住宅に係る都道府県・市町村間の情報連携の強化

○住宅型有料老人ホーム及びサービス付き高齢者向け住宅の設置状況を記載
○整備に当たっては、有料老人ホーム及びサービス付き高齢者向け住宅の設置状況を勘案して計画を策定

## 5　認知症施策推進大綱等を踏まえた認知症施策の推進

○認知症施策推進大綱に沿って、認知症の人ができる限り地域のよい環境で自分らしく暮らし続けることができる社会の実現を目指すため、５つの柱に基づき記載（普及啓発の取組や　チームオレンジの設置及び「通いの場」の拡充等について記載）
○教育等他の分野との連携に関する事項について記載

## 6　地域包括ケアシステムを支える介護人材確保及び業務効率化の取組の強化

○介護職員に加え、介護分野で働く専門職を含めた介護人材の確保の必要性について記載

○介護現場における業務仕分けやロボット・ICTの活用、元気高齢者の参入による業務改善など、介護現場革新の具体的な方策を記載
○総合事業等の担い手確保に関する取組の例示としてボランティアポイント制度について記載
○要介護認定を行う体制の計画的な整備を行う重要性について記載
○文書負担軽減に向けた具体的な取組を記載

**7　災害や感染症対策に係る体制整備**
○近年の災害発生状況や、新型コロナウィルス感染症の流行を踏まえ、これらへの備えの重要性について記載

＊基本指針は令和3年1月全国部長会議資料（老健局）より

### ◆介護保険事業計画の構造◆

**法令**

1　国の基本方針（法第116条）
2　市町村介護保険事業計画（法第117条）
　○　区域の設定
　○　各年度における種類ごとの介護サービス量の見込み
　○　各年度における地域支援事業の量の見込み
　○　介護予防・重度化防止等取組内容及び目標
3　都道府県介護保険事業支援計画
　○　区域（老人福祉圏域）の設定
　○　市町村の計画を踏まえて、介護サービス量の見込み（区域ごと）
　○　各年度における必要定員総数
　○　その他

＋

**第8期介護保険事業計画において記載を充実する事項（基本指針）**

1　2025・2040を見据えたサービス基盤、人的基盤の整備
2　地域共生社会の実現
3　介護予防・健康づくり施策の充実・推進
4　有料老人ホームとサービス付き高齢者住宅に係る都道府県、市町村の情報連携強化
5　認知症施策大綱を踏まえた認知症施策の推進
6　地域包括ケアシステムを支える介護人材確保及び業務効率化の取組の強化
7　災害や感染症対策に係る体制整備

第8期計画の記載充実事項には、地域づくり・住民参加等について記載することとされています。各市町村により、また同一市町村でも圏域により「地域性」が異なる場合は良くあります。それらの実態を具体的な事業として記載する市町村と、具体的事業化ができず、「文字だけ」記載の市町村も出ることが予想されます。どこまで具体的に事業として書けるか、介護保険事業計画を比較することで、市町村の違いが可視化されるはずです。

# 第８章　費用等（第121〜159条）



**第８章のポイント**

第８章では、介護保険の財源はどうなっているか、どう徴収されているのか、財源が不足した場合にはどう対処するかなど、介護保険の費用全般について定めています。

**第１節　費用の負担**

**○介護給付・予防給付の負担**（121〜124条）

| 保険料 | | 税 | | |
|---|---|---|---|---|
| 第1号被保険者 23% | 第2号被保険者 27% | 国 25%（※うち５%は調整交付金） | 県 12.5% | 市町村 12.5% |

**○調整交付金**（122条）

国は、後期高齢者の分布・所得分布等を勘案して100分の５を負担。

➡交付金の額は、市町村により変動する。

**○介護予防事業費の負担**（121〜124条）

**○包括的支援事業等の支援額の負担**（121〜124条）

①介護予防事業

| 保険料 | | 税 | | |
|---|---|---|---|---|
| 第1号被保険者 23% | 第2号被保険者 27% | 国 25% | 県 12.5% | 市町村 12.5% |

②包括的支援事業・任意事業

| 保険料 | 税 | | |
|---|---|---|---|
| 第1号被保険者 23% | 国 38.5% | 県 19.25% | 市町村 19.25% |

**○介護給付費交付金**（125条）

介護給付・予防給付費について、第２号被保険者の負担分は、社会保険診療報酬支払基金（支払基金）が市町村に交付する。

**○地域支援事業支援交付金**（126条）

介護予防事業費について、第２号被保険者の負担分は、支払基金が市町村に交付する。

**○国・都道府県の補助**（127～128条）

上記以外に、介護保険事業に要する費用の一部を補助できる。

**○保険料**（129条）

市町村は、第１号被保険者から保険料を徴収する義務がある。

**○保険料の徴収方法**（131条）

第１号被保険者 ─┬─ 年金から天引きする ──── 特別徴収という
　　　　　　　　└─ 市町村が直接、徴収する ── 普通徴収という

第２号被保険者 ─── 医療保険者が医療保険料と一緒に徴収する

**○普通徴収に係る保険料の納付義務**（132条）

第１号被保険者の配偶者および世帯主は、連帯して納付する義務を負う。

**○保険料の減免等**（142条）

市町村は、条例で定めるところにより、保険料を減免または猶予できる。

**○保険料の収納の委託**（144条の２）

普通徴収する保険料の収納事務を、第１号被保険者の便益の増進に寄与する場合に限り、私人に委託できる。

## 第２節　財政安定化基金等

**○財政安定化基金**（147条）

都道府県は、介護保険財政の安定化のために、財政安定化基金を設置する。

- 保険料収入の収納額の不足
- 保険給付費の予定以上の増加

に対応するため。

財政安定化基金の財源は、国１／３、都道府県１／３、市町村（財源は第１号被保険者保険料）１／３。

**○市町村相互財政安定化事業**（148条）

市町村は、介護保険事業を安定的に運営するために、他の市町村と共同して、財源について財政を調整する事業ができる。

## 第３節　医療保険者の納付金

**○医療保険者による納付金の徴収義務・納付義務**（150条）

医療保険者は、第２号被保険者の保険料を徴収し、支払基金に納付する（「介護給付費・地域支援事業支援納付金」）

**○概算納付金**（152条・153条）

被用者保険等保険者の２号保険料の算定に総報酬制を導入。

**○医療保険者に対する督促、滞納処分**（156条）

**○延滞金**（157条）

延滞したときは、納付金について年14.5％の延滞金を徴収する。

## 介護保険の財源

今見てきた第８章のポイントを図にまとめると、次ページのようになります。

まず介護保険の財源は、保険料が50％、税（公費）が50％となっています。

税金の内訳は、市町村が12.5％、都道府県が12.5％、国が25％です。国が負担する25％のうち５％は「調整交付金」であり、その地域に住む第１号被保険者の所得や後期高齢者（75歳以上および85歳以上）の比率などを勘案して定めるため、地域によって異なります。

保険料のうち、23％は第１号被保険者（その地域に住所がある65歳以上の者）、27％は第２号被保険者（全国の40～64歳の医療保険加入者）が負担しています。この23％、27％という保険料の比率は、それぞれの人口比で決まります。

市町村は介護保険事業計画を策定し、そこで介護保険サービスの総事業費を算出して、それにより第１号被保険者の保険料を設定します。このように、第１号被保険者の保険料は、本人（当該被保険者）が住んでいる市町村の総事業費に比例するため、地域によって大きく変わります。

一方、第２号被保険者の保険料は国内全体で調整するので、どの地域でも同じです。

しかし、第１号被保険者保険料は、保険者が単独で徴収するため、予定どおり収納できなかったり、未払い者の発生（次ページ図のⒶ）、あるいは予定より事業費が増加した場合（次ページ図のⒷ）には事業費に不足が生じ、介護保険の運営に支障が生じます。これを解決するために、都道府県に財政安定化基金が設けられています。

## 財政安定化基金

介護保険は、今述べたように保険料と一般会計（税金）からの拠出金等による「特別会計」で運営されています。事業年度の予算措置を超えて給付が必要となったときには、財源を補填（ほてん）する必要があります。そこで、財源を安定的に確保するしくみとして、財政安定化基金が都道府県単位で設けられています。

○都道府県は、介護保険の財政の安定化に資する事業に必要な費用を充てるため、財政安定化基金を設置する。（147条）

○財政安定化基金の財源は、国、都道府県、第１号保険者保険料から１／３ずつ拠出し、一定の事由により市町村の介護保険財政に不足が生じた場合に、資金の交付または貸付を行う。（147条）

**①保険料不足による赤字　➡貸付１／２＋交付１／２**

第１号被保険者の保険料に未納が生じて不足する場合（下図のⒶの部分）は、財政安定化基金から、その１／２は貸付、１／２は交付されて赤字が補填されます。

貸付金の返還は、次期の介護保険事業計画の策定に際して、第１号被保険者保険料に加えて保険料を設定し、返還に充てます。そうして、赤字分を３年計画で返済するしくみ(中期財政運営方式）で対処することになります。

実際は、３年間の分割返済では第１号被保険者保険料が高くなってしまうため、さらに返済期間を延長することも認められています。

**②給付費増による赤字　➡貸付**

また、下図のⒷの部分のように、給付費が増加したために、財源不足となった場合は、財政安定化基金から貸付を受けることができます。

**◆介護保険の財源と財政安定化基金◆**

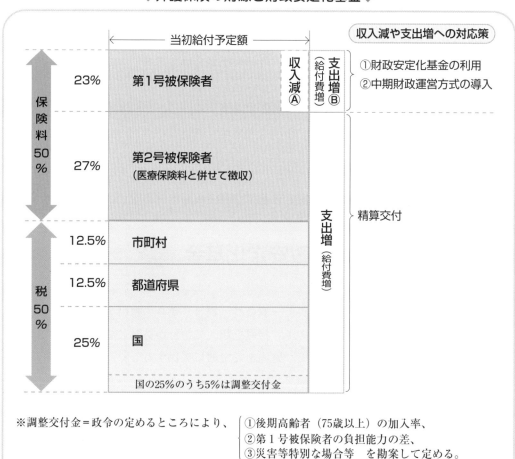

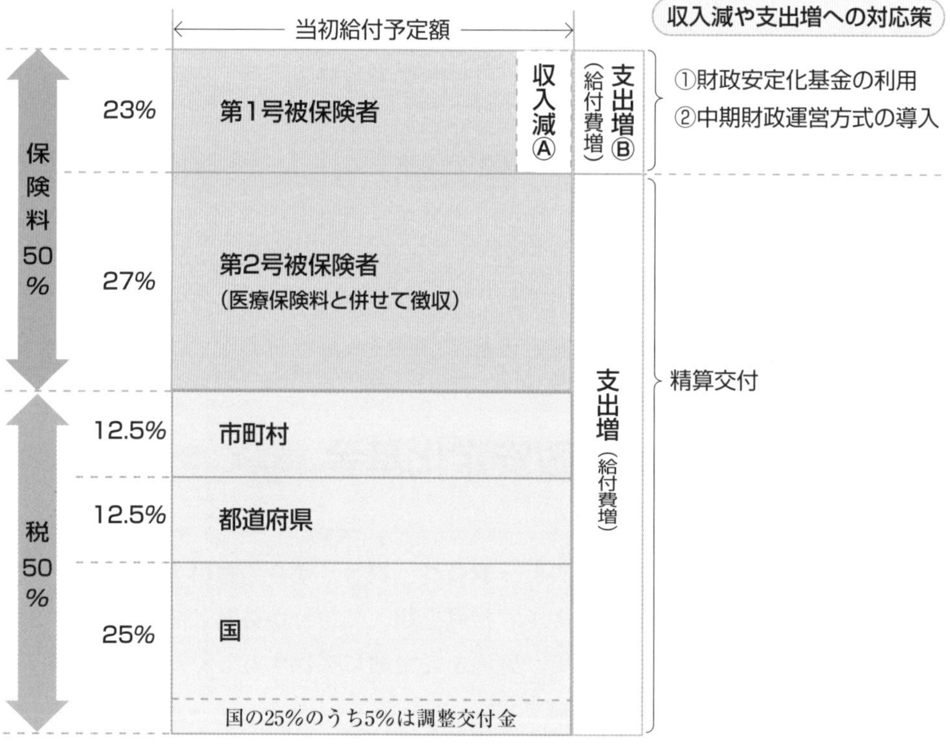


※調整交付金＝政令の定めるところにより、①後期高齢者（75歳以上）の加入率、②第１号被保険者の負担能力の差、③災害等特別な場合等　を勘案して定める。

※特別徴収（年金天引き）は、１万5,000円以上の老齢退職年金等受給者で算定。

◆財政安定化基金からの交付金・貸付金のしくみ◆

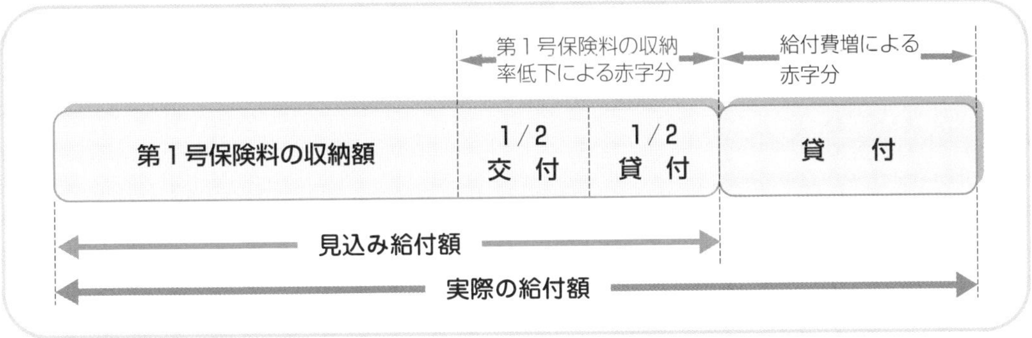


## ◆市町村相互財政安定化事業◆

介護保険では、近隣の市町村が協力し合って介護保険財政を共同化し、事業の円滑な運営を図ることができます。方法には大きく２つあります。

１つは市町村安定化事業、もう１つは広域連合や一部事務組合をつくり、それを共通の保険者として介護保険事業を運営する方法です。

市町村相互財政安定化事業とは、介護保険財政の安定化を図ることを目的として、複数の市町村が協力し合い、全体として収支のバランスが取れるようにするしくみです。

○市町村は、介護保険の財政の安定化を図るため、費用※の財源について、他の市町村と共同して、共通の調整保険料率を設定し、介護保険財政について相互に調整を行う事業ができる。(148条)

※費用……介護給付・予防給付、地域支援事業費、基金拠出金、基金事業借入金償還費

◆市町村相互財政安定化事業◆

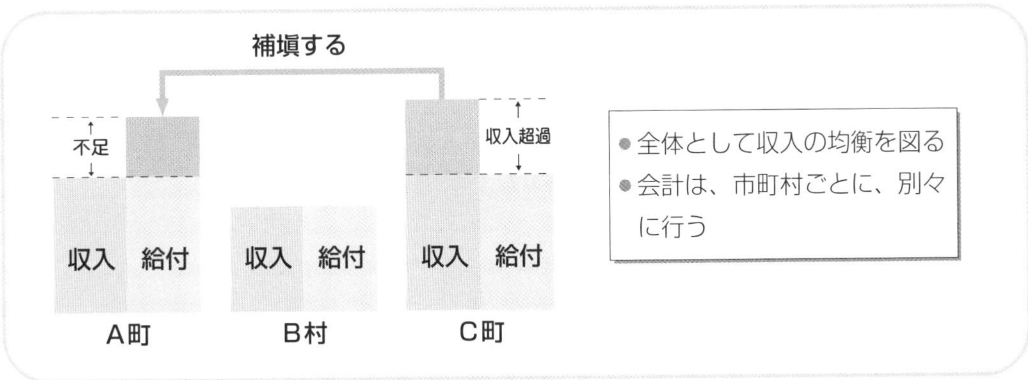


市町村相互財政安定化事業の成立条件や内容は、次のようになっています。

①規約を結ぶ

②共通の保険料率を定める

$$\text{共通の調整保険料率} = \frac{\text{A町総事業費}+\text{B村総事業費}+\text{C町総事業費}}{\text{A町}+\text{B村}+\text{C町の総被保険者数}}$$

③一般的な成立条件

- サービスの基盤・水準が、ある程度相似している
- 特別養護老人ホーム・老人保健施設の共同利用などのメリットがある
- 地域的に接近している
- 将来に合併する予定がある　等

市町村は、共同して広域連合や一部事務組合をつくって保険者とし、保険料の徴収や介護保険サービスの提供など、介護保険の運営を行うこともできます。

広域連合や一部事務組合は会計は一本ですが、市町村相互財政安定化事業は会計が別々で、市町村ごとに行われるという違いがあります。

なお、下表に見るように、いずれかの形態で共同して介護保険を運営している町村は、全国の町村の20%前後に上っています。

**◆共同して介護保険の保険者運営を行う市町村◆**

| | 地域数 | 構成市町村 | | |
|---|---|---|---|---|
| | | 市 | 町 | 村 |
| 広域連合 | 39 | 26 | 213 | 92 |
| 一部事務組合 | 30 | 22 | 142 | 28 |
| 市町村相互財政安定化事業 | 3 | 1 | 7 | 4 |
| 計 | 72 | 49（7.0%） | 362（18.5%） | 124（22.5%） |

※表中の（　）内はそれぞれ全国の市、特別区（700）、町（1,961）、村（552）の全数に対する広域連合等構成市町村の数の比率（平成15年4月1日現在）。
※全国厚生労働関係部局長会議資料（平成16年1月21日老健局）。

# 保険料の徴収

**○保険料の徴収の方法**（131条）

- 第1号被保険者

①年金※（月額1万5,000円以上の受給者）からの天引きにより徴収する。

➡特別徴収（65歳以上の高齢者の80%程度が対象）

※年金…老齢退職年金、障害年金、遺族年金

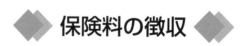

②無年金者など、天引きができない者からは、市町村が直接徴収する。
➡普通徴収

● 第２号被保険者
医療保険者が保険料と併せて徴収し、介護保険者に納付する（→183ページ）。

○第１号被保険者の保険料の連帯納付義務（132条）
保険料について、世帯主および被保険者の配偶者は連帯納付義務を負う。

○第１号被保険者の保険料の区分
第８期では第７期に引き続き、各保険者の介護保険総事業費の23%を負担します。制度創設時には、国は被保険者の収入に応じ、標準的保険料区分として５区分を示しましたが第８期では標準額の0.3倍～1.7倍まで９区分（→44ページ）の徴収基準を示しています。
各保険者はこれを踏まえ、総事業費に応じて具体的な保険料額を決定します。その際、保険者によってはさらに、例えば17区分に細分化することもあります。
第８期の平均保険料は6000円を超えることが推測されています。

○第１号被保険者保険料の算定方法
第１号被保険者の保険料は、市町村の介護保険の総事業費の23%分を負担することになっています。したがって、第１号被保険者の人数が同じ場合、総事業費の大きい市町村のほうが、保険料が高くなります。
総事業費が高くなる要因には、次のようなものが考えられます。
①サービスの総量が多い
②市町村の上乗せサービス、市町村特別給付など、市町村の単独事業が多い
③厚生労働大臣の定める介護報酬額が高い
④介護報酬額の高いサービス施設サービスの比率が高い
⑤要介護認定者の比率が高い

また、総事業費が大きいことに加えて、次のような原因も考えられます。
①保険料の減免などにより、保険料収入が平均より少ない
②介護保険事業計画によるサービス見込量の算定の手違いにより、財政安定化基金からの借入金返済分（財源は第１号被保険者保険料）が大きい
③国からの調整交付金（平均５%）の額が少ない

このように、介護保険の総事業費は、第１号被保険者の財布と直結しています。今後はますますサービスの総量の確保と、高齢者（第１号被保険者）が負担可能な保険料との調和が必要となると言えます。
ここで、保険料について、架空のA市とB市の例で見てみましょう。どちらも、人口

規模５万人、高齢化率20％とします。「高齢化率」とは、高齢者（65歳以上）が人口全体に占める割合のことです。つまり、Ａ市もＢ市も第１号被保険者が約１万人いることになります。

**◆保険料の例◆**

人口規模５万人、高齢化率20％＝第１号被保険者が約１万人の場合

| | Ａ　市 | Ｂ　市 |
|---|---|---|
| 総事業費 | ４億円（月額） | ２億円（月額） |
| 負担割合（23％） | 9,200万円 | 4,600万円 |
| 第１号被保険者保険料 | 9,200円 | 4,600円 |
| 区分* | 4,600～13,800円 | 2,300～6,900円 |

＊　例であり、実際は保険者によって異なる

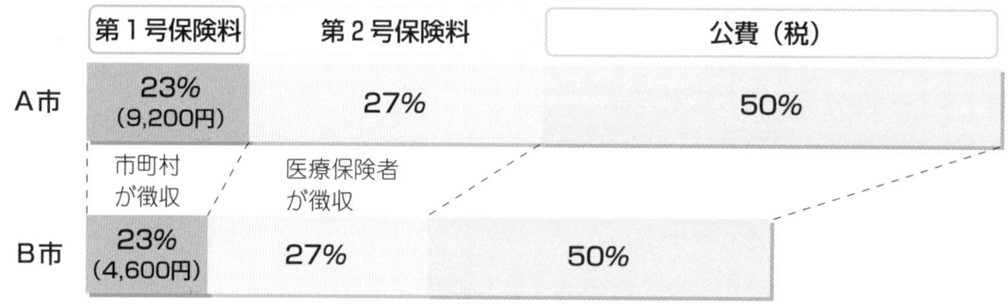


上のグラフを見ると、総事業費の大小が、第１号被保険者の保険料に直接はね返ってくることがよくわかると思います。Ａ市の総事業費はＢ市の２倍。それに合わせて、第１号被保険者の保険料も、Ａ市ではＢ市の２倍に上っています。Ａ市の高齢者は、同じ介護保険サービスを受けるのであっても、倍以上の保険料を払わなくてはなりません。事業の内容については、行政にまかせきりにせずに、市民として監視することが重要です。

**○介護給付費・地域支援事業支援納付金額の算定方法**（152条・153条）

被保険者の報酬額に応じて保険料を算定する総報酬制に移行。

# 第9章　社会保険診療報酬支払基金の介護保険関係業務（第160～175条）

## 第9章のポイント

第2号被保険者の介護保険料は、医療保険者が医療保険料と一緒に徴収し、それを「納付金」として社会保険診療報酬支払基金（支払基金）に納め、支払基金が「交付金」として、市町村に交付するしくみになっています。

つまり、第2号被保険者（全国の40～64歳の医療保険加入者）は、たとえばサラリーマンなら厚生年金に、自営業者などなら国民年金に、医療保険料と一緒に介護保険料も納め、保険者を経由して支払基金が市町村に交付するのです。第9章では、そうしたしくみ全般について定めています。

**◆保険料の流れ◆**

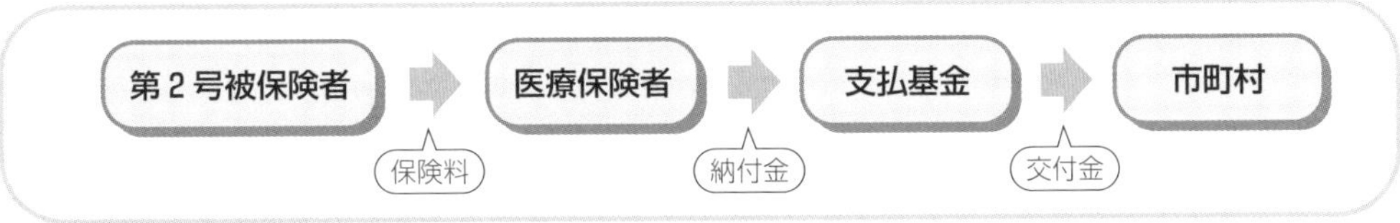


○**支払基金の業務**（160条）

支払基金は、次の業務（介護保険関係業務）を行う。

- 医療保険者から、第2号被保険者の保険料を徴収すること
- 市町村に、介護給付費交付金、地域支援事業支援交付金を交付すること

○**業務の委託**（161条）

支払基金は、介護保険関係業務の一部を健康保険組合連合会※などに委託できる。

※医療保険者が加入する団体で、厚生労働大臣が定めるもの

○支払基金は、介護保険関係業務に関する業務方法書を作成し、厚生労働大臣の認可を受ける。（162条）

○支払基金は財務諸表等を作成し、厚生労働大臣に提出して、承認を受ける。（166条）

○**借入金**（168条）

支払基金は、介護保険関係業務に関して、厚生労働大臣の許可を受けて、長期借入金または短期借入金をすることができる。

**○政府保証**（169条）

政府は、国会の議決を経た金額の範囲内で、支払基金の長期借入金・短期借入金の債務保証をできる。

**○審査請求**（174条）

支払基金の処分に不服がある者は、厚生労働大臣に行政不服審査請求ができる。

**○社会保険診療報酬支払基金の役割**

支払基金の役割は、各医療保険者に介護保険料を賦課して、介護給付費・地域支援事業支援納付金として第２号被保険者の保険料を徴収し、プールすること。次に、プールした保険料を財源に、各保険者からの申請により、総事業費の一定割合（当面は32%分）を介護給付費交付金、地域支援事業支援交付金として、保険者に交付することです。

支払基金は、そのための業務方法書を作成し、厚生労働大臣の認可を受けなくてはなりません。また、財源に不足が生じた場合には、厚生労働大臣の認可を受けて、長期または短期の借入を行うことができます。その借入金は、借入が容易になるように、政府が保証できるしくみとなっています。

**◆保険料徴収の流れ◆**

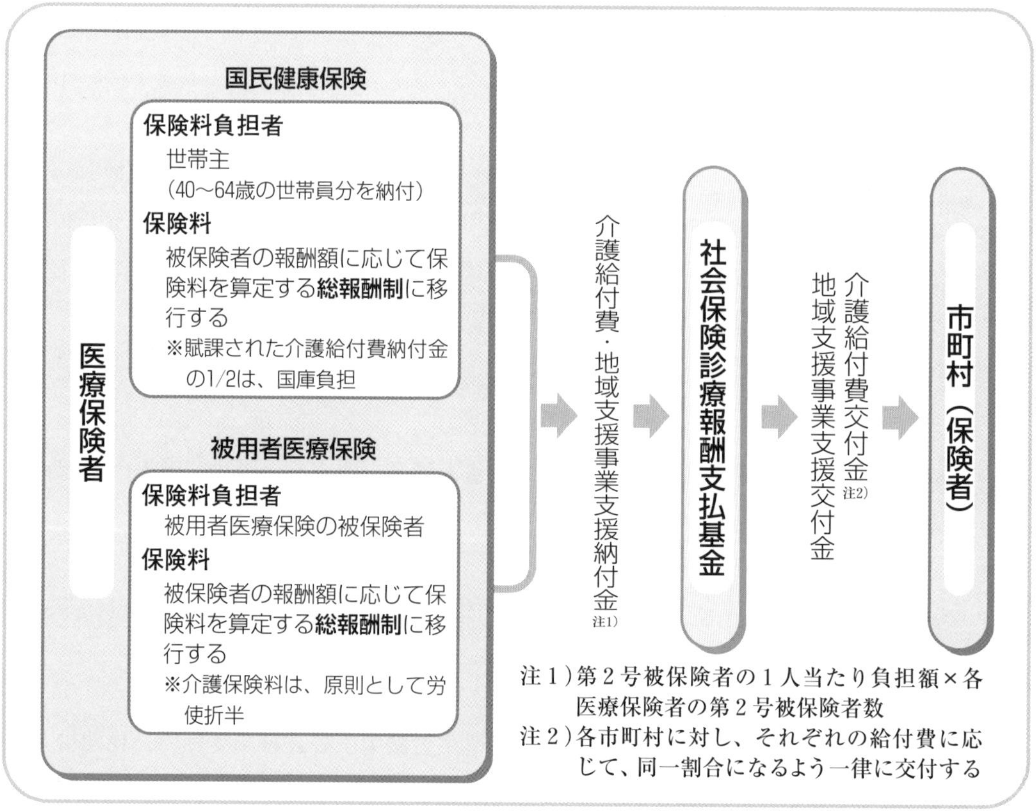
医療保険者
国民健康保険
保険料負担者
世帯主
（40～64歳の世帯員分を納付）
保険料
被保険者の報酬額に応じて保険料を算定する総報酬制に移行する
※賦課された介護給付費納付金の1/2は、国庫負担
被用者医療保険
保険料負担者
被用者医療保険の被保険者
保険料
被保険者の報酬額に応じて保険料を算定する総報酬制に移行する
※介護保険料は、原則として労使折半
介護給付費・地域支援事業支援納付金注1）
社会保険診療報酬支払基金
介護給付費交付金注2）
地域支援事業支援交付金
市町村（保険者）
注１）第２号被保険者の１人当たり負担額×各医療保険者の第２号被保険者数
注２）各市町村に対し、それぞれの給付費に応じて、同一割合になるよう一律に交付する

# 第10章　国民健康保険団体連合会の介護保険事業関係業務（第176～178条）

**第10章のポイント**

○国民健康保険団体連合会の業務（176条）

- 市町村の委託を受けて、介護報酬の審査・支払を行う（支払いの範囲に介護予防・地域密着型サービスが追加された）
- 平成27年度改正により、介護予防・生活支援サービス事業のうち、第１号事業支給費に関する審査・支払いを行うことになった
- 指定サービス事業者の質の向上に関する調査、必要な指導・助言を行う
- 市町村の委託を受けて、第三者に対する損害賠償金の徴収などを行う
- 指定居宅サービス・指定介護予防サービス（地域密着型も含む）、指定居宅介護支援の事業、介護保険施設の運営
- 介護保険事業の円滑な運営のための事業（オンブズマン、苦情処理など）　等

**メ　モ**

○国民健康保険団体連合会の課題　～円滑な苦情処理体制の確立～

国民健康保険団体連合会（国保連）が介護保険関連業務として取り組む主なものの１つに、介護保険サービス利用者からの苦情への対応があります。

介護保険制度は、民間営利企業やＮＰＯなど多様なサービス事業者の参入を積極的に図るしくみとして構築されました。この結果、多くの事業者が参入し、それに合わせて苦情も数多く寄せられるばかりか、近年、事業者の指定取り消しも増加しています。

そのようななかで、各都道府県に１カ所しかない国民健康保険団体連合会が、利用者の苦情等にどのように対応し、またその結果をどのように活用し、サービスの改善に結びつけていくか、また社会福祉協議会やその他の苦情対応機関とどう連携し効果的なしくみとしてつくっていくかが課題となっています。

しかし、苦情への対応とその結果の分析・公表等に関しては、各都道府県国保連により相当の違い・格差が発生しています。たとえば、インターネットや報告書などで苦情事例を詳細に分析公表している東京都国民健康保険団体連合会のようなところがある半面、きわめて不活発な国保連もあります。

苦情の傾向を見て、利用者は注意することもできますし、事業者も自己改善のために活用できます。一層の奮起が望まれるところです。

# 国民健康保険団体連合会の業務等

## ○国民健康保険団体連合会の性格、組織、設立

国民健康保険団体連合会（国保連）は、国民健康保険の保険者（市町村および国保連）が共同してその目的を達成するために組織する保険者の連合体であり、国民健康保険法の規定に基づいて設立される公法人です。

現在、都道府県の区域を単位として、全都道府県に国保連合会が設立されています。

## ○国民健康保険団体連合会の介護保険関係業務（176条）

①次の業務を行うこととする。

- 介護報酬の審査・支払
  保険者である市町村の委託を受けて、事業者および介護保険施設からの請求に対する審査および支払を行う。
- サービス事業者の質の向上に関する調査、指導・助言
  居宅サービス事業者、居宅介護支援事業者、介護保険施設等の質の向上に関する調査、指導・助言を行う。
- 27年改正により、介護予防・生活支援サービス事業のうち、第1号事業支給費の審査・支払の一部を行うこととなった。

②次の業務を行うことができる。

- 市町村の委託を受けての、第三者に対する損害賠償金の徴収または収納の事務
  被保険者が第三者の行為によって介護が必要となった場合に、市町村は介護保険から給付した額を限度に第三者に対して損害賠償の請求権を取得するが、国保連は市町村から委託を受けてその徴収事務などを行う。
- 指定居宅サービスおよび指定居宅介護支援事業、介護保険施設の運営
- 介護保険事業の円滑な運営に資する事業
  例）保険事務共同電算処理事業（被保険者資格の管理、移動処理、介護費通知書作成など）。
- 苦情処理
  提供されるサービス内容に対する、利用者からの苦情処理。

# ◆ 国保連における苦情処理業務 ◆

厚生労働省が示した考え方を見ていきます。

## ○事務処理の流れ

### ①苦情処理の受付窓口

経由機関

| 利用者の苦情 | 市町村窓口 | 都道府県国民健康保険団体連合会 |
| --- | --- | --- |
| | 介護支援専門員 | |
| | 地域包括支援センター | |
| | 民生委員 | |
| | 消費者センター | |
| | その他 | |

直接

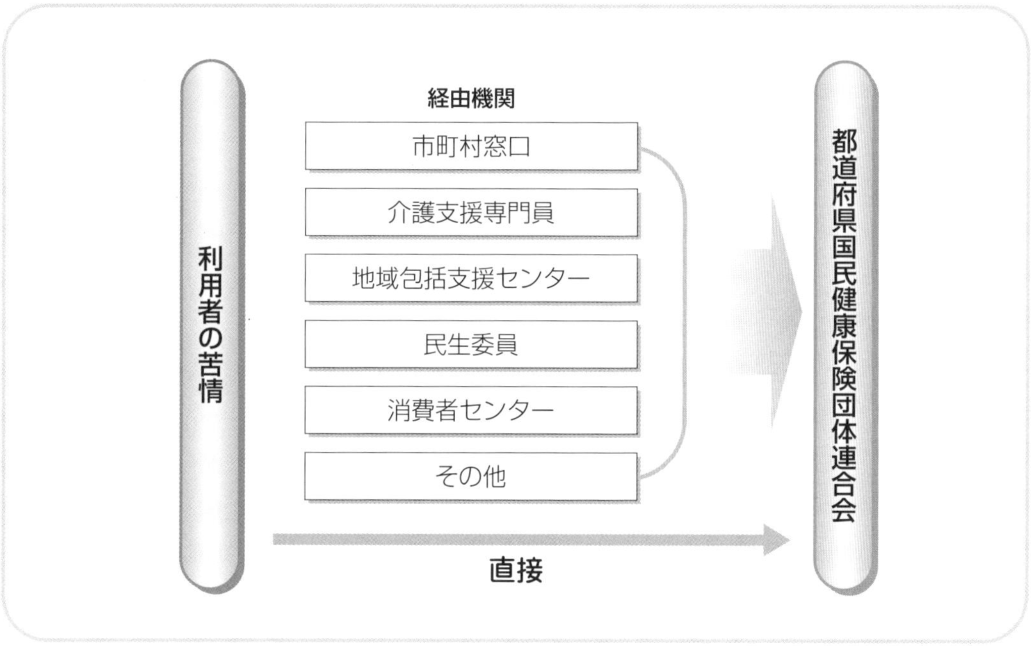

### ②苦情申し立て

- 原則書面とし、①氏名、②住所、③苦情内容、④その他必要なことを記入して提出
  ➡必要に応じて面接調査を行う。
- 書面による申し立てが困難な場合は、口頭による申し立てを受け付ける。その場合は聞き取り調査により書類を作成し、本人の確認を求める。
- 匿名については、相手を特定できないことなどから受理しない。ただし、情報提供としての取り扱いは個々に判断する。

### ③苦情の申立人

- 本人
- 本人の同意を得た家族、介護支援専門員、民生委員、知人
  ※認知症などのために、本人による申し立てが困難な者については、家族および民生委員等の代理申し立てについて検討する。

介護保険制度と法令
1 総則
2 被保険者
3 介護認定審査会
4 保険給付
5 ケアマネ事業者
6 地域支援事業
7 介護保険事業計画
8 費用等
9 支払基金の業務
10 国保連の業務
11 審査会
12 審査請求
13 雑則
14 罰則
施行法 介護保険法
施行令 介護保険法
施行規則 介護保険法

④申し立て受理後の処理手続き

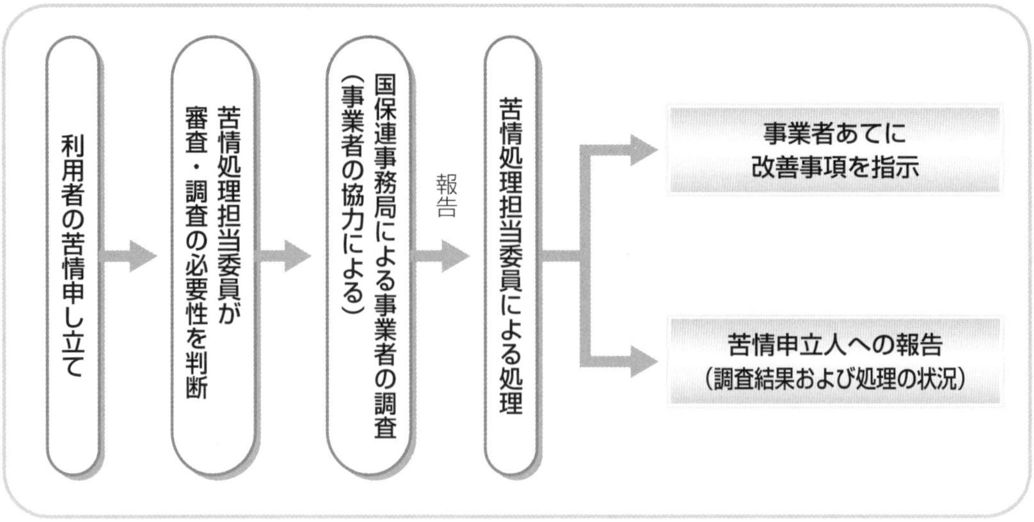


○国保連の組織

①苦情処理担当委員

苦情処理は迅速に行う必要があるので、原則として苦情処理担当委員が単独で取り扱う。ただし、重要な事項は合議する。

②苦情処理担当委員の選定

- 苦情処理の業務量の推計により、都道府県の被保険者数に応じて委員の数を定める。
- 委員になるのは、中立・公正な立場で活動できる保健・医療、福祉、法律関係の学者、弁護士・裁判官などの法曹経験者、家裁の家事調停委員、民生委員経験者等の学識経験者。
- 委員の選定にあたっては、被保険者の意見を反映しうるような者を含める。

③委員の任期

２年。

○国保連の権限

①対応の仕方

- 指定基準違反の疑い ➡都道府県へ連絡 ➡法76条に基づく立ち入り検査など
- 不服審査の対象ケースと認められる場合 ➡審査請求の教示
- 上記以外でサービスに係る苦情 ➡国保連で調査等を行う

②調査権限

強制的な監査とは性格が異なるので、基本的には事業者の協力を得て実施する。

③サービスの改善

国保連の調査結果および改善事項の提示を受けた事業者は、これに沿いサービスの改善に努めるものとする（厚生労働省令37号　36条）。

○運営財産

基本的に給付費でなく事務費なので、一般財源（市町村の負担金）で負担すべきとされている。

○問題

最後に国保連の苦情処理業務について、留意すべき点や課題をまとめて挙げておきます。

- まずサービス事業者が、苦情対応の窓口を設置すべきである（現在は相当程度の事業所で整備が進んでいる）。
- 国保連は、各都道府県に１カ所なので、迅速な対応が困難と思われ、市町村の協力が必要となる。
- 「苦情」といっても、その内容は千差万別であり、きちんとした相談・対応が必要である。内容によっては専門機関の対応や連携が必要である。たとえば契約のトラブルであれば「消費者センター」、法律上の問題であれば弁護士など。
- そのためには、各機関の役割分担とネットワークされた対応が必要となる。
- 困難な苦情としては、「不要なサービスを買わされた」「介護保険施設で縛られた（抑制が行われた）、じょくそうができた」などが考えられる。このようなノウハウに強い機関との連携により、解決できる場合もある（例　不要なサービスの購入＝消費者被害　➡国民生活センターによる対応など）。

以上何点か挙げましたが、利用者本位の立場でトラブルを解決するためには、まず“国保連ありき”ではなく、実態をよくつかみ、どういったトラブルが起こりうるのか、具体的な例を想定した上で、有効な解決のしくみづくりをしていく作業が必要です。

メモ

○東京都国民健康保険団体連合会の苦情への取り組み

東京都国保連では、介護保険サービスに関する苦情に積極的に取り組み、毎年度『苦情相談白書』を発行するとともにインターネットで概要を公表しています。

そこでは国保連で直接受けた苦情相談のほかに、市町村にあがった苦情を集約し、①サービスの種類別の苦情状況、②苦情内容別の状況、③介護サービスの事業者数および利用件数と苦情の関連データなどの収集・分析を行っています。また、相談機関別や苦情分類項目別の対応状況、サービスの種類ごとの主な苦情と時系列的変化並びに具体的対応・指導状況などがまとめられています。

苦情の情報が収集・分析・公開されることで、サービスの改善や利用にあたっての留意事項等に有効性を発揮していると思われます。

➡東京都国保連ホームページ　http://www.tokyo-kokuhoren.or.jp/

# 第11章　介護給付費審査委員会（第179～182条）

**第11章のポイント**

○市町村の介護報酬の支払い審査を、国民健康保険団体連合会が委託を受けて実施する場合に、国保連に介護給付費審査委員会を設置する。（179条）

○**介護給付費審査委員会の組織**（180条）

- 介護給付等対象サービス担当者※を代表する委員
- 市町村を代表する委員
- 公益を代表する委員

（以上3者を）同数で設置

※介護給付等対象サービス担当者…指定居宅サービス、施設サービス等の担当者

○**介護給付費審査委員会の権限**（181条）

- 審査のために必要なときは、サービス事業者の出頭・説明を求めることができる。

# 第12章　審査請求（第183～196条）

**第12章のポイント**

○保険給付に係る処分に不服がある者は、処分があったことを知った日から60日以内に、都道府県が設置する介護保険審査会に審査請求ができる。（183条）

- 被保険者証の交付の請求に関するもの
- 要介護認定または要支援認定に関するもの
- 保険料その他この法律の規定による徴収金に関するもの（財政安定化基金拠出金、納付金などを除く）

○介護保険審査会は、各都道府県に設置する。（184条）

○**委員の構成**（185条）

- 被保険者を代表する委員　3人、
- 市町村を代表する委員　3人、
- 公益を代表する委員　3人以上であって、政令で定める基準に従い、条例で定める員数を設置する。

○**委員の任期**（186条）

3年。

○専門調査員（188条）

- 要介護認定または要支援認定にかかる処分の調査をさせるため、専門調査員を置くことができる。
- 専門委員は、保健、医療または福祉に関する学識経験者から、都道府県知事が任命する（非常勤）。

○管轄保険審査会（191条）

- 審査請求は、処分を行った市町村を含む都道府県に設置した介護保険審査会で処理する。

○審査請求と訴訟の関係（**審査請求前置主義**）（196条）

処分取消の訴訟は、審査請求を行った後でないと、提起できない。

メモ

要介護認定の決定が行政処分であることから、行政不服審査請求による権利の救済が図られています。

しかし、要介護認定の調査が、原則１人で行われること、調査員の資質に格差があると思われること、申請者の身体状況にも変化が起こりうること、調査が場合によっては、家族の聞き取りになってしまうことなどの課題をはらんでいます。

その上で要介護認定について、日時がたってからその妥当性を判断することはきわめて困難であり、書類審査を中心とした形式的な審査にならざるを得ません。

利用者の立場に立って権利の救済を図るとすれば、不服申し立てを審査請求に限定せず、まず異議申し立てによることとし、保険者が速やかに再調査を実施して対応することが必要ではないでしょうか。

不服審査をきちんと整理することは、国民の介護保険への信頼感を担保するためにも必要不可欠だと言えます。

## 介護保険審査会

**○介護保険審査会の設置**（184条）

保険者の行った行政処分に対する不服申立の審理・裁決を行う第三者機関として、都道府県に「介護保険審査会」を設置する（地方自治法上の附属機関＝現行国民健康保険制度における「国民健康保険審査会」と類似の機関）。

**○介護保険審査会の審理対象となる行政処分**（183条）

以下の処分については、市町村ではなく、介護保険審査会が審査庁となる。

**①保険給付に関する処分**

要介護認定に関する処分、被保険者証の交付の請求に関する処分、給付制限に関する処分。

**②保険料その他の徴収金に関する処分**

保険料の賦課に関する処分、不正利得に関する徴収金等に係る賦課徴収、保険料等の徴収金に係る滞納処分など。

▶▶**審査請求書の記載事項**（令47条）

次の事項を審査請求書に記載し、または陳述しなければならない。

- 原処分の名あて人たる被保険者の氏名、住所、生年月日、被保険者証の番号
- 審査請求人が、名あて人たる被保険者以外の者であるときは、審査請求人の被保険者との関係

◯**介護保険審査会の構成**（185条）

介護保険審査会は、三者構成とする。

①市町村代表委員　　3人、

②被保険者代表委員　3人、

③公益代表委員　3人以上で、政令で定める基準に従い条例で定める員数。

※このほかに、都道府県の実情に応じて、後述の専門調査員を置くことができる。

◯**専門調査員（任意設置）**（188条）

- 保険審査会に要介護認定または要支援認定に関する処分に対する審査請求事件に対し、専門の事項を調査させるため、専門調査員を置くことができる。
- 専門調査員は、要介護者等の保健、医療または福祉に関する学識経験を有する者のうちから、都道府県知事が任命する。

◯**審査請求事件を処理する合議体**（189条）

審理裁決事務の処理の迅速化を図る観点から、介護保険審査会の委員で構成される複数の合議体で審査請求事件を処理することとし、要介護認定に係る審査請求事件については、公益代表委員3人以上から構成される合議体において、それ以外の審査請求事件については三者構成の合議体で審理裁決を行います。

**◆介護保険審査会◆**

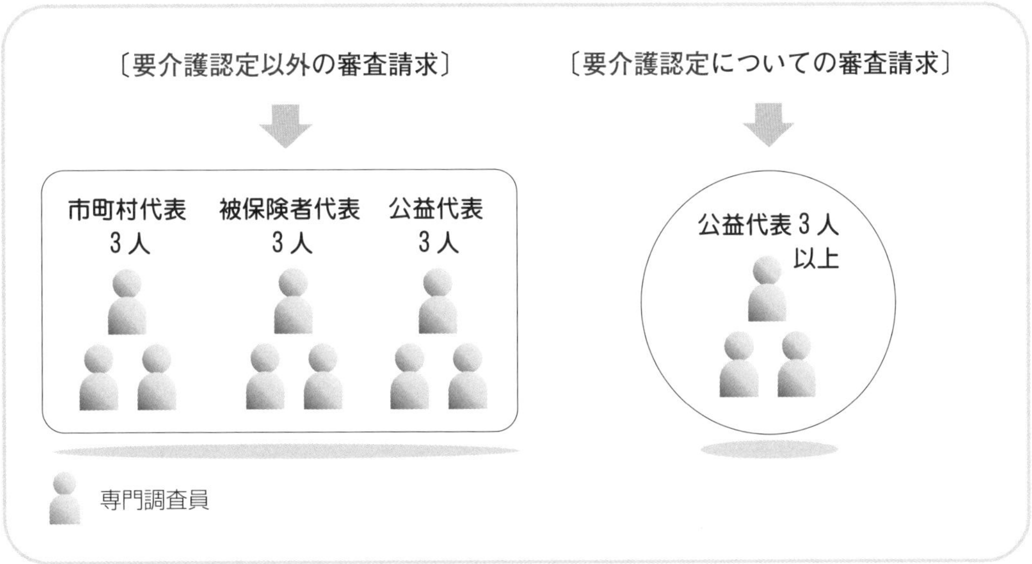

○審査請求関連の期間

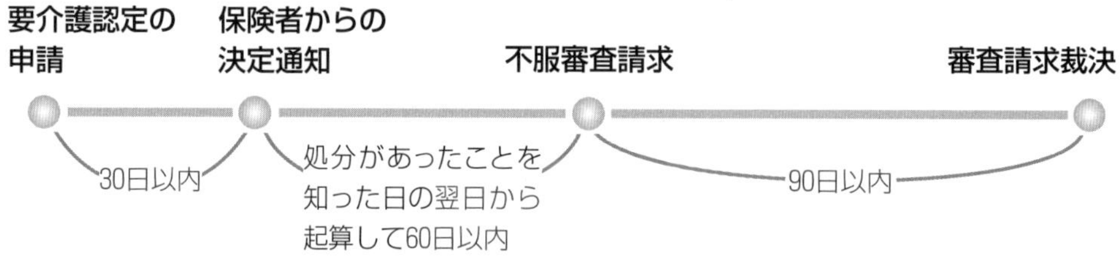


※審査請求を行い、なお不服がある場合はその取消しを裁判所に提訴できる。

# 第13章　雑　　則（第197～204条）

**第13章のポイント**

この章では、介護保険施行に際してのその他事項がまとめられています。

○厚生労働大臣、都道府県知事は、市町村に対して、保険給付の効果に関する評価のため、その他必要があるときは、介護保険事業の実施状況について報告を求めることができる（197条）。

○厚生労働大臣は、必要があるときは、都道府県知事・市町村長が行う事業者の指定等について報告を求め、助言・勧告ができる（197条）。

○**先取（さきどり）特権の優先順位**（199条）

○**時効**（200条）
保険料、納付金その他徴収金の時効は２年である。

○**賦課決定の期間制限**（200条の２）
保険料の賦課決定は最初の保険料の納期の翌日から２年を経過したら時効が完成するためできない。

○期間の計算は、民法の規定による（201条）。

○**被保険者等に関する調査**（202条）
市町村は保険の給付や保険料について、必要があるときは被保険者・第１号被保険者の配偶者・世帯主に報告を求める、または市町村の職員に調査をさせることができる。

○**実施規定**（204条）
この法律の実施のための手続その他執行について必要な細則は、厚生労働省令で定める。

○**厚生労働省への報告等の根拠**（197条）

- 厚生労働大臣および都道府県知事は、市町村に対し事業状況の報告を求めることができる。
- 厚生労働大臣は、都道府県知事に対し、事業者指定について報告を求め、助言・勧告ができる。

○**先取特権の順位**（199条）

先取特権の順位を国税、地方税に次ぐものとして、他の債権より優先権を持たせている。

199条により、保険料と介護保険に関係する徴収金は、国税（所得税など）や地方税（固定資産税など）の次の順番で、個人等から他の債権（たとえば金融機関からの借入などの借金）よりも優先的に徴収できるものとされています。

※先取特権

一定の債権を有する者が、債務者の財産等から他の債務に優先して返済を受ける権利をいう。これは民法の規定（303～341条）によるが、介護保険の保険料などの債権については、介護保険法199条により、国税、地方税に次ぐものとされている。

○**時効**（200条）

保険料、納付金その他徴収金の時効は、２年である。

**◆主な時効の期間（民法144～174条）◆**

| | |
|---|---|
| 1年 | 大工等手間賃、旅館の宿泊料等、月又はこれより短い期間で定めた雇い人の給料 |
| 2年 | 介護保険の保険料・徴収金、小売商人の売却代金、労働者の給料等請求権 |
| 3年 | 医師・薬剤師等の手数料、交通事故・傷害事件等不法行為の損害賠償請求権、慰謝料 |
| 5年 | 地代・家賃等、商売上の立替金等 |
| 10年 | 個人の賃貸借、取得時効の一部等（民法162条第２項） |
| 20年 | 財産権（民法167条）、取得時効の一部等（民法162条第１項） |

○**期間の計算**（201条）

期間の計算は、民法の規定による。

**◆期間（民法138～143条）◆**

| | |
|---|---|
| **①時間で設定** | 時以下の単位で期間を定めたときは、その時から計算を始めて定められた時間をそのまま計算 |
| **②日で設定** | 初日を入れず、次の日から計算 |
| **③月または年単位** | 日に換算せず、暦に従って算定 |
| **④週、月、年の初めから起算しない場合** | 最後の週、月、年において起算日に対応する日の前日をもって終了 |

※期間の末日が祝日休日等でその日に取り引きしない慣習がある場合は、その翌日を満了日とする。

**○被保険者に対する調査**（202条）

市町村は、被保険者の資格、保険給付、保険料に関して、被保険者、第1号被保険者の配偶者または世帯主に、文書その他物件の提出を求め、または職員に質問させることができる。

**○資料の提供等**（203条）

市町村は、被保険者の収入・資産、年金支給の状況等について、郵便局その他の官公署、年金保険者、銀行、信託会社その他に、報告を求めることができる。

**○大都市等の特例**（203条の２）

都道府県が処理するとされている事務で政令で定めるものは指定都市に委譲される。
→今後は市町村への委譲が課題となります。

# 第14章　罰　　則（第205～215条）

**第14章のポイント**

○守秘義務（205条）

- 認定審査会、都道府県介護認定審査会、給付費審査委員会、保険審査会の委員・専門調査員等が、職務上知り得た

  指定居宅サービス事業者※
  指定介護予防サービス事業者※
  指定居宅介護支援事業者
  指定介護予防支援事業者
  介護保険施設の開設者
  居宅サービス等の実施者

  の業務上の秘密・個人の秘密を漏らしたとき
  ⬇
  1年以下の懲役または100万円以下の罰金

  ※地域密着型も含む。

- アセスメント従事者についても同様

○老人保健施設の広告制限に違反した者（206条）

➡6カ月以下の懲役または50万円以下の罰金

○健康保険組合、国民健康保険組合、共済組合の役員などが、定められた報告をしないとき　➡30万円以下の罰金（207条）

○介護給付を受けた者が求められて報告をしなかったとき、または虚偽の報告をしたとき　➡30万円以下の罰金（208条）

○国、都道府県知事、市町村長などの報告の求めに応じなかったり、検査を拒んだ場合　➡30万円以下の罰金（209条）

○支払基金の役員に対する20万円以下の過料（212条）

- 厚生労働大臣の認可または承認を受けるべきときに受けなかったとき
- 余裕金の運用に際して違反したとき

○第1号被保険者が資格の確認に応じなかった場合や虚偽の届出をした場合に、10万円以下の過料を科する規定を設けることができる（214条）

○市町村は条例で、偽りその他の不正行為により保険料その他この法律の規定による徴収金の徴収を免れた者に対し、その徴収を免れた金額の5倍に相当する金額以下の科料を科す規定を設けることができる（214条4）

- 要介護認定のために、被保険者証の提出を求められて、この求めに応じないとき
- 職員の質問に答えなかったり、嘘の答えをしたとき

○介護保険3施設の入居者について、食費・部屋代について、一定額(配偶者なし1000万円・有り2000万円）以上の資産保有者は、自己負担となる。虚偽の申告で不正に食費・部屋代の負担軽減を受けたときは、受けた額及びその2倍の加算金の納付が求められることがある。(「地域における医療及び介護の総合的な確保を推進するための関係法律に整備等に関する法律」の一部の施行等について／平26.6.25厚労省医政・社会・援護・老健局長連名通知）同通知第二の3の（2）

※罰金とは、一定額の金銭を取り上げる刑罰で、禁固より軽く、拘留よりも重い。罰金は1万円以上で、上限は各条文に定められている。

※過料には刑事罰としてのものと、行政罰（行政秩序罰）としてのものとがある。行政秩序罰は、行政法規の違反の程度が軽微で反社会的行為に至らない場合に科すものとされている。

メ　モ

①18年改正により、罰則が全体的に強化されました。

②介護保険では、多くの個人情報が取り扱われます。個人情報の保護が1つの課題となります。

③法定されている守秘義務は、被保険者個人の情報というよりも事業者情報についてです。今後は、個人の情報に関する守秘義務の規定の整理も必要となります。

## 主な罰則規定

| 対象者 | 事　　項 | 罰則等 |
|---|---|---|
| 認定審査会<br>都道府県介護認定審査会<br>給付費審査委員会<br>保険審査会<br>の委員<br>保険審査会の専門調査員 | 職務上知り得た、<br>● 指定居宅サービス事業者※<br>● 指定介護予防サービス事業者※<br>● 指定居宅介護支援事業者<br>● 指定介護予防支援事業者<br>● 介護保険施設の開設者<br>● 居宅サービス等を行った者<br>の業務上の秘密・個人の秘密を漏らしたとき<br>※地域密着型の事業者を含む | 1年以下の懲役または100万円以下の罰金<br>〈205条〉 |

| | | |
|---|---|---|
| ●指定居宅介護支援事業者の役員<br>●介護支援専門員<br>など | 認定調査で知り得た個人の秘密を漏らしたとき | |
| 介護老人保健施設 | 広告制限に違反したとき | 6月以下の懲役または50万円以下の罰金<br>〈206条〉 |
| 介護老人保健施設の開設者 | ●設備の使用制限に違反したとき | |
| 介護老人保険施設の管理者 | ●都道府県知事が介護老人保健施設管理者が不適当と認めるとき変更命令できる | |
| 健康保険組合・国民健康保険組合・共済組合の役員、清算人または職員 | ●医療保険者の支払基金への報告<br>●厚生労働大臣・都道府県への報告<br>について違反した場合（提出しない、虚偽の報告・記載をする、など） | 30万円以下の罰金<br>〈207条〉 |
| 介護給付等を受けた者 | 厚生労働大臣・都道府県知事の居宅サービスについての報告の求め、または職員の質問を拒んだり、虚偽の回答をしたとき | 30万円以下の罰金<br>〈208条〉 |
| 審査請求人もしくは<br>その関係者 | ●介護保険審査会の出頭の求めに応じなかったとき<br>●虚偽の報告をしたとき<br>●診断その他の調査をしなかったとき | 20万円以下の罰金<br>〈210条〉 |
| 支払基金の役員 | ●厚生労働大臣の認可または承認が必要なのに、受けなかったとき<br>●170条の規定に反して、業務上の余裕金を運用したとき | 20万円以下の過料<br>〈212条〉 |
| 居宅サービスを行う者<br>または使用する者 | 厚生労働大臣・都道府県知事の居宅サービスについての報告の求め、または職員の質問を拒んだり、虚偽の回答をしたとき | 10万円以下の過料<br>〈213条〉 |
| 第１号被保険者<br>（市町村の条例が必要） | 被保険者資格の得失に関する届出を行わなかったとき、または虚偽の届出をしたとき | 10万円以下の過料<br>〈214条〉 |
| 被保険者、<br>第１号被保険者の配偶者、<br>または世帯主<br>（市町村の条例が必要） | 市町村の被保険者等に対する調査、文書等の提出、当該職員の質問を拒んだとき、もしくは虚偽の答弁をしたとき | |
| | 偽り、その他不正行為により、保険料その他この法律による徴収金の徴収を免れた者 | 徴収金の５倍相当の金額以下の過料<br>〈214条４〉 |

# 介護保険法施行法

（平成９年12月17日法律第124号／平成29年６月２日法律第52号）

介護保険法施行法の構成は、

第１章　介護保険法施行に伴う経過措置（１～19条）

第２章　関係法律の一部改正（20～90条）

の２章、90条と附則からできています。

## 【第１章　経過措置】

### ○法定居宅給付支給限度基準額に関する経過措置（１条）

居宅サービスの整備状況および被保険者数からみて、厚生労働大臣の定めた法定居宅給付限度額を満たすことができないと判断した市町村は、政令で定める日までの間、限度額の上限を下げることができる。

※政令で定める日は、介護保険法施行の日から起算して５年を経過した日以後の日

### ○指定居宅サービス事業者に関する経過措置（４～６条）

（介護保険法施行前に、各法により指定を受けている場合に限る）

- 健康保険法の規定による保険医療機関もしくは保険薬局の指定を受けている病院
- 診療所または薬局は、そこで行われる居宅サービス（病院・診療所は居宅療養管理指導）その他介護保険法第71条第１項の厚生労働省令で定める種類の居宅サービスに限り、介護保険法41条の指定があったものとみなす。ただし、申出があった場合は、みなさない。
- 老人保健法の指定を受けていた指定老人訪問看護事業者は、介護保険の訪問看護の指定があったものとみなす。ただし、申出があった場合は、みなさない。

### ○指定介護老人福祉施設に関する経過措置（７条）

特別養護老人ホームについては、指定介護老人福祉施設とみなす。

### ○介護老人保健施設に関する経過措置（８条）

老人保健施設については、介護老人保健施設の開設の許可があったものとみなす。

### ○適用除外に関する経過措置（11条）

介護保険法９条の規定にかかわらず、以下の施設に入所している者については、介護保険の被保険者としない。

- 身体障害者福祉法による療護施設
- 重症心身障害児施設
- 児童福祉法第27条第２項の指定国立療養所等
  重症心身障害児（者）病棟または進行性筋萎縮症病棟に限る。
- 心身障害者福祉協会法に規定する福祉施設
- ハンセン病療養所
- 生活保護法の救護施設

**○介護保険適用除外施設における住所地特例の見直し**

２箇所以上の住所地特例対象施設に継続していた場合の保険者について、以下の取り扱いとなる（施行法第13条）

① 障害者総合支援法に規定する指定障害者支援施設に入所している身体障害者、知的障害者、精神障害者

② 障害者支援施設

③ 独立行政法人国立重度知的障害者総合施設のぞみの園

④ 生活保護法による救護施設

- **上記①～③までの施設について**
  これらの施設に入所する前の居住地である市町村を保険者とする。
- **上記④の施設について**
  原則として、生活保護受給中に居住地または現在地と認定して実施責任を負っていた市町村を保険者とする。

（平成29年７月３日全国介護保険主管課長会議介護保険計画課資料より）

# 介護保険法施行令

（平成10年12月24日政令第412号／令和２年政令第381号）

## 第１章　総則（令１～４条）

○特定疾病とは（令２条）

①がん末期　②関節リウマチ　③筋萎縮性側索硬化症　④後縦靱帯骨化症　⑤骨折を伴う骨粗鬆症　⑥初老期における認知症　⑦パーキンソン病関連疾患（進行性核上性麻痺、大脳皮質基底核変性症、パーキンソン病）　⑧脊髄小脳変性症　⑨脊柱管狭窄症　⑩早老症　⑪多系統萎縮症　⑫糖尿病性神経障害、糖尿病性腎症および糖尿病性網膜症　⑬脳血管疾患　⑭閉塞性動脈硬化症　⑮慢性閉塞性肺疾患　⑯両側の膝関節または股関節に著しい変形を伴う変形性関節症

## 第２章　介護認定審査会（令５～10条）

## 第３章　保険給付（令11～35条）

○高額介護サービス費（令22条の２）

介護保険の利用者負担が一定額を超えると、その超えた額は後から戻ってきます。このしくみを高額介護サービス費の給付といいます（→153ページ）。

受給の条件や上限額などは、ここに定められています。

○介護保険法66条１項の「政令で定める特別な事情」とは（令30条）

介護保険法66条１項では「保険料滞納者に対する支払方法の変更」について規定していますが、以下のような「政令で定める特別な事情」（令30条）がある場合は、変更対象から外されます。

①保険料を滞納している要介護者等またはその属する世帯の生計を主として維持する者が、震災、風水害、火災その他これらに類する災害により、住宅、家財またはその他の財産に著しい損害を受けたとき

②保険料を滞納している要介護者等の属する世帯の生計中心者が死亡したこと、またはその者が心身に重大な障害を受け、もしくは長期間入院したことにより、その者

の収入が著しく減少したとき
③その他、①②に準ずる事由として厚生労働省令で定める事由があること

## 第４章　介護支援専門員並びに事業者及び施設（令35条の２～37条の12）

## 第５章　地域支援事業（令37条の13～16）

○地域支援事業の上限額（令37条の13）
地域支援事業費は、介護給付額の3.0％というように、上限額が定められています。

## 第６章　保険料（令38～45条の７）

○保険料率の算定に関する基準（令38、39条）
保険料の額の算定については、令38、39条に規定されています。各保険者は、第８期で国が示した標準額（→44ページ）を踏まえ、地域の実情等に配慮して具体的な保険料額を決定します。
また、保険料を年金から差し引く特別徴収については、令41、42条に定められています。（平成10年政令第413号／令和２年３月政令第98号）

## 第７章　審査請求（令46～51条）

○審査請求書の記載事項等（令47条）
介護保険法183条により、要介護・要支援認定の結果や保険料などについて、不服がある者は、都道府県知事（介護保険審査会）に審査請求することができます。その際に提出する審査請求書には、次のような事項を記載します。
- 原処分の名あて人である被保険者の氏名、住所、生年月日、被保険者証の番号
- 審査請求人が原処分の名あて人である被保険者以外の者であるときは、審査請求人と被保険者との関係

## 第８章　雑則（令51条の２）

## 第９章　施行法の経過措置に関する規定（令52～59条）

# 介護保険法施行規則

（平成11年３月31日厚労令36／令和２年厚労令199）

## 第１章　総則（規則１～22条の34）

**○要介護・要支援状態の継続見込期間**（規則２、３条）

要介護・要支援状態として認められるには、その状態が６カ月以上続くと見込まれることが必要ですが、今回特定疾病に追加された「がん末期」（施行令　→209ページ）については、継続見込み期間は６カ月未満でもよいとされています。

**○介護保険法８条２項の「厚生労働省令で定める施設」とは**（規則４条）

老人福祉法で定める軽費老人ホーム（ケアハウス）、有料老人ホームです。それらのホームがホーム内に介護サービスを備え、介護保険の指定を受けると「特定施設」となります。また18年度改正で、養護老人ホーム、一定の要件を満たすサービス付き高齢者向け住宅（高齢者専用賃貸住宅は廃止）も、特定施設に加えられました。

なお、以前は特定施設では外部サービスは使えませんでしたが、18年改正により可能になりました。

**○介護保険法８条２項にいう「日常生活上の世話」とは**（規則５条）

入浴、排せつ、食事等の介護、調理、洗濯、掃除等の家事など。

## 第２章　被保険者（規則23～33条）

**○その他　様式等**

介護保険被保険者証（規則26条）、ほか。

## 第３章　保険給付（規則34～113条）

**○介護保険法41条１項・４項１号２号、42条３項の「日常生活に要する費用」とは**（規則61条）

次の費用は、介護保険の給付対象外となり、自己負担となります。

| | 給付対象外となるもの |
|---|---|
| ①通所介護<br>通所リハビリテーション | 食事の提供に要する費用、おむつ代、その他 |
| ②短期入所生活介護<br>短期入所療養介護 | 食事の提供に要する費用、滞在費、理美容代、その他 |
| ③認知症対応型共同生活介護 | 食材料費、理美容代、おむつ代、その他 |
| ④特定施設入所者生活介護 | おむつ代、その他 |

※その他＝その他、日常生活に通常必要で、利用者に負担させることが適当と認められる経費

**○介護保険法50条にいう「厚生労働省令で定める特別の事情」とは**（規則83条）

通常、介護保険では、費用の9～7割が給付され、1～3割は自己負担することになっています。しかし、「居宅介護サービス費等の額の特例」として、介護保険法50条では、「特別の事情」がある場合には、100分の100までの給付を行うと定めています。

この「特別の事情」とは、災害や経済的損害など、次のような場合です。

①保険料を滞納している要介護者またはその世帯の生計を主として維持する者が震災、風水害、火災などにより、住宅、家財、その他の財産に著しい損害を受けたとき
②要介護者の世帯の生計を主として維持する者が死亡したとき、またはその者が心身に重大な障害を受けたり、長期間入院したことにより、収入が著しく減少したとき
③要介護者の世帯の生計を主として維持する者の収入が、事業・業務の休廃止、事業における著しい損失、失業などにより著しく減少したとき
④要介護者の世帯の生計を主として維持する者の収入が、干ばつ、冷害、凍霜害等による農作物の不作、不漁その他これに類する理由により著しく減少したとき

## 第4章　介護支援専門員並びに事業者及び施設（規則113条の2～140条の62の2）

**○介護支援専門員の登録**（規則113条の2～26）

**○指定事業者の指定等**（規則114～126条）

## 第5章　地域支援事業等（規則140条の62の3～72の3）

○令和3年4月1日より、要介護認定を受けた被保険者は、認定を受ける前に利用していた地域支援事業の1号事業を継続して利用できることとされました。（規則140条の62の4）

その他、施行規則について、18年改正と24年改正の主なポイントを示します。

### ①居宅サービスの定義

- 介護保険法上の「居宅」の定義に養護老人ホームを加える
- 訪問看護をできる者として、言語聴覚士を加える
- 特定施設の対象に養護老人ホーム、サービス付き高齢者向け住宅などを加える
- 小規模多機能居宅介護を行う拠点として、適切に機能訓練等を実施できる拠点を規定
- 介護専用型特定施設の入居者として、要介護者・配偶者に加え、入居の際に要介護者であった者で要支援・非該当に改善した者や入居者の三親等以内の親族等を規定

### ②介護予防サービスの定義

- 介護予防サービスの提供期間は、介護予防サービス計画に定める期間とする
- 介護予防訪問入浴介護を利用できる場合として、疾病等のやむを得ない理由で入浴に介護が必要な時を規定
- 介護予防認知症対応型生活介護を利用できる者として、要支援２に該当する者を規定
- 介護予防サービス計画を作成することができる地域包括支援センターの職員として、保健師その他介護予防支援に関する知識を有する者を規定

### ③介護員養成研修

訪問介護員養成研修の体系を変更することに伴い、以下のように変わりました。

- 研修課程に「介護職員基礎研修課程」を設置
  ➡新たに介護に従事する者が専門知識・技術を習得することが目的。
- 研修によって、知識・技術の習得がなされたか確認することを義務づける
- 研修事業者の指定基準
  ➡介護職員基礎研修課程の修業年限をおおむね３年以内とし、研修に必要な講師等を確保していることなど。

### ④福祉用具専門相談員指定講習会

- 指定講習会の指定申請手続きを規定
- 指定基準として、講習会を年１回以上開催し、研修に必要な講師数の確保を規定
- 24年改正で、福祉用具計画の策定が義務づけられた

### ⑤指定市町村事務受託法人

- 受託法人に関し、指定の要件、事務の委託の公示等を規定
- 24年改正で、都道府県事務受託法人制度が創設された

### ⑥申請代行の範囲・認定調査の委託

- 要介護認定等の申請代行をできる者の要件として、各事業者ごとの指定基準の要介護認定等の申請に係る援助規定に違反したことがないことを規定

- 更新時等に認定調査を委託できる者として、指定居宅介護支援事業者、地域密着型介護老人福祉施設、介護保健施設、地域包括支援センターを規定
- 調査を委託できる者の要件として、各事業者の指定基準の利益収受の禁止の規定に違反したことがないことを規定

**⑦要支援状態区分の変更の認定の申請**

- 18年改正法において、要支援状態を規定したことに伴い、要支援状態区分の変更認定の申請手続きに関し、要介護状態区分変更の認定申請等と同様の規定を設けた
- 市町村の職権により要支援状態区分の変更の認定をする際の手続き等について、要介護状態区分の変更と同様に規定

**⑧居宅介護サービス費の代理受領の要件**

- 小規模多機能型居宅介護を利用する場合については、あらかじめ利用について市町村に届け出ている場合で、利用した指定居宅サービスが小規模多機能型居宅介護事業所の介護支援専門員が作成した計画の対象となっているときを加える

**⑨地域密着型介護サービス費**

- 小規模多機能型居宅介護の「日常生活に要する費用」として、食事の提供に要する費用、宿泊に要する費用、おむつ代、その他適当と認められるものを規定するなど、各地域密着型サービスにおける「日常生活に要する費用」を規定
- 領収書および代理受領について規定

**⑩居宅介護サービス費等区分（種類）支給限度額**

- 対象サービスに、夜間対応型訪問介護、認知症対応型通所介護、小規模多機能型居宅介護を追加
- 居宅介護サービス費等区分支給限度基準額を設定できるサービスの種類に、夜間対応型訪問介護、認知症対応型通所介護を加える

**⑪居宅介護住宅改修費**

- 従来、その支給を受ける場合は、申請書を提出することとされていたが、あらかじめ費用の見積もりや改修の内容を記載した書類を提出するよう手続きを改める

**⑫介護予防サービス費の支給要件**

- 指定介護予防支援を受けることをあらかじめ市町村に届け出ている場合で、利用するサービスが介護予防サービス計画の対象となっているとき
- 基準該当介護予防支援を受けることをあらかじめ市町村に届け出ている場合で、利用するサービスが介護予防サービス計画の対象となっているとき

- 介護予防小規模多機能型居宅介護を受けることをあらかじめ市町村に届け出ている場合であって、利用するサービスが介護予防小規模多機能型居宅介護事業所の介護支援専門員が作成する計画の対象となっているとき
- 居宅介護支援被保険者が介護予防サービスの利用に係る計画をあらかじめ市町村に届け出ている場合で、当該市町村が計画を適当と認めたとき
- 介護予防居宅療養管理指導、介護予防特定施設入居者生活介護を受けるとき

### ⑬地域密着型介護予防サービス費の支給要件

- 支給要件は、介護予防サービスと同様に、指定介護予防支援を受けることをあらかじめ市町村に届け出て、サービスが介護予防サービス計画の対象となっているとき、介護予防小規模多機能型居宅介護を受けることをあらかじめ市町村に届け出ているときなどを規定
- 地域密着型サービスと同様に、各サービスごとに日常生活に要する費用を規定

### ⑭介護予防サービス等区分（種類）支給限度額

- 対象は、介護予防訪問介護、介護予防訪問入浴介護、介護予防訪問看護、介護予防訪問リハビリテーション、介護予防通所介護、介護予防通所リハビリテーション、介護予防短期入所生活（療養）介護、介護予防福祉用具貸与、介護予防認知症対応通所介護、介護予防小規模多機能型居宅介護、利用期間を定めて行う介護予防認知症対応型共同生活介護を規定
- 給限度管理期間内に、要支援状態区分が変更された場合は、支援の程度が高い要支援状態の支給限度額を適用
- 介護予防サービス費等種類支給限度額を設定できるサービスの種類

### ⑮介護支援専門員の登録

- 研修実施にあたっては、知識・技術が習得されていることを確認することを義務づけ
- 複数の都道府県で実務研修を修了した者は、いずれか1つの都道府県で登録
- 登録を受けている都道府県以外の都道府県で、登録移転の申請を行うのは、介護保険施設、地域密着型サービスなどの事務に従事するときとする
- 介護支援専門員証の交付を受けようとする者は、必要な専門知識・技術の習得を図り、資質の向上を目的に行われる研修を受ける。その後、5年間はこの研修を受けなくてよい
- 介護支援専門員の有効期間の更新時の研修は、専門知識・技能を維持し、専門知識・技術の確認、資質の向上を図ることを目的として行われる
- 更新研修の実施にあたっては、専門知識・技術の習得がなされていることを確認することを義務づける

（登録試験問題作成機関、指定試験実施機関・指定研修実施機関についても規定）

### ⑯事業者指定の申請手続き

- 各種サービスの指定申請書手続きを規定
- 指定の欠格事由の見直しに伴い、指定の申請時の提出事項に、欠格事由に該当しないことを誓約する書面と役員情報を加える
- 居宅サービスの指定を受けている場合の介護予防サービスの指定申請時、または指定の更新時の提出事項について、変更がない場合は省略できる
- 24年改正で地域密着型サービスの指定にあたって「公募制」が導入された。

### ⑰地域密着型サービス・地域密着型介護予防サービスの基準変更の範囲

- 市町村は、上記サービスの利用定員・登録定員に関する基準、事業所・従事者の経験および研修に関する基準、従事者の夜勤に関する基準、運営に関する基準の緩和を除いて、変更できるものとする

### ⑱指定介護予防支援の委託

- 事業者が指定介護予防支援の一部を委託する基準を規定。委託先は指定居宅介護支援事業者とする

### ⑲介護サービス情報の公表・報告

- 情報の公表対象となるサービスとして9サービスを規定
- 24年改正で介護サービス情報として報告するのは、基本情報(法人名称、所在地など)と、運営情報（旧調査情報）(サービス提供に関するマニュアルの有無など）と任意情報とされた。サービス提供開始時には、基本情報のみとする
- 事業者は、サービス提供の開始にあたっては、開始2週間前までに報告する
- 事業者はサービス開始後の年1回の定期報告の場合にあっては、事業者が介護サービスの対価として支払いを受けた金額が年間100万円以下の場合は、都道府県に介護サービス情報を報告しなくてもよい
- 介護サービスとして公表するものは、基本情報と、運営情報の調査結果とする

### ⑳指定調査機関

- 指定の要件として、民法法人の場合には社員、株式会社の場合には株主、その他の法人の場合には、これらに類する者の構成が調査の公正な実施に支障を及ぼすおそれがないものであること。調査する介護サービスを自ら提供していないこと等を規定
- 指定調査機関は、調査員2名以上で指定事業者を訪問し、面接して調査事務を行う

(※その他、情報公表制度に関しては、調査員養成研修、指定情報公表センターについても定められている)

㉑地域支援事業の利用料

● 市町村が定める

㉒地域包括支援センター

● 地域包括支援センターは、特定高齢者把握事業に加えて平成19年度からは、介護予防の啓発事業、ボランティア等の人材の育成、介護予防に資する地域活動を行う組織の育成・支援、介護予防事業に係る評価事業を行うことができるようになった
● 地域包括支援センター設置の届出手続きを規定
● 人員配置基準

　1号被保険者数3,000～6,000人ごとに、常勤専従の保健師、社会福祉士、主任介護支援専門員をそれぞれ1名置く

※例外……①第1号被保険者が3,000人未満の市町村　②合併市町村または広域連合
③人口規模にかかわらず、地理的制約のために、特定の生活圏域に地域包括支援センター設置が必要な場合

● 地域包括支援センターは、地域包括支援センター運営協議会の意見を踏まえて適切、公正かつ中立な運営を確保
● 地域包括支援事業を委託できる者は、包括的支援事業を適切に実施できる医療法人、社会福祉法人等の市町村が適当と認めたもの
● 平成27年度改正により、地域包括支援センターの機能強化が新たに加えられた（→22ページ参照）

※その他、規定されたもの

● 主任介護支援専門員の研修　● みなし要介護認定の経過措置　● 地域密着型特定施設のみなし規定　● 介護保険施設の入所者に関する経過措置　その他

**参考**

**要介護認定等に係る介護認定審査会による審査及び判定の基準等に関する省令(抄)**

（平11.4.30厚生省令58　平18.3.24厚生労働省令32）

○要介護認定等基準時間（3条）

　要介護認定等基準時間は、調査結果から、次の介護や行為に必要な時間（1日あたり）を、厚生労働大臣の定める方法により推計して求める。

| | |
|---|---|
| ①直接生活介助 | 入浴、排せつ、食事などの介護 |
| ②間接生活介助 | 洗濯、掃除などの家事援助など |
| ③問題行動関連行為 | 徘徊(はいかい)に対する探索、不潔な行為に対する後始末など |
| ④機能訓練関連行為 | 歩行訓練、日常生活訓練などの機能訓練 |
| ⑤医療関連行為 | 輸液の管理、じょくそうの処置等の診療の補助など |

**○要介護認定の審査判定基準**（1条1項）

| | |
|---|---|
| 要介護 1 | 要介護状態のうち、<br>要介護認定等基準時間が32分以上50分未満 |
| 要介護 2 | 要介護認定等基準時間が50分以上70分未満 |
| 要介護 3 | 要介護認定等基準時間が70分以上90分未満 |
| 要介護 4 | 要介護認定等基準時間が90分以上110分未満 |
| 要介護 5 | 要介護認定等基準時間が110分以上 |

なお、介護認定審査会は、一次判定の結果と主治医の「意見書」、訪問調査員による「特記事項」などをもとに、二次判定を行います。

**○第２号被保険者**（1条2項）

要介護状態の原因である身体上または精神上の障害が特定疾病によって生じたものであるかについての介護認定審査会の判定は、主治の医師または指定する医師または当該職員で医師であるものの診断の結果および関係者の意見等を勘案して行う。

**○要支援認定の審査判定基準**（2条）

| | |
|---|---|
| 要支援 1 | ●要介護認定等基準時間が25分以上32分未満 |
| 要支援 2 | ●要支援状態のうち、要介護認定等基準時間が32分以上50分未満 |

## ◆厚生労働省令　第９号　令和３年１月25日（抄）◆

### 【指定居宅サービス等の事業の人員、設備及び運営に関する基準の令和３年改正の主な内容】

（注１）　介護予防サービスについても同様の措置を講ずる場合には★を付記している。
（注２）　改正事項のうち、都道府県又は市町村が条例を定めるに当たっての従うべき基準については◆を、標準基準については◇を付記している。
（注３）　関係する部分は、省令本文及び通知（「基準について」）により確認してください

１．訪問系サービス
（１）　夜間対応型訪問介護
　①　オペレーターの配置基準等の緩和
（２）　訪問入浴介護
　①　認知症介護基礎研修の受講の義務づけ（★）
（３）　居宅療養管理指導
　①　基本方針を踏まえた居宅療養管理指導の実施と多職種連携の推進（★）
（４）　訪問系サービス共通（定期巡回・随時対応型訪問介護看護を除く）（★）
　①　サービス付き高齢者向け住宅等における適正なサービス提供の確保
２．通所系サービス
（１）　通所介護
　①　通所介護における地域等との連携の強化
　②　サービス付き高齢者向け住宅等における適正なサービス提供の確保
（２）　認知症対応型通所介護
　①　管理者の配置基準の緩和（★）（◆）
（３）　通所リハビリテーション
　①　サービス付き高齢者向け住宅等における適正なサービス提供の確保（★）
（４）　通所系サービス共通（★）
　①　災害への地域と連携した対応の強化
　②　認知症介護基礎研修の受講の義務づけ
３．短期入所系サービス
（１）　短期入所生活介護
　①　看護職員の配置基準の見直し（★）（◆）
（２）　短期入所系サービス共通（★）
　①　災害への地域と連携した対応の強化
　②　認知症介護基礎研修の受講の義務づけ

③　個室ユニット型施設の設備・勤務体制の見直し

4．多機能系サービス

（1）　小規模多機能型居宅介護

①　地域の特性に応じた小規模多機能型居宅介護の確保（★）（◇）

②　小規模多機能型居宅介護の人員配置基準の見直し（★）（◆）

（2）　多機能系サービス共通（★）

①　過疎地域等におけるサービス提供の確保

②　認知症介護基礎研修の受講の義務づけ

5．福祉用具貸与・特定福祉用具販売

①　サービス付き高齢者向け住宅等における適正なサービス提供の確保（★）

6．居宅介護支援

①　質の高いケアマネジメントの推進（◆）

②　生活援助の訪問回数の多い利用者等への対応（◆）

7．居住系サービス

（1）　特定施設入居者生活介護・地域密着型特定施設入居者生活介護

①　災害への地域と連携した対応の強化（★）

（2）　認知症対応型共同生活介護

①　地域の特性に応じた認知症グループホームの確保（★）

②　認知症グループホームの夜勤職員体制の見直し（★）（◆）

③　外部評価に係る運営推進会議の活用（★）

④　計画作成担当者の配置基準の緩和（★）（◆）

（3）　居住系サービス共通（★）

①　認知症介護基礎研修の受講の義務づけ

8．施設系サービス

（1）　地域密着型介護老人福祉施設入所者生活介護（◆）

①　地域密着型介護老人福祉施設の人員配置基準の見直し

（2）　介護医療院

①　有床診療所から介護医療院への移行促進

（3）　施設系サービス共通

①　介護保険施設の人員配置基準の見直し（◆）

②　災害への地域と連携した対応の強化

③　認知症介護基礎研修の受講の義務づけ

④　口腔衛生管理の強化

⑤　栄養ケア・マネジメントの充実（管理栄養士の配置に関する規定は◆）

⑥　個室ユニット型施設の設備・勤務体制の見直し

⑦　介護保険施設におけるリスクマネジメントの強化（◆）

9．全サービス共通（★）

① 感染症対策の強化（◆）
② 業務継続に向けた取組の強化（◆）
③ ハラスメント対策の強化
④ 会議や多職種連携におけるＩＣＴ　の活用
⑤ 利用者への説明・同意等に係る見直し
⑥ 記録の保存等に係る見直し
⑦ 運営規程等の掲示に係る見直し
⑧ 高齢者虐待防止の推進（◆）
⑨ CHASE・VISIT 情報の収集・活用と PDCA サイクルの推進

あ



か

## さ



## た

# 資料集

資料1

# 戦後福祉制度の変遷一覧

| 時期 | 年 | 制度 | 内容 | 負担割合(財源)・その他 |
|---|---|---|---|---|
| | 1945年(昭和20) | 終戦 | | |
| 占領下の福祉 | | ○生活困窮者緊急援護要綱 (1945年) | =〈対象〉戦災罹災者、海外引揚者、浮浪者・児 | 負担割合(財源)・国の負担 |
| 占領下の福祉 | | ○旧生活保護法 (1946年) | =〈対象〉生活困窮者 | 〔緊急援護要綱〕国 10/10 |
| 占領下の福祉 | | 福祉三法体制 ★児童福祉法 (1947年) | =浮浪児対策 ➡ 措置制度創設 | ↓ |
| 占領下の福祉 | | 福祉三法体制 ★身体障害者福祉法 (1949年) | =〈対象〉傷痍軍人・身障者 | その他 国 8/10 地方 2/10 |
| 占領下の福祉 | | 福祉三法体制 ★新生活保護法 (1950年) | =憲法との整合性などにより改正 | |
| 占領下の福祉 | 1951(昭和26) | **●社会福祉事業法 (1951年)** | =社会福祉の一般法<br>●福祉事務所、社会福祉法人、社会福祉協議会 | |
| | 1956(昭和31) | ↓<br>福祉六法体制 | ●低所得者を対象に「収容主義」(施設入所中心)により援護<br>※生活保護は在宅での金銭給付が原則 | ●もはや戦後ではない(1956年『経済白書』) |
| | 1958(昭和33) | 所得倍増計画(1960年〜) | | |
| 高度経済成長期 | | ★知的障害者福祉法 (1960年) | | |
| 高度経済成長期 | 1961(昭和36) | ★老人福祉法(1963年) | ●労働力の都市への移動 | **●国民皆年金・皆保険実現(1961年。施行は1959年)** |
| 高度経済成長期 | | ★母子及び寡婦福祉法 (1964年) | ●農村の過疎化、出稼ぎ、三ちゃん農業 | |
| 高度経済成長期 | | 革新自治体による上乗せ福祉(1967〜85年頃) | ●手当の創設、上乗せ等金銭的対応(政策に難) | |
| 高度経済成長期 | | 在宅サービスの芽生え | ●コミュニティケア論(1969、71年)<br>●65歳以上人口が7％超に(高齢化社会突入、1970年) | |
| | 1973(昭和48) | 福祉元年(高齢者医療の無料化・5万円年金等) | | ●第一次石油危機(1973年10月) |
| | 1975(昭和50) | | ●在宅サービスの芽生え | ●赤字国債発行(1975年) |
| | 1978(昭和53) | =福祉見直し期の始まり | | ●第二次石油危機(1979年) |
| | 1981(昭和56) | ○第2臨調<br>○補助金見直し | | |

| 時期 | 年 | 制度 | 内容 | 備考 |
|---|---|---|---|---|
| | 1982（昭和57） | ○老人保健法（高齢者の医療が有料化） | ●国庫補助金の負担割合変更（在宅福祉への誘導） | |
| | | 在宅サービスが始まる | ＝ホームヘルパー、デイ、ショートステイなどの始まり<br>※低所得者を中心にサービス提供 | ●サービス利用は応能負担<br>➡無料世帯がほとんど |
| バブル期 | 1985 | プラザ合意（ドル安円高） | ＝１ドル235円→120円（1年後）→低金利→不動産へ | |
| | | 審議会答申等による見直し | ●消費税３％（1989年） | |
| | 1989 | ●ゴールドプラン | ＝在宅サービスを福祉事業に法的に位置づけた | |
| | 1990 | **●福祉八法改正** | ＝福祉サービスの実施主体を市町村へ<br>●バブル崩壊 | ●負担の地方への転嫁（理念としては「サービスの普遍化」） |
| 失われた10年 | 1993 | ●厚生省内部で介護制度を検討 | ＝福祉再編準備期（ビジョン等） | ●計画による福祉基盤整備<br>➡障害、児童、介護分野へ |
| | | **●社会保障制度構造改革へ** | ＝措置制度の総括、サービスの普遍化 | |
| | 1997 | ●介護保険法成立 | ＝医療保険負担分の介護保険への統合 | |
| ↓ | 2000（平成12） | **●介護保険法施行** | ＝**行政の役割の転換**➡サービス提供者からサービスの調整者へ（措置の時代の終わり）<br>●福祉サービス規制緩和➡民間営利の参入<br>●サービスの普遍化 | （下表参照）<br>利用者負担１割 |
| 20年へ | 2005（平成17） | ●介護保険法改正 | ＝新介護保険法というべき大幅な改正<br>●施設入所抑制 | ●居住費・食費の利用者負担化 |
| | | ●高齢者虐待防止法 | ●町村の役割の見直し（調整機能義務化）<br>●サービスの質 | ●サービスの絞り込み |
| ↓ | | ●障害者自立支援法 | →障害者総合支援法へ | |
| | 2006（平成18） | **●改正介護保険法施行** | ＝介護予防、地域密着型サービス、地域包括支援センター等 | |
| | | ●高齢者医療制度改正 | | ●社会保障費毎年2000億円圧縮（小泉改革） |
| | 2008 | 老人保険法廃止 | | 医療制度改正（後期高齢者医療制度） |
| | 2009 | 介護保険法改正（要介護認定の見直し・介護報酬３％アップ） | | |
| 制度再編期 | 2012 | 介護保険法改正、障害者総合支援法成立 | | 介護療養型医療施設縮小 |
| | 2015 | 介護保険法改正、生活困窮者自立支援法施行　（社会保障・税一体改革） | | |
| | 2016 | 社会福祉法改正 | | |
| | 2017（平成29） | **地域包括ケアシステム**の強化のための**介護保険法等**の一部改正<br>介護保険法・社会福祉法改正 | | 地域包括ケアシステム |
| | 2018（平成30） | 改正介護保険法施行　第７期介護保険事業計画策定 | | ↓<br>地域共生社会 |
| | 2020 | **地域共生社会**の実現のための**社会福祉法等**の一部改正 | | ↓ |
| | 2021 | 改正社会福祉法、介護保険法施行 | | **新しい地域社会** |

| 税 | | 保険料 | |
|---|---|---|---|
| 国 25% | 県 12.5 / 市 12.5 | ２号 32% | １号 18% |

資料2

## 介護保険制度の歩み

| | | 主な内容 |
|---|---|---|
| **第 1 期** | **2000<br>(平12)** | ・1997年12月介護保険法成立<br>・2000年 4 月介護保険法施行 |
| **第 2 期** | **2003<br>(平15)** | ・介護保険と障害福祉の統合の試み<br>→障害者自立支援法へ |
| **第 3 期** | **2006<br>(平18)** | 〈考え方〉<br>①明るく活力ある超高齢社会の構築<br>②制度の持続可能性<br>③社会保障の総合化<br>・予防重視型システム<br>○予防給付の創設<br>市町村の役割<br>○地域支援事業創設<br>○地域包括支援センター創設<br>○地域密着型サービス創設<br>※障害者自立支援法／平成16年 4 月施行<br>※高齢者虐待防止法施行 |
| **第 4 期** | **2009<br>(平21)** | ・業務管理体制の強化<br>・事業者本部への立入検査権創設<br>・不正事業者による処分逃れ対策等<br>・要介護認定考え方の変更（状態像から必要度へ） |
| **第 5 期** | **2012<br>(平24)** | これからの社会保障制度の考え方は「消費型社会保障」から「参加型社会保障」への転換が必要（平22厚生労働白書）との認識が示され、それを踏まえた改正となった。<br>◇地域包括ケアシステム芽出し→完成は2025年度<br>○サービス付き高齢者住宅創設<br>○複合型サービス創設（看護と多機能サービスが一体となったサービス）<br>・一定要件下、介護福祉士等によるたん吸引が可能に<br>○介護予防・日常生活支援総合事業創設 |
| **第 6 期** | **2015<br>(平27)** | ○要支援者の訪問介護と通所介護の利用を除外<br>→新しい地域支援事業へ<br>○特別養護老人ホームの入所対象を要介護 3 以上に<br>・予防給付の再編（新しい総合事業創設）<br>○地域包括ケアシステムの定義と機能強化<br>・生活支援コーディネーターと認知症地域支援推進員の配置<br>・地域リハビリテーション支援推進事業創設<br>・地域ケア会議の開催を努力義務に<br>○介護支援専門員制度の見直し→研修制度の見直し等<br>○利用者負担 2 割導入<br>○補足給付の見直し |

| | | 主な内容 |
|---|---|---|
| 第７期 | 2018<br>（平30） | ●「地域包括ケアシステム」の構築に向けて<br>◇共生型サービスの創設<br>○介護医療院の創設（介護療養型医療施設の廃止／経過措置あり）<br>○利用者負担の見直し　→一定所得以上は３割負担<br>○福祉用具貸与等に上限枠設定<br>○地域包括ケアシステムの深化（機能強化）<br>○身体拘束の適正化 |
| 第８期 | 2021<br>（令３） | ●地域共生社会の実現に向けて<br>○市町村の包括的支援体制の構築支援<br>　→◇重層的支援体制整備事業<br>○認知症施策の充実<br>○医療・介護のデータ基盤整備<br>○介護人材確保<br>○業務効率化・合理化の推進<br>○社会福祉連携推進法人の創設<br>◇相談窓口の包括化（社会福祉法）<br>　→児童・障害・高齢、雇用等の分野を超えた相談窓口の包括化<br>※地域共生社会に向けて、市町村や住民の役割を規定した社会福祉法改正がおこなわれた。<br>◇第８期介護保険事業計画→新たな動向を反映させられるか？ |
| 第９期 | 2024<br>（令６） | ●団塊世代が、後期高齢者に<br>○分野を超えて包括化した改正介護保険法成立に向かう？<br>○公的サービスと住民互助型サービス、民間サービスの共存ができているか |
| 第15期 | 2040<br>（令22） | ※2040年の社会イメージ<br>・総人口の減少と高齢者の増加が続いている、<br>・年少人口は、総人口の10728万人10.0%に低下<br>・生産年齢人口は5787万人53.9%に減少<br>・高齢者人口は3868万人36.1%となお増加中、ただし、団塊世代は93歳から95歳になり、減少が始まっている。 |

※　2021年度改正は、社会福祉法改正の一部としての介護保険法改正の色合い強い。

資料3

# 日本の将来推計人口（平成29年推計）

## 国立社会保障・人口問題研究所

総数，年齢３区分（０～14歳，15～64歳，65歳以上）別総人口及び年齢構造係数：出生中位（死亡中位）推計

| 年次 | | 人口(1,000人) | | | | 割合(%) | | |
|---|---|---|---|---|---|---|---|---|
| | | 総数 | 0～14歳 | 15～64歳 | 65歳以上 | 0～14歳 | 15～64歳 | 65歳以上 |
| 平成27 | (2015) | 127,095 | 15,945 | 77,282 | 33,868 | 12.5 | 60.8 | 26.6 |
| 28 | (2016) | 126,838 | 15,771 | 76,482 | 34,585 | 12.4 | 60.3 | 27.3 |
| 29 | (2017) | 126,532 | 15,587 | 75,782 | 35,163 | 12.3 | 59.9 | 27.8 |
| 30 | (2018) | 126,177 | 15,413 | 75,158 | 35,606 | 12.2 | 59.6 | 28.2 |
| 31 | (2019) | 125,773 | 15,235 | 74,622 | 35,916 | 12.1 | 59.3 | 28.6 |
| 32 | (2020) | 125,325 | 15,075 | 74,058 | 36,192 | 12.0 | 59.1 | 28.9 |
| 33 | (2021) | 124,836 | 14,900 | 73,550 | 36,386 | 11.9 | 58.9 | 29.1 |
| 34 | (2022) | 124,310 | 14,702 | 73,130 | 36,479 | 11.8 | 58.8 | 29.3 |
| 35 | (2023) | 123,751 | 14,484 | 72,683 | 36,584 | 11.7 | 58.7 | 29.6 |
| 36 | (2024) | 123,161 | 14,276 | 72,181 | 36,704 | 11.6 | 58.6 | 29.8 |
| 37 | (2025) | 122,544 | 14,073 | 71,701 | 36,771 | 11.5 | 58.5 | 30.0 |
| 38 | (2026) | 121,903 | 13,867 | 71,231 | 36,805 | 11.4 | 58.4 | 30.2 |
| 39 | (2027) | 121,240 | 13,684 | 70,716 | 36,840 | 11.3 | 58.3 | 30.4 |
| 40 | (2028) | 120,555 | 13,502 | 70,147 | 36,905 | 11.2 | 58.2 | 30.6 |
| 41 | (2029) | 119,850 | 13,353 | 69,507 | 36,990 | 11.1 | 58.0 | 30.9 |
| 42 | (2030) | 119,125 | 13,212 | 68,754 | 37,160 | 11.1 | 57.7 | 31.2 |
| 43 | (2031) | 118,380 | 13,028 | 68,353 | 37,000 | 11.0 | 57.7 | 31.3 |
| 44 | (2032) | 117,616 | 12,862 | 67,557 | 37,197 | 10.9 | 57.4 | 31.6 |
| 45 | (2033) | 116,833 | 12,713 | 66,738 | 37,383 | 10.9 | 57.1 | 32.0 |
| 46 | (2034) | 116,033 | 12,579 | 65,861 | 37,592 | 10.8 | 56.8 | 32.4 |
| 47 | (2035) | 115,216 | 12,457 | 64,942 | 37,817 | 10.8 | 56.4 | 32.8 |
| 48 | (2036) | 114,383 | 12,344 | 63,954 | 38,084 | 10.8 | 55.9 | 33.3 |
| 49 | (2037) | 113,535 | 12,239 | 62,905 | 38,391 | 10.8 | 55.4 | 33.8 |
| 50 | (2038) | 112,674 | 12,137 | 61,813 | 38,724 | 10.8 | 54.9 | 34.4 |
| 51 | (2039) | 111,801 | 12,037 | 60,748 | 39,016 | 10.8 | 54.3 | 34.9 |
| 52 | (2040) | 110,919 | 11,936 | 59,777 | 39,206 | 10.8 | 53.9 | 35.3 |
| 57 | (2045) | 106,421 | 11,384 | 55,845 | 39,192 | 10.7 | 52.5 | 36.8 |
| 62 | (2050) | 101,923 | 10,767 | 52,750 | 38,406 | 10.6 | 51.8 | 37.7 |
| 63 | (2051) | 101,029 | 10,639 | 52,213 | 38,177 | 10.5 | 51.7 | 37.8 |
| 64 | (2052) | 100,135 | 10,511 | 51,690 | 37,934 | 10.5 | 51.6 | 37.9 |
| 65 | (2053) | 99,240 | 10,381 | 51,193 | 37,665 | 10.5 | 51.6 | 38.0 |
| 70 | (2058) | 94,702 | 9,747 | 48,927 | 36,029 | 10.3 | 51.7 | 38.0 |
| 75 | (2063) | 89,994 | 9,177 | 46,362 | 34,456 | 10.2 | 51.5 | 38.3 |
| 77 | (2065) | 88,077 | 8,975 | 45,291 | 33,810 | 10.2 | 51.4 | 38.4 |

各年10月1日現在の総人口(日本における外国人を含む). 平成27(2015)年は、総務省統計局『平成27年国勢調査　年齢･国籍不詳をあん分した人口(参考表)』による.

1　30～40歳代の出生率実績上昇を受け推計の前提となる合計特殊出生率は上昇

・推計の前提となる合計特殊出生率は、近年の30～40歳代の出生率実績上昇等を受け、前回推計の1.35（平成72（2060）年）から1.44（平成77（2065）年）に上昇（中位仮定)。

・平均寿命は平成27（2015）年男性80.75年、女性86.98年から、平成77年（2065）年に男性84.95年、女性91.35年に伸長（中位仮定)。

2　前回推計と比較して人口減少の速度や高齢化の進行度合いは緩和、・総人口は、平成27（2015）年国勢調査による１億2709万人から平成77（2065）年には8,808万人と推計（出生中位・死亡中位推計、以下同様)、・老年人口割合（高齢化率）は、平成27（2015）年の26.6%から平成77（2065）年には38.4%へと上昇。・この結果を前回推計（長期参考推計の2065年時点）と比較すると、総人口は8,135万人が8,808万人、総人口が１億人を下回る時期は2048年が2053年、老年人口割合（2065年）が40.4%から38.4%と、人口減少の速度や高齢化の進行度合いは緩和。・老年人口（高齢者数）のピークは2042年で前回と同じ（老年人口は3,878万人から3,935万人へと増加)。

# 日本の世帯数の将来推計（全国推計）（2018（平成30）年推計）

| 年次 | | 一般世帯数 総数 | 単独 | 核家族世帯 総数 | 夫婦のみ | 夫婦と子 | ひとり親と子 | その他 | 一般世帯人員（1,000人） |
|---|---|---|---|---|---|---|---|---|---|
| | | （1,000世帯） | | | | | | | |
| 2015 | 平成27 | 53,332 | 18,418 | 29,870 | 10,758 | 14,342 | 4,770 | 5,044 | 124,296 |
| 2016 | 平成28 | 53,523 | 18,618 | 29,981 | 10,826 | 14,330 | 4,824 | 4,924 | 123,947 |
| 2017 | 平成29 | 53,722 | 18,818 | 30,094 | 10,912 | 14,297 | 4,885 | 4,810 | 123,540 |
| 2018 | 平成30 | 53,889 | 19,007 | 30,181 | 10,988 | 14,254 | 4,939 | 4,702 | 123,082 |
| 2019 | 平成31 | 54,023 | 19,182 | 30,240 | 11,056 | 14,199 | 4,985 | 4,601 | 122,580 |
| 2020 | 平成32 | 54,107 | 19,342 | 30,254 | 11,101 | 14,134 | 5,020 | 4,510 | 122,029 |
| 2021 | 平成33 | 54,134 | 19,484 | 30,232 | 11,116 | 14,067 | 5,049 | 4,419 | 121,431 |
| 2022 | 平成34 | 54,175 | 19,627 | 30,209 | 11,144 | 13,983 | 5,082 | 4,338 | 120,786 |
| 2023 | 平成35 | 54,189 | 19,757 | 30,170 | 11,170 | 13,892 | 5,108 | 4,261 | 120,115 |
| 2024 | 平成36 | 54,178 | 19,873 | 30,116 | 11,193 | 13,795 | 5,128 | 4,189 | 119,427 |
| 2025 | 平成37 | 54,116 | 19,960 | 30,034 | 11,203 | 13,693 | 5,137 | 4,123 | 118,710 |
| 2026 | 平成38 | 54,007 | 20,029 | 29,921 | 11,185 | 13,595 | 5,141 | 4,057 | 117,963 |
| 2027 | 平成39 | 53,903 | 20,100 | 29,805 | 11,175 | 13,480 | 5,150 | 3,998 | 117,166 |
| 2028 | 平成40 | 53,786 | 20,166 | 29,679 | 11,165 | 13,361 | 5,153 | 3,941 | 116,358 |
| 2035 | 平成47 | 52,315 | 20,233 | 28,499 | 10,960 | 12,465 | 5,074 | 3,583 | 110,327 |
| 2040 | 平成52 | 50,757 | 19,944 | 27,463 | 10,715 | 11,824 | 4,924 | 3,350 | 105,698 |

割合　（%）

| 年次 | | 総数 | 単独 | 核家族世帯 総数 | 夫婦のみ | 夫婦と子 | ひとり親と子 | その他 |
|---|---|---|---|---|---|---|---|---|
| 2015 | 平成27 | 100.0 | 34.5 | 56.0 | 20.2 | 26.9 | 8.9 | 9.5 |
| 2016 | 平成28 | 100.0 | 34.8 | 56.0 | 20.2 | 26.8 | 9.0 | 9.2 |
| 2017 | 平成29 | 100.0 | 35.0 | 56.0 | 20.3 | 26.6 | 9.1 | 9.0 |
| 2018 | 平成30 | 100.0 | 35.3 | 56.0 | 20.4 | 26.4 | 9.2 | 8.7 |
| 2019 | 平成31 | 100.0 | 35.5 | 56.0 | 20.5 | 26.3 | 9.2 | 8.5 |
| 2020 | 平成32 | 100.0 | 35.7 | 55.9 | 20.5 | 26.1 | 9.3 | 8.3 |
| 2021 | 平成33 | 100.0 | 36.0 | 55.8 | 20.5 | 26.0 | 9.3 | 8.2 |
| 2022 | 平成34 | 100.0 | 36.2 | 55.8 | 20.6 | 25.8 | 9.4 | 8.0 |
| 2023 | 平成35 | 100.0 | 36.5 | 55.7 | 20.6 | 25.6 | 9.4 | 7.9 |
| 2024 | 平成36 | 100.0 | 36.7 | 55.6 | 20.7 | 25.5 | 9.5 | 7.7 |
| 2025 | 平成37 | 100.0 | 36.9 | 55.5 | 20.7 | 25.3 | 9.5 | 7.6 |
| 2026 | 平成38 | 100.0 | 37.1 | 55.4 | 20.7 | 25.2 | 9.5 | 7.5 |
| 2027 | 平成39 | 100.0 | 37.3 | 55.3 | 20.7 | 25.0 | 9.6 | 7.4 |
| 2028 | 平成40 | 100.0 | 37.5 | 55.2 | 20.8 | 24.8 | 9.6 | 7.3 |
| 2035 | 平成47 | 100.0 | 38.7 | 54.5 | 21.0 | 23.8 | 9.7 | 6.8 |
| 2040 | 平成52 | 100.0 | 39.3 | 54.1 | 21.1 | 23.3 | 9.7 | 6.6 |

注：四捨五入のため合計は必ずしも一致しない。2015年の世帯数は家族類型不詳、年齢不詳を案分したものである

1　世帯総数は2023年をピークに減少開始、平均世帯人員は減少が続く

・世帯総数は2015年の5,333万世帯から増加し、2023年の5,419万世帯でピークを迎えるが、その後は減少に転じ、2040年には5,076万世帯まで減る。・平均世帯人員は、小規模な世帯が増加することにより2015年の2.33人から減少を続け、2040年には2.08人となる。

2「単独」「夫婦のみ」「ひとり親と子」の割合が増加

・2015～40年の間に「単独」世帯は34.5%→39.3%、「夫婦のみ」は20.2%→21.1%、「ひとり親と子」は8.9%→9.7%と割合が上昇する。一方で、かつて40%以上を占めた「夫婦と子」は26.9%→23.3%に、「その他」は9.5%→6.6%と低下する。なお、前回推計と比べ、2020年以降「単独」や「夫婦と子」の割合は増加する一方で、「ひとり親と子」の割合は減少している。

3　高齢者の独居率が上昇

・2015～40年の間に65歳以上男性の独居率は14.0%→20.8%、女性は21.8%→24.5%と上昇する。75歳以上では、男性は12.8%→18.4%と上昇するが、女性は26%前後でほとんど変化しない。

資料4

# 認知症高齢者の増加

## 1　グラフ　男女別認知症発症率と年齢階層別要介護認定率

### 年齢・男女別認知症発症率

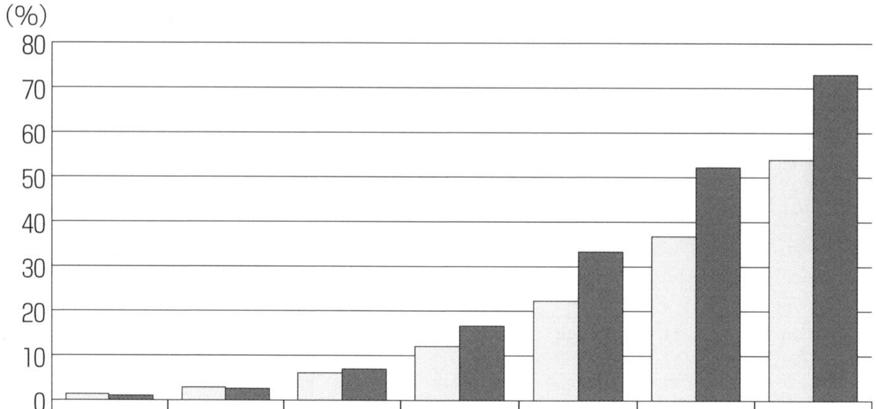


| | 65–69 | 70–74 | 75–80 | 80–84 | 85–89 | 90–94 | 95歳以上 |
|---|---|---|---|---|---|---|---|
| □男 | 1.35 | 2.87 | 6.09 | 12.07 | 22.25 | 36.77 | 53.89 |
| ■女 | 1.01 | 2.59 | 6.97 | 16.64 | 33.32 | 52.19 | 73.00 |

「認知症の総合アセスメント」東京都健康長寿医療センターから

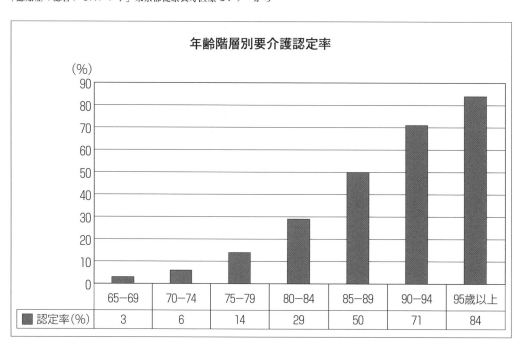

### 年齢階層別要介護認定率

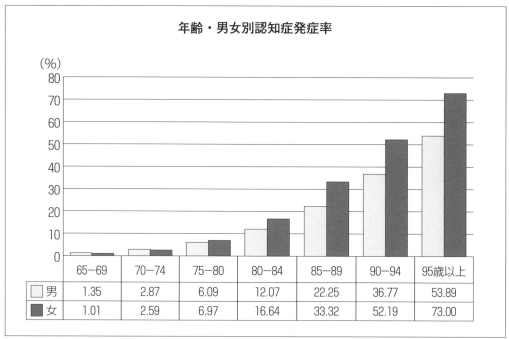

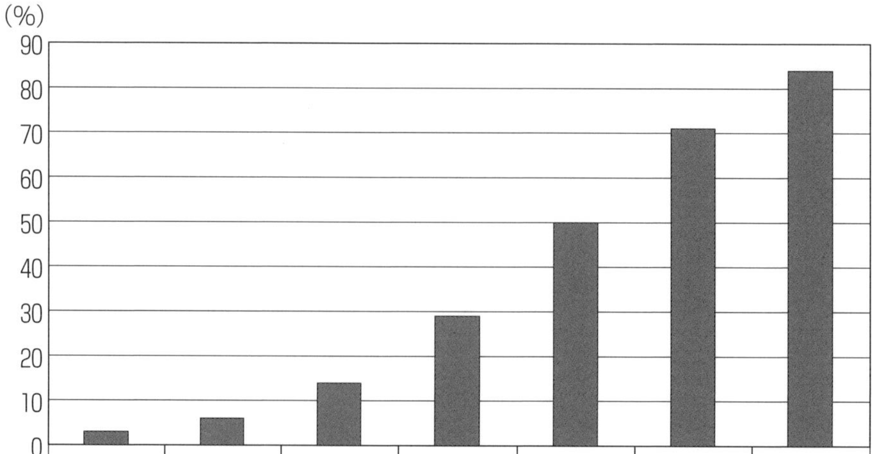


| | 65–69 | 70–74 | 75–79 | 80–84 | 85–89 | 90–94 | 95歳以上 |
|---|---|---|---|---|---|---|---|
| ■認定率(%) | 3 | 6 | 14 | 29 | 50 | 71 | 84 |

## 2　年齢階級別の認知症有病率

### 【参考】認知症の人の将来推計について

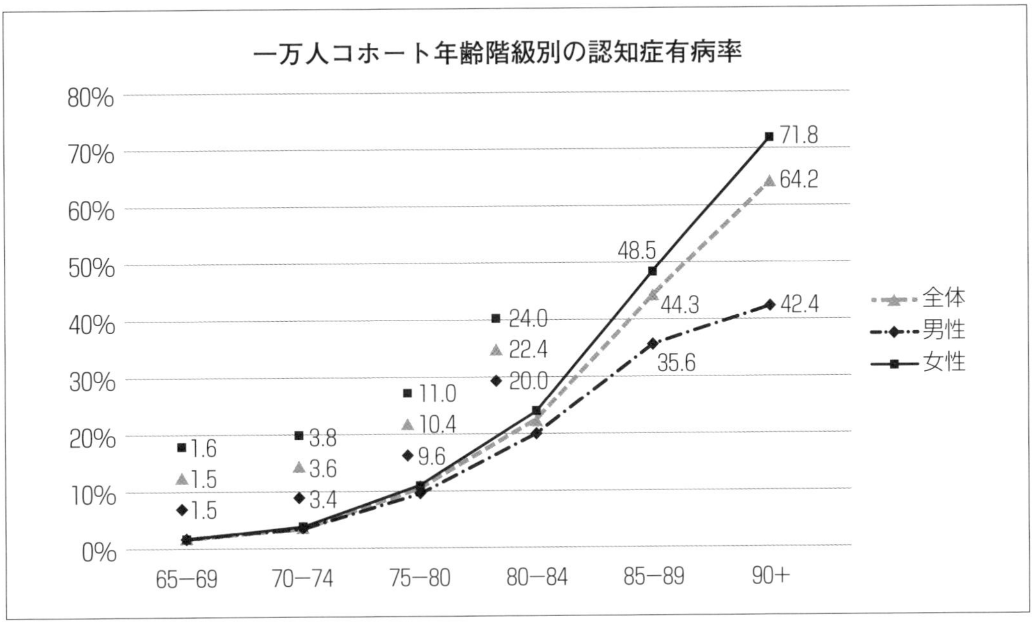


日本医療研究開発機構 認知症 研究開発 事業
「健康長寿社会の実現を目指した大規模認知症コホート研究」
悉皆調査を行った福岡県久山町、石川中島愛媛における認知症有病率結果
(解析対象 5,073人)
研究代表者　二宮利治（九州大学大学院）提供のデータより作図

## 3　認知症将来推計

### 【参考】認知症の人の将来推計について

「日本における認知症の高齢者人口将来推計関す研究」（平成26年度厚生労働科学研究費補助金特別事業　九州大学　二宮教授）による速報値

| 年 | 平成24年(2012) | 平成27年(2015) | 令和２年(2020) | 令和７年(2025) | 令和12年(2030) | 令和22年(2040) | 令和32年(2050) | 令和42年(2060) |
|---|---|---|---|---|---|---|---|---|
| 各年齢の認知症有病率が一定の場合の将来推計人数／(率) | 462万人 15.0% | 517万人 15.7% | 602万人 17.2% | 675万人 19.0% | 744万人 20.8% | 802万人 21.4% | 797万人 21.8% | 850万人 25.3% |
| 各年齢の認知症有病率が上昇する場合の将来推計人数／(率) | | 525万人 16.0% | 631万人 18.0% | 730万人 20.6% | 830万人 23.2% | 953万人 25.4% | 1016万人 27.8% | 1154万人 34.3% |

資料5

# 介護保険サービスについての苦情

（東京都国民健康保険団体連合会『東京都における介護サービスの苦情相談白書 平成25年度版』）

## 介護サービスの種類別・苦情内容別件数

| | サービスの質 | 職員の態度 | 管理者の対応 | 情報説明不足 | 被害・損害 | 利用料負担 | 契約手続き | その他 | 計 |
|---|---|---|---|---|---|---|---|---|---|
| 合計 | 357 | 340 | 286 | 211 | 168 | 26 | 73 | 74 | 1535 |
| 居宅介護支援 | 64 | 138 | 39 | 90 | 8 | 2 | 21 | 17 | 379 |
| 訪問介護 | 54 | 56 | 52 | 28 | 31 | 12 | 14 | 18 | 265 |
| 訪問入浴介護 | 5 | 1 | 5 | 0 | 6 | 0 | 0 | 0 | 17 |
| 訪問看護 | 3 | 6 | 5 | 5 | 5 | 1 | 2 | 1 | 28 |
| 訪問リハ | 0 | 0 | 1 | 1 | 0 | 1 | 2 | 0 | 5 |
| 居宅療養管理指導 | 2 | 0 | 0 | 2 | 2 | 1 | 1 | 0 | 8 |
| 通所介護 | 38 | 31 | 58 | 13 | 23 | 3 | 9 | 16 | 191 |
| 認知症通所介護 | 2 | 0 | 1 | 0 | 0 | 0 | 0 | 0 | 3 |
| 通所リハ | 9 | 6 | 8 | 5 | 3 | 0 | 6 | 0 | 37 |
| ショート／福祉系 | 18 | 8 | 14 | 2 | 17 | 0 | 2 | 2 | 63 |
| ショート／医療系 | 2 | 1 | 1 | 2 | 5 | 0 | 0 | 0 | 11 |
| 特定施設（有料、ケアハウス） | 58 | 11 | 19 | 4 | 19 | 3 | 1 | 1 | 116 |
| 福祉用具貸与 | 0 | 4 | 2 | 1 | 2 | 1 | 0 | 2 | 12 |
| 住宅改修 | 1 | 2 | 0 | 7 | 5 | 0 | 2 | 0 | 17 |
| 特養ホーム | 52 | 29 | 39 | 23 | 22 | 0 | 4 | 9 | 178 |
| 老健施設 | 29 | 33 | 22 | 19 | 14 | 1 | 5 | 4 | 127 |
| 療養型医療施設 | 0 | 1 | 0 | 1 | 0 | 0 | 0 | 0 | 2 |
| 小規模多機能居宅介護 | 4 | 1 | 7 | 1 | 0 | 0 | 0 | 2 | 15 |
| 認知症グループホーム | 14 | 10 | 12 | 6 | 4 | 0 | 3 | 2 | 51 |
| 定期巡回・随時対応訪問 | 1 | 0 | 0 | 0 | 0 | 0 | 0 | 0 | 1 |
| 夜間対応型訪問介護 | 0 | 0 | 1 | 0 | 1 | 0 | 0 | 0 | 2 |
| 地域密着特定施設 | 0 | 0 | 0 | 0 | 0 | 0 | 0 | 0 | 0 |
| 地域密着老人福祉施設 | 1 | 1 | 0 | 0 | 0 | 0 | 0 | 0 | 2 |
| 複合型サービス | 0 | 0 | 0 | 0 | 0 | 0 | 0 | 0 | 0 |

＊　東京都国民健康保険団体連合会「東京都における苦情相談白書　平成25年版」から

## 平成12年度～24年度までの介護サービスの種類別にみた法人の種類別指定取消件数

| 介護サービスの種類 | 営利法人 | NPO | 医療法人 | 社会福祉法人 | 地方公共団体 | その他 | 合計 |
|---|---|---|---|---|---|---|---|
| 指定訪問介護事業所 | 304 | 24 | 6 | 6 | 0 | 2 | 342 |
| 指定訪問入浴介護事業所 | 5 | 1 | 0 | 0 | 0 | 0 | 6 |
| 指定訪問看護事業所 | 20 | 0 | 6 | 0 | 0 | 2 | 28 |
| 指定訪問リハビリテーション介護事業所 | 0 | 0 | 2 | 0 | 0 | 2 | 4 |
| 指定居宅療養管理指導事業所 | 1 | 0 | 5 | 0 | 0 | 5 | 11 |
| 指定通所介護事業所 | 80 | 5 | 3 | 5 | 0 | 0 | 93 |
| 指定通所リハビリテーション事業所 | 0 | 0 | 10 | 3 | 0 | 4 | 17 |
| 指定短期入所生活介護事業所 | 2 | 0 | 0 | 4 | 1 | 0 | 7 |
| 指定短期入所療養介護事業所 | 0 | 0 | 7 | 4 | 0 | 0 | 11 |
| 指定特定施設入居者生活介護事業所 | 5 | 0 | 0 | 1 | 0 | 0 | 6 |
| 指定福祉用具貸与事業所 | 28 | 3 | 0 | 0 | 0 | 0 | 31 |
| 指定特定福祉用具販売事業所 | 7 | 3 | 0 | 0 | 0 | 0 | 10 |
| 指定居宅介護支援事業所 | 153 | 21 | 14 | 15 | 2 | 0 | 205 |
| 指定介護老人福祉施設 | 0 | 0 | 0 | 0 | 1 | 0 | 1 |
| 介護老人保健施設 | 0 | 0 | 4 | 0 | 0 | 0 | 4 |
| 指定介護療養型医療施設 | 1 | 0 | 20 | 0 | 3 | 2 | 26 |
| 指定介護予防訪問介護事業所 | 93 | 5 | 2 | 0 | 0 | 1 | 101 |
| 指定介護予防訪問入浴介護事業所 | 0 | 0 | 0 | 0 | 0 | 0 | 0 |
| 指定介護予防訪問看護事業所 | 7 | 0 | 2 | 0 | 0 | 0 | 9 |
| 指定介護予防訪問リハビリテーション事業所 | 0 | 0 | 0 | 0 | 0 | 0 | 0 |
| 指定介護予防居宅療養管理指導事業所 | 1 | 0 | 0 | 0 | 0 | 1 | 2 |
| 指定介護予防通所介護事業所 | 37 | 0 | 2 | 0 | 0 | 0 | 39 |
| 指定介護予防通所リハビリテーション事業所 | 0 | 0 | 1 | 0 | 0 | 0 | 1 |
| 指定介護予防短期入所生活介護事業所 | 2 | 0 | 0 | 1 | 1 | 0 | 4 |
| 指定介護予防短期入所療養介護事業所 | 0 | 0 | 0 | 0 | 0 | 0 | 0 |
| 指定介護予防特定施設入居者生活介護事業所 | 2 | 0 | 0 | 0 | 0 | 0 | 2 |
| 指定介護予防福祉用具貸与事業所 | 7 | 3 | 0 | 0 | 0 | 0 | 10 |
| 指定特定介護予防福祉用具販売事業所 | 5 | 3 | 0 | 0 | 0 | 0 | 8 |
| 指定介護予防支援事業所 | 0 | 0 | 0 | 0 | 0 | 0 | 0 |
| 定期巡回・随時対応型訪問介護看護 | 0 | 0 | 0 | 0 | 0 | 0 | 0 |
| 指定夜間対応型訪問介護事業所 | 1 | 0 | 0 | 0 | 0 | 0 | 1 |
| 指定認知症対応型通所介護事業所 | 1 | 0 | 0 | 0 | 0 | 0 | 1 |
| 指定小規模多機能型居宅介護事業所 | 1 | 0 | 0 | 0 | 0 | 0 | 1 |
| 指定認知症対応型共同生活介護事業所 | 23 | 5 | 0 | 1 | 0 | 0 | 29 |
| 指定地域密着型特定施設入居者生活介護事業所 | 0 | 0 | 0 | 0 | 0 | 0 | 0 |
| 指定地域密着型介護老人福祉施設入所者生活介護事業所 | 0 | 0 | 0 | 0 | 0 | 0 | 0 |
| 複合型サービス事業所 | 0 | 0 | 0 | 0 | 0 | 0 | 0 |
| 指定介護予防認知症対応型通所介護事業所 | 1 | 0 | 0 | 0 | 0 | 0 | 1 |
| 指定介護予防小規模多機能型居宅介護事業所 | 0 | 0 | 0 | 0 | 0 | 0 | 0 |
| 指定介護予防認知症対応型共同生活介護事業所 | 9 | 1 | 0 | 1 | 0 | 0 | 11 |
| 計 | 796 | 74 | 84 | 41 | 8 | 19 | 1022 |

注：指定取消の件数には、聴聞後廃止（聴聞通知後に廃止届が提出された事業所）を含む。
26.2全国介護保険担当課長会議資料から

資料6

# 高齢者虐待の防止、高齢者の養護者に対する支援等に関する法律（抄）

（高齢者虐待防止法）

（平成18年４月１日施行）

## 第一章　総則

### 第一条【目的】

この法律は、高齢者に対する虐待が深刻な状況にあり、高齢者の尊厳の保持にとって高齢者に対する虐待を防止することが極めて重要であること等にかんがみ、高齢者虐待の防止等に関する国等の責務、高齢者虐待を受けた高齢者に対する保護のための措置、養護者の負担の軽減を図ること等の養護者に対する養護者による高齢者虐待の防止に資する支援（以下「養護者に対する支援」という。）のための措置等を定めることにより、高齢者虐待の防止、養護者に対する支援等に関する施策を促進し、もって高齢者の権利利益の擁護に資することを目的とする。

### 第二条【定義】

1　この法律において「高齢者」とは、六十五歳以上の者をいう。

2　この法律において「養護者」とは、高齢者を現に養護する者であって養介護施設従事者等（５の(1)の施設の業務に従事する者及び５の(2)の事業において業務に従事する者をいう。以下同じ。）以外のものをいう。

3　この法律において「高齢者虐待」とは、養護者による高齢者虐待及び養介護施設従事者等による高齢者虐待をいう。

4　この法律において「養護者による高齢者虐待」とは、次のいずれかに該当する行為をいう。→240ページ

### 第三条【国及び地方公共団体の責務等】

1　国及び地方公共団体は、高齢者虐待の防止、高齢者虐待を受けた高齢者の迅速かつ適切な保護及び適切な養護者に対する支援を行うため、関係省庁相互間その他関係機関及び民間団体の間の連携の強化、民間団体の支援その他必要な体制の整備に努めなければならない。

2　国及び地方公共団体は、高齢者虐待の防止及び高齢者虐待を受けた高齢者の保護並びに養護者に対する支援が専門的知識に基づき適切に行われるよう、これらの職務に携わる専門的な人材の確保及び資質の向上を図るため、関係機関の職員の研修等必要な措置を講ずるよう努めなければならない。

3　国及び地方公共団体は、高齢者虐待の防止及び高齢者虐待を受けた高齢者の保護に資するため、高齢者虐待に係る通報義務、人権侵犯事件に係る救済制度

等について必要な広報その他の啓発活動を行うものとする。

**第四条【国民の責務】**

国民は、高齢者虐待の防止、養護者に対する支援等の重要性に関する理解を深めるとともに、国又は地方公共団体が講ずる高齢者虐待の防止、養護者に対する支援等のための施策に協力するよう努めなければならない。

**第五条【高齢者虐待の早期発見等】**

1　養介護施設、病院、保健所その他高齢者の福祉に業務上関係のある団体及び養介護施設従事者等、医師、保健師、弁護士その他高齢者の福祉に職務上関係のある者は、高齢者虐待を発見しやすい立場にあることを自覚し、高齢者虐待の早期発見に努めなければならない。

2　1に規定する者は、国及び地方公共団体が講ずる高齢者虐待の防止のための啓発活動及び高齢者虐待を受けた高齢者の保護のための施策に協力するよう努めなければならない。

## 第二章　養護者による高齢者虐待の防止、養護者に対する支援等

**第六条【相談、指導及び助言】**

市町村は、養護者による高齢者虐待の防止及び養護者による高齢者虐待を受けた高齢者の保護のため、高齢者及び養護者に対して、相談、指導及び助言を行うものとする。

**第七条【養護者による高齢者虐待に係る通報等】**

1　養護者による高齢者虐待を受けたと思われる高齢者を発見した者は、当該高齢者の生命又は身体に重大な危険が生じている場合は、速やかに、これを市町村に通報しなければならない。

2　1に定める場合のほか、養護者による高齢者虐待を受けたと思われる高齢者を発見した者は、速やかに、これを市町村に通報するよう努めなければならない。

**第九条【通報等を受けた場合の措置】**

1　市町村は、七条の1若しくは2による通報又は高齢者からの養護者による高齢者虐待を受けた旨の届出を受けたときは、速やかに、当該高齢者の安全の確認その他当該通報又は届出に係る事実の確認のための措置を講ずるとともに、十六条により当該市町村と連携協力する者（以下「高齢者虐待対応協力者」という。）とその対応について協議を行うものとする。

2　市町村又は市町村長は、七条の1若しくは2による通報又は1の届出があった場合には、当該通報又は届出に係る高齢者に対する養護者による高齢者虐待

の防止及び当該高齢者の保護が図られるよう、養護者による高齢者虐待により生命又は身体に重大な危険が生じているおそれがあると認められる高齢者を一時的に保護するため迅速に老人福祉法に規定する老人短期入所施設等に入所させる等、適切に、同法第十条の四第一項若しくは第十一条第一項の規定による措置を講じ、又は、適切に、同法第三十二条の規定により審判の請求[注)]をするものとする。

注）審判の請求…家庭裁判所に成年後見制度の申立を行い、後見開始などの審判を求めること（→本書76ページ参照）

**第十条【居室の確保】**（略）

**第十一条【立入調査】**（略）

**第十二条【警察署長に対する援助要請等】**

1　市町村長は、十一条による立入り及び調査又は質問をさせようとする場合において、これらの職務の執行に際し必要があると認めるときは、当該高齢者の住所又は居所の所在地を管轄する警察署長に対し援助を求めることができる。

2　市町村長は、高齢者の生命又は身体の安全の確保に万全を期する観点から、必要に応じ適切に、１により警察署長に対し援助を求めなければならない。

3　警察署長は、１による援助の求めを受けた場合において、高齢者の生命又は身体の安全を確保するため必要と認めるときは、速やかに、所属の警察官に、１の職務の執行を援助するために必要な警察官職務執行法その他の法令の定めるところによる措置を講じさせるよう努めなければならない。

**第十三条【面会の制限】**（略）

**第十四条【養護者の支援】**（略）

**第十五条【専門的に従事する職員の確保】**（略）

**第十六条【連携協力体制】**（略）

**第十七条【事務の委託】**（略）

**第十八条【周知】**（略）

## 第三章　養介護施設従事者等による高齢者虐待の防止等

**第二十条【養介護施設従事者等による高齢者虐待の防止等のための措置】**（略）

**第二十一条【養介護施設従事者等による高齢者虐待に係る通報等】**

1　養介護施設従事者等は、当該養介護施設従事者等がその業務に従事している養介護施設又は養介護事業において業務に従事する養介護施設従事者等による高齢者虐待を受けたと思われる高齢者を発見した場合は、速やかに、これを市町村に通報しなければならない。

（2、3は略）

4　養介護施設従事者等による高齢者虐待を受けた高齢者は、その旨を市町村に届け出ることができる。

5　十八条は、1から3までによる通報又は4による届出の受理に関する事務を担当する部局の周知について準用する。

6　刑法の秘密漏示罪の規定その他の守秘義務に関する規定は、1から3までによる通報（虚偽であるもの及び過失によるものを除く。）を妨げるものと解釈してはならない。

7　養介護施設従事者等は、1から3までによる通報（虚偽であるもの及び過失によるものを除く。）をしたことを理由として、解雇その他不利益な取扱いを受けない。

**第二十二条【都道府県への報告】**

市町村は、1から3までによる通報又は4による届出を受けたときは、厚生労働省令で定めるところにより、当該通報又は届出に係る養介護施設従事者等による高齢者虐待に関する事項を、当該養介護施設従事者等による高齢者虐待に係る養介護施設又は当該養介護施設従事者等による高齢者虐待に係る養介護事業の事業所の所在地の都道府県に報告しなければならない。

**第二十四条【通報等を受けた場合の措置】**

市町村が二十一条の1から3までによる通報若しくは4の届出を受け、又は都道府県が二十二条による報告を受けたときは、市町村長又は都道府県知事は、養介護施設の業務又は養介護事業の適正な運営を確保することにより、当該通報又は届出に係る高齢者に対する養介護施設従事者等による高齢者虐待の防止及び当該高齢者の保護を図るため、老人福祉法又は介護保険法の規定による権限を適切に行使するものとする。

**第二十五条【公表】**

都道府県知事は、毎年度、養介護施設従事者等による高齢者虐待の状況、養介護施設従事者等による高齢者虐待があった場合にとった措置その他厚生労働省令で定める事項を公表するものとする。

**第四章　雑則**

**第二十六条【高齢者虐待防止、高齢者養護者に対する支援に資する事項の調査研究】**（略）

**第二十七条【財産上の不当取引による被害の防止等】**（略）

**第二十八条【成年後見制度の利用促進】**（略）　　　　（以下略）

資料7

# 虐待の定義

（高齢者虐待防止法第２条第４項）

虐待の定義は以下のとおりです。わかっているつもりでも、実際は虐待なのか、そうでないのかの判断に迷うことも多いと思います。法律では、次の５種類をいいます。

**①身体的虐待**

高齢者の身体に外傷を生じる、または生じる恐れのある暴行を加えること

**（例）**・平手打ちする、つねる、殴る、蹴る、無理やり食事を口に入れる、やけど・打撲させる
・ベッドに縛り付けたり、意図的に薬を過剰に服用させて、身体拘束、抑制をする等

**②ネグレクト（介護の放棄・無視）**

高齢者を衰弱させるような減食、長時間の放置、虐待行為の放置、世話の放棄等

**（例）**・入浴しておらず異臭がする、髪がのび放題、皮膚が汚れている
・水分や食事を十分与えられないことで、空腹状態が長時間にわたって続いたり、脱水状態や栄養失調の状態にある
・室内にゴミを放置する等、劣悪な住環境の中で生活させる
・高齢者本人が必要とする介護・医療サービスを、相応の理由なく制限したり使わせない、同居人による高齢者虐待と同様の行為を放置する等

**③心理的虐待**

高齢者に対する暴言、拒絶的対応、その他心理的外傷を与える言動など

**（例）**・排泄の失敗を嘲笑したり、それを人前で話すなどして高齢者に恥をかかせる
・怒鳴る、ののしる、悪口を言う
・侮辱を込めて、子どものように扱う
・高齢者が話しかけているのを意図的に無視する等

**④性的虐待**

高齢者にわいせつ行為をすることまたは、わいせつ行為をさせること

**（例）**・排泄の失敗に対して懲罰的に下半身を裸にして放置する
・キス、性器への接触、セックスを強要する等

**⑤経済的虐待**

高齢者の財産を不当に処分するなど、当該高齢者から不当に財産上の利益を得る

**（例）**・日常生活に必要な金銭を渡さない・使わせない
・本人の自宅等を本人に無断で売却する
・年金や預貯金を本人の意思・利益に反して使用する等

資料8

# 身体拘束について

介護保険法の施行とともに原則禁止となった身体拘束の内容はおおむね以下のとおりです（指定基準から）。なお、身体拘束は、高齢者虐待にあたります。

## ①　介護保険で想定する身体拘束とは

◇　徘徊しないように、車いすやベッドに胴や手足をひも等で縛る。
◇　転落しないように、ベッドに胴や手足をひも等で縛る。
◇　自分で降りられないように、ベッドを柵（サイドレール）で囲む。
◇　点滴・経管栄養等のチューブを抜かないように、手足をひも等で縛る。
◇　点滴・経管栄養等のチューブを抜かないように、又は皮膚をかきむしらないように、手指の機能を制限するミトン型の手袋をつける。
◇　車いすやいすからずり落ちたり、立ち上がったりしないように、Y字抑制帯や腰ベルト、車いすテーブルをつける。
◇　立ち上がる能力のある人の立ち上がりを妨げるようないすを使用する。
◇　脱衣やおむつ外しを制限するため、介護衣（つなぎ）を着させる。
◇　他人への迷惑行為を防ぐために、ベッドなどに胴や手足をひも等で縛る。
◇　行動を落ち着かせるために、向精神薬を過剰に服用させる。
◇　自分の意思で開けることのできない居室等に隔離する。

## ②　やむを得ず身体拘束した場合の対応

やむを得ず身体拘束を行った場合の取り扱いは、指定基準で次のとおり定められています。常時身体拘束を行うことは、通常想定していません。

◇　身体的拘束等を行う場合には、その態様及び時間、その際の入所者の心身の状況並びに緊急やむを得ない理由を記録すること。
◇　身体的拘束等の適正化のための対策を検討する委員会を3月に1回以上開催するとともに、その結果について、介護職員その他従業者に周知徹底を図ること。
◇　身体的拘束等の適正化のための指針を整備すること。
◇　介護職員その他の従業者に対し、身体的拘束等の適正化のための研修を定期的に実施すること。

やむを得ず身体拘束するときの要件（次のいずれにも該当した場合にのみ）

1　切迫性（緊急的に拘束が必要である）

利用者本人又は他の利用者の生命又は身体が危険にさらされる可能性が著しく高いとき

2　非代替性（他に方法が見つからない）

身体拘束以外に代替する方法がないこと

3　一時性（拘束する時間を限定的に定める。）

身体拘束が一時的なものであること

◇　緊急性の発生が、職員の対応能力に原因があることもあり、認知症ケアについての職員のスキルアップは必須。

○　平成27年度　高齢者虐待の防止、高齢者の養護者に対する支援等に関する法律に基づく対応状況等に関する調査結果（厚労省平成29年３月）

1　高齢者虐待件数

| | 養介護施設従事者によるもの | | 養護者によるもの | |
|---|---|---|---|---|
| | 虐待判断件数 | 相談・通報件数 | 虐待判断件数 | 相談・通報件数 |
| 27年度 | 408件 | 1,640件 | 15,978件 | 26,688件 |
| 令和元年度 | 644件 | 2,267件 | 16,928件 | 34,057件 |
| 増減 | 236件 | 627件 | 950件 | 7,369件 |

2　高齢者虐待の種別の割合

| | 身体的虐待 | 介護等放棄 | 心理的虐待 | 性的虐待 | 経済的虐待 |
|---|---|---|---|---|---|
| 養介護施設 | 60.1% | 20.0% | 29.2% | 5.4% | 3.9% |
| 養護者 | 67.1% | 19.6% | 39.4% | 0.3% | 17.2% |

＊令和元年度「高齢者虐待の防止、高齢者の養護者に多する支援等に関する法律」に基づく状況対応等に関する調査結果　老健局資料より

## 資料9 認知症高齢者日常生活自立度／障害高齢者の日常生活自立度

### 障害高齢者の日常生活自立度

| 区分 | ランク | | 内　　容 |
|---|---|---|---|
| 生活自立 | J | | ・何らかの障害等を有するが、日常生活はほぼ自立しており独力で外出する |
| | | J－1 | ・交通機関等を利用して外出する |
| | | J－2 | ・隣近所なら外出する |
| 準寝たきり | A | | ・屋内での生活は概ね自立しているが、介助なしには外出しない |
| | | A－1 | ・介助により外出し、日中はほとんどベッドから離れて生活する。 |
| | | A－2 | ・外出の頻度が少なく、日中も寝たり起きたりの生活をしている |
| 寝たきり | B | | ・屋内での生活は何らかの介助を要し、日中もベッド上での生活が主体であるが座位を保つ |
| | | B－1 | ・車いすに移乗し、食事・排せつはベッドから離れて行う |
| | | B－2 | ・介助により車いすに移乗する |
| | C | | ・１日中ベッド上で過ごし、排せつ、食事、着替えで介助を要する |
| | | C－1 | ・自力で寝返りをうつ |
| | | C－2 | ・自力では寝返りも打てない |

### 認知症高齢者の日常生活自立度

| | 判断基準 | 見られる症状・行動の例 |
|---|---|---|
| Ⅰ | 何らかの認知症を有するが、日常生活は家庭内及び社会的に、ほぼ自立している | |
| Ⅱ | 日常生活に支障を来たすような症状・行動や意思疎通の困難さは多少見られても、誰かが注意していれば自立できる。 | |
| | Ⅱａ：家庭外で上記Ⅱの状態が見られる | たびたび道に迷う、買物や事務、金銭管理等それまでできたことにミスが目立つ等 |
| | Ⅱｂ：家庭内でも上記Ⅱの状態が見られる | 服薬管理ができない、電話の応対や訪問者との対応など１人で留守番ができない等 |
| Ⅲ | 日常生活に支障を来すような症状・行動や意思疎通の困難さが見られ、介護を必要とする。 | |
| | Ⅲａ：日中を中心として、上記Ⅲの状態が見られる | 着替え、食事、排便、排尿が上手にできない、時間がかかる。やたらに物を口に入れる、物を拾い集める、徘徊、失禁、大声、奇声をあげる、火の不始末、不潔行為、性的異常行為等 |
| | Ⅲｂ：夜間を中心として。上記Ⅲの状態が見られる | ランクⅢａに同じ |
| Ⅳ | 日常生活に支障を来すような症状・行動や意思疎通の困難さが頻繁に見られ、常に介護を必要とする。 | ランクⅢに同じ |
| M | 著しい精神状態や問題行動（周辺症状）あるいは重篤な身体疾患が見られ、専門医療を必要とする。 | せん妄、妄想、興奮、自傷、他害等の精神症状や精神症状に起因する問題行動が継続する状態 |

資料10

# 成年後見制度と福祉サービス援助事業

・サービスの利用には、サービス事業者と利用者との「契約」が必要。

・判断をする能力がある間は、利用者と事業者の契約が可能だが、なくなると契約を締結するためには法定代理が必要。

・具体的手続は、市（区）町村の「成年後見制度等」の担当窓口や社会福祉協議会の「福祉サービス利用援助事業」の窓口で確認する。

＜参考＞ ● **成年後見制度と福祉サービス利用援助事業の関係** ●

| 事　項 | 成年後見制度 | 福祉サービス利用援助事業 | 備　考 |
|---|---|---|---|
| | 法律により「代理権」「取消権」等を後見人等に付与する | 本人の意思に基づいて、本人に代わって契約や管理を行う（代行） | |
| 根拠法 | 民法　他 | 社会福祉法 | |
| 対象者 | 認知症高齢者<br>知的障害者<br>精神障害者 | 同左で<br>「契約締結能力」が<br>ある者　※ | ※契約能力がなくなると契約解除 |
| 判断能力 | 精神上の障害により判断能力が不十分な者 | 精神上の理由により日常生活を営むのに支障がある者 | |
| 任意後見 | 略 | なし | |
| ○補助<br>精神上の障害により事理を弁識する能力が不十分な者 | ○補助類型<br>特定の法律行為が対象<br>代理は本人同意が必要<br>（財産管理に関する法律行為）（身上監護に関する法律行為） | ○事業対象者<br>判断能力が不十分な者<br>支援計画策定等<br>福祉サービス利用援助<br>日常的金銭管理<br>書類等預かりサービス | ○福祉サービス利用援助事業の利用者は、契約締結能力がある者に限定 |
| ○保佐<br>精神上の障害により事理を弁識する能力が著しく不十分な者 | ○保佐類型<br>特定の法律行為が対象<br>代理は本人同意が必要 | ○保佐類型も対象となる場合もあるが、契約締結能力があるか個別に判断が必要 | |
| ○後見<br>精神上の障害により事理を弁識する能力に欠く状況にある者 | ○後見類型<br>すべての法律行為<br>本人同意不要 | ○ほとんど対象外 | |
| 問い合わせ先 | 市（区）町村窓口・家庭裁判所・社会福祉協議会 | 社会福祉協議会・市（区）町村 | |

※（東京都契約支援に関する検討会報告書／14年３月から）P19を一部改訂

資料11

# 成年後見制度の利用の促進に関する法律

## 成年後見制度利用促進基本計画のポイント

・成年後見制度の利用の促進に関する法律（平成28年法律第29号）に基づき策定
・計画の対象期間は概ね5年間を念頭（平成29年度～33年度）
・工程表を踏まえた各施策の段階的・計画的な推進〈別紙1参照〉※市町村は国の計画を勘案して市町村計画を策定
・計画に盛り込まれた施策の進捗状況の把握・評価等

**(1)利用者がメリットを実感できる制度・運用の改善**〈別紙2参照〉

・財産管理のみならず、意思決定支援・身上保護も重視
・適切な後見人等の選任、後見開始後の柔軟な後見人等の交代等
・診断書の在り方の検討

**(2)権利擁護支援の地域連携ネットワークづくり**〈別紙3参照〉

・権利擁護支援が必要な人の発見と早期からの相談
・後見人等を含めた「チーム」（注1）による本人の見守り
・「協議会」等（注2）によるチームの支援
・地域連携ネットワークの整備・運営の中核となる機関の必要性

・広報機能（権利擁護の必要な人の発見、周知・啓発等）
・相談機能（相談対応、後見ニーズの精査、見守り体制の調整等）
・利用促進（マッチング）機能
・後見人支援機能（チームによる支援、本人の意思を尊重した柔軟な対応等）
・不正防止効果

**(3)不正防止の徹底と利用しやすさとの調和**〈別紙4参照〉

・後見制度支援信託に並立・代替する新たな方策の検討
（預貯金の払戻しについての後見監督人等の関与を可能とする仕組み）

注1：福祉等の関係者と後見人等がチームとなって本人を見守る体制
注2：福祉・法律の専門職団体が協力して個別のチームを支援する仕組み

## 成年後見制度利用促進基本計画の概要

### 基本計画について

(1)成年後見制度の利用の促進に関する法律（平成28年法律第29号）に基づき、成年後見制度の利用促進に関する施策の総合的・計画的な推進を図るために策定。
(2)計画の対象期間は概ね5年間を念頭（平成29年度～33年度）。
(3)国・地方公共団体・関係団体等は、工程表を踏まえた各施策の段階的・計画的な推進に取り組む。
※市町村は国の計画を勘案して市町村計画を策定。〈別紙1参照〉

### 基本的な考え方及び目標等

(1)今後の施策の基本的な考え方

①ノーマライゼーション（個人としての尊厳を重んじ、その尊厳にふさわしい生活を保障する）
②自己決定権の尊重（意思決定支援の重視と自発的意思の尊重）
③財産管理のみならず、身上保護も重視。

(2)今後の施策の目標

①利用者がメリットを実感できる制度・運用へ改善を進める。
②全国どの地域においても必要な人が成年後見制度を利用できるよう、各地域において、権利擁護支援の地域連携ネットワークの構築を図る。
③後見人等による横領等の不正防止を徹底するとともに、利用しやすさとの調和を図り、安心して成年後見制度を利用できる環境を整備する。
④成年被後見人等の権利制限に係る措置（欠格条項）を見直す。

(3)施策の進捗状況の把握・評価等

基本計画に盛り込まれた施策について、国においてその進捗状況を把握・評価し、目標達成のために必要な対応について検討する。

資料12

# リハビリテーションについて

## 1　高齢者の地域におけるリハビリテーションの課題

①　個別性を重視した適時適切なリハビリテーションの実施

②　「活動」や「参加」などの生活機能全般を向上させるためのバランスのとれたリハビリテーションの実施

③　居宅サービスとの効果的・効率的連携

④　高齢者の気概や意欲を引き出す取組

○　高齢者のリハビリテーションのイメージとして、次の三段階が示されています。
これらを自覚的に行うことで、高齢者の自立の支援・尊厳の保持につなげようとするものです。

高齢者リハビリテーションのイメージ

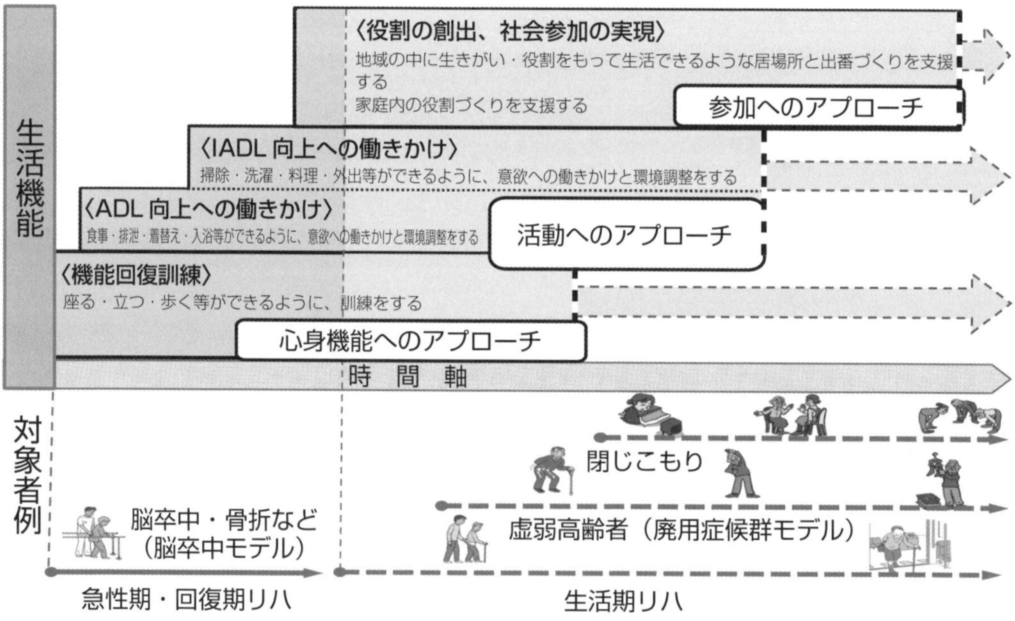


高齢者の自立、尊厳の維持のイメージとしては、３つの領域がバランス良く保たれ（相対的に）、高齢者がどのような状態になっても、社会との関わりや生きる力を保ち、暮らし続けることができることではないでしょうか。

今後、活動へのアプローチ、参加へのアプローチが一層重視されます。

**資料13**

# 社会福祉法人制度改革のポイント

1　経営組織のガバナンスの強化
　議決機関として評議員会の設置、一定規模以上の法人に会計監査法人導入

2　事業運営の透明性
　財務諸表、現況報告書、役員報酬基準等の公表に係る規定整備

3　財務規律の強化（適正かつ公平な支出管理、内部留保の明確化、社会福祉充実残額の社会福祉事業等への計画的再投資）
・役員報酬基準の作成と公表、役員等関係者への特別の利益供与の禁止等
・「社会福祉充実残額（再投下財産額）」（純資産の額から事業の継続に必要な財産額を控除した額）の明確化
・「社会福祉充実残額」を保有する法人に対して、社会福祉事業又は公益事業の新規実施・拡充に係る計画の作成を義務づける等

4　地域における公益的な取組を実施する責務
　社会福祉事業及び公益事業を行うに当たって、無料又は低額な料金で福祉サービスを提供することを責務として規定

(平成29年4月から施行)

## 社会福祉法人制度の改革（主な内容）

○公益性・非営利性を確保する観点から制度を見直し、国民に対する説明責任を果たし、地域社会に貢献する法人の在り方を徹底する。

| | |
|---|---|
| **1．経営組織のガバナンスの強化**<br>□ 理事・理事長に対する牽制機能の発揮<br>□ 財務会計に係るチェック体制の整備 | ○議決機関としての評議員会を必置　※理事等の選任・解任や役員報酬の決定など重要事項を決議<br>（注）小規模法人について評議員定数に係る経過措置を設ける。<br>○役員・理事会・評議員会の権限・責任に係る規定の整備<br>○親族等特殊関係者の理事等への選任の制限に係る規定の整備<br>○一定規模以上の法人への会計監査人の導入　等 |
| **2．事業運営の透明性の向上**<br>□ 財務諸表の公表等について法律上明記 | ○閲覧対象書類の拡大と閲覧請求者の国民一般への拡大<br>○財務諸表、現況報告書（役員報酬総額、役員等関係者との取引内容を含む。）、役員報酬基準の公表に係る規定の整備　等 |
| **3．財務規律の強化**<br>① 適正かつ公正な支出管理の確保<br>② いわゆる内部留保の明確化<br>③ 社会福祉事業等への計画的な再投資 | ①役員報酬基準の作成と公表、役員等関係者への特別の利益供与を禁止等<br>②純資産から事業継続に必要な財産（※）の額を控除し、福祉サービスに再投下可能な財産額（「社会福祉充実残額」）を明確化<br>※①事業に活用する土地、建物等②建物の建替、修繕に必要な資金③必要な運転資金④基本金、国庫補助等特別積立金<br>③再投下可能な財産額がある社会福祉法人に対して、社会福祉事業又は公益事業の新規実施・拡充に係る計画の作成を義務づけ（①社会福祉事業、②地域公益事業、③その他公益事業の順に検討）等 |
| **4．地域における公益的な取組を実施する責務**<br>□ 社会福祉法人の本旨に従い他の主体では困難な福祉ニーズへの対応を求める | ○社会福祉事業又は公益事業を行うに当たり、日常生活又は社会生活上支援を要する者に対する無料又は低額の料金で福祉サービスを提供することを責務として規定<br>※利用者負担の軽減、無料又は低額による高齢者の生活支援等 |
| **5．行政の関与の在り方**<br>□ 所轄庁による指導監督の機能強化<br>□ 国・都道府県・市の連携を推進 | ○都道府県の役割として、市による指導監督の支援を位置付け<br>○経営改善や法令遵守について、柔軟に指導監督する仕組み（勧告等）に関する規定を整備<br>○都道府県による財務諸表等の収集・分析・活用、国による全国的なデータベースの整備　等 |

社会福祉法等の一部を改正する法律（改正：平成28年3月31日法律第21号）

資料14

# 経済財政運営と改革の基本方針

**【経済財政運営と改革の基本方針2017】（平成29年６月７日閣議決定）**

「公平な負担の観点を踏まえた効果的なインセンティブを導入しつつ、「見える化」に基づく国による効果的な支援等を行うことによって、都道府県の総合的なガバナンスを強化し、医療費・介護費の高齢化を上回る（給付費の）伸びを抑制しつつ、国民のニーズに適合した効果的なサービスを効率的に提供する」

**【経済財政運営と改革の基本方針2019】（令和元年６月閣議決定）**

（医療・介護制度改革）

「地域包括ケアシステムの構築、医療・介護提供体制の効率化推進、後期高齢者の増加に伴う医療費の伸びの適正化。診療報酬や介護報酬においては、高齢化・人口減少や医療の高度化を踏まえ、適切に改善、適正化・効率化を推進。安定的に質の高いサービスが提供されるようＡＤＬの改善などアウトカムに基づく支払いの導入」

（医療・福祉サービス改革プランの推進）

「医療・福祉サービス改革プランにより、ロボット・ＡＩ・ＩＣＴ等、データヘルス改革、タスク・シフティング、シニア人材の活用推進、組織マネジメント改革、経営の大規模化・協働化通じて、医療・福祉サービス改革による生産性の向上を図ることで、2040年における医療・福祉分野の単位時間サービス提供量の５％以上向上、医師については７％以上向上させる」

**【経済財政運営と改革の基本方針2020」令和２年７月17日閣議決定】**

「新たな日常」を支える包摂的な社会の実現（→ｐ99参照）

資料15

# 「地域共生社会の実現のための社会福祉法等の一部を改正する法律」

（令和２年６月12日公布（令和２年法律第52号）

＊下線は改正部分

**【介護保険法】**

（目的）

第１条　この法律は、加齢に伴って生ずる心身の変化に起因する疾病等により要介護状態となり、入浴、排せつ、食事等の介護、機能訓練並びに看護及び療養上の管理その他の医療を要する者等について、これらの者が尊厳を保持し、その有する能力に応じ自立した日常生活を営むことができるよう、必要な保健医療サービス及び福祉サービスに係る給付を行うため、国民の共同連帯の理念に基づき介護保険制度を設け、その行う保険給付等に関して必要な事項を定め、もって国民の保健医療の向上及び福祉の増進を図ることを目的とする。

（介護保険）←介護保険の理念

第２条　介護保険は、被保険者の要介護状態又は要支援状態に関し、必要な保険給付を行うものとする。

２　前項の保険給付は、**要介護状態等の軽減又は悪化の防止に資する**よう行われるとともに、医療との連携に十分配慮して行われなければならない。

３　第１項の保険給付は、**被保険者の心身の状況**、その置かれている**環境等に応じて**、**被保険者の選択**に基づき、適切な保健医療サービス及び福祉サービスが、多様な事業者又は施設から、**総合的かつ効率的に提供されるよう配慮**して行われなければならない。

４　第１項の保険給付の内容及び水準は、被保険者が要介護状態となった場合においても、**可能な限り**、**その居宅**において、その有する能力に応じ**自立した日常生活を営む**ことができるように**配慮**されなければならない。

（国及び地方公共団体の責務）

第５条　国は、介護保険事業の運営が健全かつ円滑に行われるよう保健医療サービス及び福祉サービスを提供する体制の確保に関する施策その他の必要な各般の措置を講じなければならない。

４　国及び地方公共団体は、前項の規定により同項に掲げる施策を包括的に推進するに当たっては、障害者その他の者の福祉に関する施策との有機的な連携を図るよう努めるとともに、**地域住民が相互に人格と個性を尊重し合いながら、参加し、共生する地域社会の実現に資する**よう努めなければならない。

第５条の２　国及び地方公共団体は、認知症（アルツハイマー病その他の神経変性疾患その他の疾患により日常生活に支障が生じる程度にまで認知機能が低下した状態として政令で定める状態をいう。以下同じ）に対する国民の関心及び理解を深め、認知症である者への支援が適切に行われるよう、認知症に関する知識の普及及び啓発に努めなければならない。

２　国及び地方公共団体は、被保険者に対して認知症に係る適切な保健医療サービス及び福祉サービスを提供するため、研究機関、医療機関、介護サービス事業者等と連携し、認知症の予防、診断及び治療並びに認知症である者の心身の特性に応じたリハビリテーション及び介護方法に関する調査研究の推進に努めるとともに、その成果を普及し、活用し、及び発展させるよう努めなければならない。

３　国及び地方公共団体は、地域における認知症である者への支援体制を整備すること、認知症である者を現に介護する者の支援並びに認知症である者の支援に係る人材の確保及び資質の向上を図るために必要な措置を講ずることその他の認知症に関する施策を総合的に推進するよう努めなければならない。

４　国及び地方公共団体は、前三項の推進に当たっては、認知症である者及びその家族の意向の尊重に配慮するとともに、認知症である者が地域社会において尊厳を保持しつつ他の人々と共生することができるように努めなければならない。

（地域支援事業）

第115条の45

５　市町村は、地域支援事業を行うに当たっては、第118条の２第１項に規定する介護保険等関連情報その他必要な情報を活用し、適切かつ有効に実施できるよう努めるものとする。

（市町村介護保険事業計画）

第117条、３

四　介護支援専門員その他の介護給付等対象サービス及び地域支援事業に従事する者の確保及び資質の向上並びにその業務の効率化及び質の向上に資する都道府県と連携した取組に関する事項

七　認知症である被保険者の地域における自立した日常生活の支援に関する事項、教育、地域づくり及び雇用に関する施策その他の関連施策との有機的な連携に関する事項その他の認知症に関する施策の総合的な推進に関する事項

八　前項第一号の区域ごとの当該区域における有料老人ホーム及び高齢者の居住の安定確保に関する法律のそれぞれの入居定員総数（特定施設入居者生活介護、地域密着型特定施設入居者生活介護または介護予防特定施設入居者生活介護の事業を行う事業所等）

（市町村介護保険事業計画の作成等のための調査及び分析等）

第118条の２

三　訪問介護、訪問入浴介護その他の厚生労働省令で定めるサービスを利用する要介護者等の心身の状況等、当該要介護者等に提供される当該サービスの内容その他厚生労働省令で定める事項

四　地域支援事業の実施の状況その他厚生労働省令で定める事項

**【社会福祉法】**

（地域福祉の推進）

第４条　地域福祉の推進は、地域住民が相互に人格と個性を尊重し合いながら、参加し、共生する地域社会の実現を目指して行われなければならない。

２　**地域住民**、社会福祉を目的とする事業を経営する者及び社会福祉に関する活動を行う者（以下「地域住民等」という）**は**、相互に協力し、福祉サービスを必要とする地域住民が地域社会を構成する一員として日常生活を営み、社会、経済、文化その他あらゆる分野の活動に参加する機会が確保されるように、**地域福祉の推進に努めなければならない。**

３　**地域住民等は**、地域福祉の推進に当たっては、**福祉サービスを必要とする地域住民及びその世帯が抱える**福祉、介護、介護予防、保健医療、住まい、就労及び教育に関する課題、福祉サービスを必要とする地域住民の地域社会からの孤立その他の福祉サービスを必要とする地域住民が日常生活を営み、あらゆる分野の活動に参加する機会が確保される上での**各般の課題を把握し**、地域生活課題の解決に資する支援を行う**関係機関の連携等によりその解決を図るよう特に留意**するものとする。

（福祉サービスの提供体制の確保等に関する国及び地方公共団体の責務）

第６条

２　**国及び地方公共団体は**、地域生活課題の解決に資する支援が包括的に提供される体制の整備その他地域福祉の推進のために必要な各般の措置を講ずるよう努めるとともに、当該措置の推進に当たっては、保健医療、労働、教育、住まい及び地域再生に関する施策その他の関連施策との連携に配慮するよう努めなければならない。

３　国及び都道府県は、市町村において第106条の４第２項に規定する**重層的支援体制整備事業**その他地域生活課題の解決に資する支援が包括的に提供される体制の整備が適正かつ円滑に行われるよう、必要な助言、情報の提供その他の援助を行わなければならない。

（包括的な支援体制の整備）

第106条の３　**市町村は**、次条第２項に規定する重層的支援体制整備事業をはじめとす

資料集　1 戦後福祉制度の変遷　2 企業保険制度歩み　3 将来人口推計　4 認知症の増加　5 サービスの苦情　6 高齢者虐待防止法　7 虐待の定義　8 身体拘束について　9 認知／障害生活自立度　10 成年後見と援助事業　11 成年後見利用促進　12 リハビリテーション　13 社会福祉法人制度　14 改革の基本方針　15 改正法条文

る地域の実情に応じた次に掲げる施策の積極的な実施その他の各般の措置を通じ、地域住民等及び支援関係機関による、地域福祉の推進のための相互の協力が円滑に行われ、地域生活課題の解決に資する支援が包括的に提供される体制を整備するよう努めるものとする。

一　地域福祉に関する活動への地域住民の参加を促す活動を行う者に対する支援、地域住民等が相互に交流を図ることができる拠点の整備、地域住民等に対する研修の実施その他の地域住民等が地域福祉を推進するために必要な環境の整備に関する施策

二　地域住民等が自ら他の地域住民が抱える地域生活課題に関する相談に応じ、必要な情報の提供及び助言を行い、必要に応じて、支援関係機関に対し、協力を求めることができる体制の整備に関する施策

（重層的支援体制整備事業）

第106条の４　市町村は、地域生活課題の解決に資する包括的な支援体制を整備するため、前条第１項各号に掲げる施策として、厚生労働省令で定めるところにより、重層的支援体制整備事業を行うことかできる。

２　前項の「重層的支援体制整備事業」とは、次に掲げるこの法律に基づく事業及び他の法律に基づく事業を一体のものとして実施することにより、地域生活課題を抱える地域住民及びその世帯に対する支援体制並びに地域住民等による地域福祉の推進のために必要な環境を一体的かつ重層的に整備する事業をいう。

一　地域生活課題を抱える地域住民及びその家族その他の関係者からの相談に包括的に応じ、利用可能な福祉サービスに関する情報の提供及び助言、支援関係機関との連絡調整並びに高齢者、障害者等に対する虐待の防止及びその早期発見のための援助、その他厚生労働省令で定める便宜の提供を行うため、次に掲げる全ての事業を一体的に行う事業

イ　介護保険法第115条の45第２項第一号から第三号までに掲げる事業

ロ　障害者の日常生活及び社会生活を総合的に支援するための法律第77条第１項第三号に掲げる事業

ハ　子ども・子育て支援法第59条第一号に掲げる事業

ニ　生活困窮者自立支援法第３条第２項各号に掲げる事業

二　地域生活課題を抱える地域住民であって、社会生活を円滑に営む上での困難を有するものに対し、支援関係機関と民間団体との連携による支援体制の下、活動の機会の提供、訪問による必要な情報の提供及び助言その他の社会参加のために必要な便宜の提供として厚生労働省令で定めるものを行う事業

三　地域住民が地域において自立した日常生活を営み、地域社会に参加する機会を確保するための支援並びに地域生活課題の発生の防止または解決に係る体制の整備及

び地域住民相互の交流を行う拠点の開設その他厚生労働省令で定める援助を行うため、次に掲げる全ての事業を一体的に行う事業
イ　介護保険法第115条の45第１項第二号に掲げる事業のうち厚生労働大臣が定めるもの
ロ　介護保険法第115条の45第２項第五号に掲げる事業
ハ　障害者の日常生活及び社会生活を総合的に支援するための法律第77条第１項第九号に掲げる事業
ニ　子ども・子育て支援法第59条第九号に掲げる事業
四　地域社会からの孤立が長期にわたる者その他の継続的な支援を必要とする地域住民及びその世帯に対し、訪問により状況を把握した上で相談に応じ、利用可能な福祉サービスに関する情報の提供及び助言その他の厚生労働省令で定める便宜の提供を包括的かつ継続的に行う事業
五　複数の支援関係機関相互間の連携による支援を必要とする地域住民及びその世帯に対し、複数の支援関係機関が、当該地域住民及びその世帯が抱える地域生活課題を解決するために、相互の有機的な連携の下、その解決に資する支援を一体的かつ計画的に行う体制を整備する事業
六　前号に掲げる事業による支援が必要であると市町村が認める地域住民に対し、当該地域住民に対する支援の種類及び内容その他の厚生労働省令で定める事項を記載した計画の作成その他の包括的かつ計画的な支援として厚生労働省令で定めるものを行う事業
3　市町村は、重層的支援体制整備事業を実施するに当たっては、母子保健法第22条第２項に規定する母子健康包括支援センター、介護保険法第115条の46第１項に規定する地域包括支援センター、障害者の日常生活及び社会生活を総合的に支援するための法律第77条の２第１項に規定する基幹相談支援センター、生活困窮者自立支援法第３条第２項各号に掲げる事業を行う者その他の支援関係機関相互間の緊密な連携が図られるよう努めるものとする。
4　市町村は、第２項各号に掲げる事業の一体的な実施が確保されるよう必要な措置を講じた上で重層的支援体制整備事業の事務の全部又は一部を当該市町村以外の厚生労働省令で定める者に委託することができる。
5　前項の規定による委託を受けた者若しくはその役員若しくは職員又はこれらの者であった者は、正当な理由がないのに、その委託を受けた事務に関して知りえた秘密を漏らしてはならない。
（重層的支援体制整備事業実施計画）
第106条の５　市町村は、重層的支援体制整備事業を実施するときは、第106条の３第２

項の指針に即して、重層的支援体制整備事業を適切かつ効果的に実施するため、重層的支援体制整備事業の提供体制に関する事項その他厚生労働省令で定める事項を定める計画（以下「重層的支援体制整備事業実施計画」という）を策定するよう努めるものとする。

（支援会議）

第106条の６　市町村は、支援関係機関、委託を受けた者、地域生活課題を抱える地域住民に対する支援に従事する者その他の関係者により構成される会議（以下「支援会議」という）を組織することができる。

（社会福祉連携推進法人の認定）

第125条　次に掲げる業務を行おうとする一般社団法人は、第127条各号に掲げる基準に適合する一般社団法人であることについての所轄庁の認定を受けることができる。

一　地域福祉の推進に係る取組を社員が共同して行うための支援

二　災害が発生した場合における社員（社会福祉事業を経営する者に限る。次号、第五号、六号において同じ）が提供する福祉サービスの利用者の安全を社員が共同して確保するための支援

三　社員が経営する社会福祉事業の経営方法に関する知識の共有を図るための支援

四　資金の貸付けその他の社員（社会福祉法人に限る）が社会福祉事業に係る業務を行うのに必要な資金を調達するための支援としての厚生労働省令で定めるもの

五　社員が経営する社会福祉事業の従事者の確保のための支援及び資質の向上を図るための研修

六　社員が経営する社会福祉事業に必要な設備又は物資の供給

## 参考文献


1　地域包括ケアシステムの強化のための介護保険法等の一部を改正する法律（平９年年法律第123号）

2　地域共生社会の実現のための社会福祉法等の一部を改正する法律（令和２年法律第52号）

3　令和３年版社会福祉六法　新日本法規（令和２年11月26日）

4　介護保険六法令和２年版　中央法規（令和２年８月25日）

5　デイリー六法2021　三省堂　2020年10月15日

6　令和２年版厚生労働白書　厚労省編　令和２年10月23日

7　2021年版　社会保障の手引　中央法規　令和３年２月１日

8　令和２年版消費者白書　消費者庁　令和２年７月20日

9　全国厚生労働関係部局長会議資料（令和３年１月他）

10　全国介護保険・高齢者保健福祉担当課長会議資料（令和３年３月９日他）

11　社会保障審議会介護給付費分科会資料

12　社会保障審議会介護保険部会資料

13　国立社会保障・人口問題研究所人口推計資料

14　国民生活基礎調査資料

15　総務省　国勢調査結果

16　厚生の指標増刊　国民の福祉と介護の動向　2020/2021　厚生労働統計協会 2020年９月５日

17　矢野恒太記念会　編集発行　日本国勢図会　2020/2021　2020年６月１日

18　令和元年度「高齢者の虐待防止、高齢者の養護者に関する支援等に関する法律」に基づく対応状況等に関する調査結果

19　総務省統計局　労働力調査基本集計　令和３年１月29日

20　令和３年１月25日厚労省令第９号「指定居宅サービス等の事業の人員、設備及び運営に関する基準」

21　令和３年３月15日厚労省告示第73号「指定居宅サービス等の額の算定に関する基準」

22　長谷憲明「新しい介護保険のしくみ　30年改正対応版」瀬谷出版　2018年４月24日

23　その他

**【著者紹介】**

**長谷　憲明**（ながたに・よしはる）

1970年３月早大商卒、４月東京都入職、福祉事務所勤務を経て生活保護、障害、高齢の法施行事務及び企画等に従事、2002年３月退職。

2002年４月関西国際大学教授、学長補佐等2009年退職、2012年関西国際大学教授に復職。2018年３月退職。この間、明治大学公共政策大学院兼任講師等に従事。現在は、関西国際大学客員教授、「NPO法人サポートハウス年輪」理事、（一社）「モザンビークのいのちをつなぐ会」監事。

主な著書：共著『ケアプランの作り方・サービス担当者会議の開き方・モニタリングの方法』瀬谷出版ほか

よくわかる！

**新しい介護保険のしくみ　令和３年改正対応版**

2021年４月20日　　初版第１刷発行

著　者──長谷憲明

装　丁──日下充典

本文デザイン──磯崎守孝

発行者──瀬谷直子

発行所──瀬谷出版株式会社

〒102-0083　東京都千代田区麹町５-４

電話 03-5211-5775　FAX 03-5211-5322

ホームページ　http://www.seya-shuppan.jp

印刷所──株式会社フォレスト

乱丁・落丁本はお取替えします。許可なく複製・転載すること、部分的にもコピーすることを禁じます。

Printed in JAPAN ©2021 Yoshiharu Nagatani